本书是安徽省哲学社会科学规划项目（AHSKQ2016D127）的成果

西方政治思想中的
政治秩序观探究

宋伟冰　著

上海三联书店

目 录

第一章 西方政治思想中的政治秩序辨析

一、秩序与规则 / 2

二、政治规则与政治秩序 / 7

三、西方政治思想视域下的政治秩序 / 9

第二章 霍布斯的权力秩序观

一、霍布斯的人性理论 / 19

二、人性、自然状态与秩序 / 25

三、霍布斯权力秩序观的启示 / 31

第三章 卢梭的道德情感秩序观

一、自然状态与道德情感 / 38

二、两种道德情感：自爱和同情 / 40

三、权力秩序与道德情感秩序的"刚柔"逻辑 / 51

第四章　林肯基于安全与统一的国家秩序观

一、林肯政治思想形成的基本时代背景 / 55

二、林肯的反奴隶制思想 / 59

三、林肯政治思想的首要关切点：联邦国家秩序 / 71

四、以国家秩序为核心的政治妥协 / 81

第五章　道义与目的交融的正义秩序观

一、正义观念与价值 / 87

二、道义论正义观与目的论正义观的形成、兴起和
冲突 / 90

三、道义论正义观与目的论正义观的当代合流及启示 / 102

第六章　罗尔斯基于公平正义的结构性良序社会观

一、罗尔斯的公平正义理论 / 108

二、社会基本结构：公平正义理论的核心主题 / 123

三、基于公平正义的政治经济结构：产权民主体制 / 136

四、一个问题：罗尔斯的正义思想是发展还是倒退？ / 160

第七章　基于身份与认同的民族国家秩序

一、民族冲突与国家秩序：民族与国家的内涵 / 193

二、现实中的民族认同与国家认同 / 197

三、对应与联系：两组概念的特性辨析 / 201

四、公民与国家：民族身份成员认同逻辑的归宿 / 205

第八章　政治发展理论中的西方秩序

一、政治发展概念的内涵 / 217

二、政治发展的方式 / 219

三、政治发展理论中的政治秩序 / 220

四、政治发展理论中的"普遍"政治秩序 / 223

附录　赵汀阳的天下秩序观 / 227

参考文献 / 251

后记 / 260

第一章 西方政治思想中的政治秩序辨析

　　每一个生活在社会现实中的人都会面对各种各样的人造之物：拔地而起的高楼房屋、精心设计的花园和水电网络、各种各样的法规和政府组织等等。既然是人为之物，毫无疑问，它们乃出于人的目的而创造出来的。因此，作为由人创造经人设计的各种社会规则的规范，到底是因人的什么目的和需要而被设计出来的就成为必须要追问的事情了；进而言之，一个共同体成员为了满足某种需要和目的，也会对"应该"设计什么样的社会规则和体制，即什么样的秩序产生研究的兴趣。拉尼里（John J. Ranieri）认为："每一个人类社会都透过'生与死、不朽与死亡、完美与残缺、有限与无限；在秩序与混乱、真理与非真理之间；在爱神（amor Dei）与爱己（amor sui）之间'的语言，证明了它全神贯注于中介（the metaxy）里的存在。为了理解并活在这种张力之中，也就是说，为了寻求并实施秩序，人类缔造了历史、社会和政体。"①然而，对于过去秩序，

---

① John J. Ranieri. *Eric Voegelin and the Good Society*. Columba：University of Missouri Press（1995），p. 22.

以及秩序的未来发展的研究,并不仅要凸显出过去秩序的缺陷或者黑暗,更是要从对人在塑造秩序过程中的"天性"出发,探究人在其中的努力与斗争。显然,正因为秩序出自于人的目的和需求,一个共同体中才存在各种各样的规则和体制。体制和规则要求人们共同遵循,步调一致。有的规则代表旧式生活方式,有的规则满足金钱利益,有的规则约束不法之徒,有的规则达成良善之治。

一、秩序与规则

不管是限制性规则还是肯定性规则,任何政治规则与形成或努力促成井然的政治秩序紧密相关。在《血酬定律》的"修改规则的代价"一章中,吴思介绍了在清政府的统治之下,官府因征收繁重的税赋,导致农民反抗而最终满足了农民要求一事。面对这样的博弈,政治思想者认为,政府尤其是封建专制政府,为获得政治统治秩序的物质保障,为满足政治系统的良好运行,应行正当的政治统治之职能,征收各种税项应是任何政治系统的必然之事。不过,如果征收过度,过于严苛,就会引起民众揭竿而起,官逼民反,对既有政治秩序也会造成极大破坏。那么,站在统治者的立场来看,如何适度征税,制订什么程度的征税比例,制订什么样的制度和规则,就成为了重要的政治之事了;对于农民来说,最现实的就是如何付出更少的代价使自己少交一些税。二者的目标有一个共同的前提,就是尽可能以最小的代价,这个代价就是"在既定的政治秩序内"实现各自的需要和目的;虽然他们在利益上并不相同,甚至会出现相互冲突的情形,但政治秩序这一前提条件为二者形成新的共识和新的规范提供了契机和良好平台，共识是建立制度和规则的基础。

一个政治人更多地希望生活在由规则塑造的政治秩序之中。由于单个人的身体素质和能力在"自然无序"中处处受制，无法满足自身的基本生理需要，甚至生命也时常遭受他人和动物的威胁。在此种情况下，心灵上的安宁，不虞恐惧和对安全的向往就成为大多数理性人的必然要求了，而社会的有序为此种生活和理想提供了保障，"人类天生就会为自身计而创设道德规范和社会秩序"。一个共同体处于无序和失范的边缘，总是件让人悲伤的事情，"规则丧失的状态——涂尔干称之为失范——引发我们强烈的不适感，于是我们试图建立新的规则取代业已朽烂的旧规则"。① 当社会政治经济文化处于无序的境地的时候，当社会政治经济文化处于失序的边缘的时候，如何建立秩序就成为横亘在人们眼前的迫切的问题了。

虽然不同群体基于各自的立场而提出明显不同的利益要求，但二者会在现实社会中充分利用自己掌握的最大的可供调配的社会资本进行博弈。博弈可以从两个方面展开，一个是群体组织性的，一个是人与人之间的，反复博弈，最终达到一个均衡点；均衡点即双方利益需求都能满足的临界点，当然也是相互妥协的临界点，也是其拥有的社会资本博弈的临界点。可以在这个点上确立规则、规范和制度，进而形成秩序。

---

① 弗朗西斯·福山：《大断裂人类本性与社会秩序的重建》，桂林：广西师范大学出版社，第140页。

在现实社会中,秩序有多种类型,有一系列否定性规则形成的交通秩序,有基于政治权力形成的强制性政治秩序,有基于安全考虑塑造的国家秩序,还有基于血缘和权威而形成的家庭、家族秩序,等等。但秩序作为人为的结果,常常呈现出等级性,"秩序的产生可以有一系列的来源,可以是各类存在等级、权力集中的政权,也可以来自彻底非集中和完全自发的个体之间的互动"。① 这种等级制有多种表现形式,有血亲权威、神的意志、自然安排、人群智力、物质资源等,它表现出非常强的层次性和结构性。

秩序的形成不仅靠人的理性和经济需要,人的天性也是重要因素。福山认为:"秩序和社会资本存在两大基础以为支撑。一是生物学基础,它出自人之天性。生命科学近来取得了一些重要的进展,其累积效应已重构了那些经典认知,即人存在一定天性,这些天性使得人是社会和政治的生物并有充分的能力建立社会规则。"②这让人想起了亚里士多德的有关动物的研究成果,以及基于此提出的那个著名命题,即人天生是过城邦生活的动物,是天生的城邦动物,天然趋向于过"城邦"生活。"城邦"生活毫无疑问是有秩序的生活,是有规则的生活。人在其中才能实现他的目的和需要,当然,也只有在"城邦"中生活,人才能实现他的目的,以至于最高目的。这个最高目的是他的最高追求,而这追求,不仅对他本

① 弗朗西斯·福山:《大断裂人类本性与社会秩序的重建》,桂林:广西师范大学出版社,第148页。
② 弗朗西斯·福山:《大断裂人类本性与社会秩序的重建》,桂林:广西师范大学出版社,第141页。

人,对他人来说也是善和意义的体现。① 这种目的的实现是人在由基因指引下的天性的结果之一。

20 世纪 60 年代以来的生物学技术,给人们认识人的天性和本性带来了一个重要视角。通过对人们的基因、神经生理、动物行为的研究,表明人的一些行为模式存在普遍性特点。人类文化所表现出的差异性并不仅是外部因素的结果,或者说不是社会条件和环境等外部因素决定的结果。比如,最近发生的基因编辑婴儿事件,就是通过对人的某段基因的操控,来改变人的某些基本特征,该技术的前提就是基因决定人的某些天性。2018 年 11 月 26 日,南方科技大学的科学家贺建奎教授宣布一对名为露露和娜娜的基因编辑婴儿②于 11 月在中国健康诞生。贺建奎开创了基因编辑的先河,同时也是该领域一名商人。南方科技大学官网显示,贺建奎 2006 年获得中国科学技术大学近代物理学学士学位,2010 年获得美国莱斯大学生物物理学博士学位;2011—2012 年在美国斯坦福大学担任博士后。贺建奎团队此前注册了一项关于人胚胎 HIV 免疫基因 CCR5 基因编辑的安全性和有效性评价的研究项目。这个

---

① 在亚里士多德提出"人根据自然是一个政治动物"的时候,紧接着他指出,根据自然(不是根据偶然)没有城邦的人要么是卑劣的、要么是比人强大的。(PI. 2. 1253a2—4)看起来,自然政治性就意味着生活在城邦之中。(根据 Eduard Meyer 的说法,"亚里士多德的那个著名定义,即人……根据自然,是一个生活在城邦中的存在者"。)但是亚里士多德随后又提醒我们,不仅人是政治动物,还有蜜蜂等其他群居动物也是政治动物,当他说"人比所有蜜蜂和任何群居动物(agelaiou zōon)更加具有政治性(politikon mallon)"。(PI. 2. 1253a7—8)我们知道,其他动物是没有城邦的。(PIII. 9. 1280a31—34)显然自然政治性具有一个更加宽泛的意涵。
② 基因编辑婴儿,指通过基因编辑技术修改人体胚胎、精子或卵细胞细胞核中的 DNA(脱氧核糖核酸)后生下的婴儿。

实验始于 2017 年 3 月，截止到 2019 年 3 月。从《深圳和美妇儿科医院医学伦理委员会审查申请书》描述可以看出，此研究拟采用 CRISPR-Cas9 技术对胚胎进行编辑，通过胚胎植入前遗传学检测和孕期全方位检测可以获得具有 CCR5 基因编辑的个体，使婴儿从植入母亲子宫之前就获得了抗击霍乱、天花或艾滋病的能力。

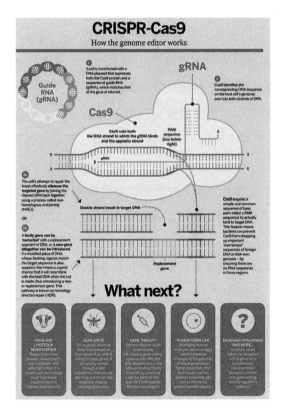

该实验引起极大争议和讨论。深圳市卫生计生委医学伦理专家委员会表示，该项试验进行前并未向该部门报备，已启动对该事

件涉及伦理问题的调查。深圳市科技创新委员会称未资助贺建奎基因编辑项目。2018 年 11 月 27 日,科技部副部长徐南平表示,2003 年颁布的《人胚胎干细胞研究伦理指导原则》规定,可以以研究为目的,对人体胚胎实施基因编辑和修饰,但体外培养期限自受精或者核移植开始不得超过 14 天,而本次"基因编辑婴儿"如果确认已出生,属于被明令禁止的,将按照中国有关法律和条例进行处理。2018 年 11 月 30 日,中国医学科学院在《柳叶刀》发文,文章称此次基因编辑婴儿出生事件,突破了学术道德伦理底线,严重违反了中国相关法规、规定和指南,绝不应开展和资助此类研究。呼吁医学界和社会要尽全力妥善保护和精心照顾据称已出生的双胞胎婴儿,确保她们在生理上和心理上的健康成长。抛开该实验的争论不谈,这种生物学技术传达的信息不是生物决定论,而是认为生物基因在塑造人的生理和心理上发挥着重要作用,也对认识人的天性提供了新的视角。因此,考察支撑秩序形成的规则,不仅顺从人的需要,还应该考虑人的天性,以及与天性有关的道德、情感等等。

二、政治规则与政治秩序

规则有多种表现形式,比如规定、章程、乡约、礼仪、法规条例、契约、道德价值观念等等。政治规则是其中的重要表现形式,它对于维持政治秩序发挥重要作用。一般来说,政治规则必须是明示而确定的,需要通过公开宣示而让人们认可并切实遵守。比如"不准抢劫别人财物"就是明确并得到公开宣示的规则,否则就会受到该规则及其执行规则的体制的严厉制裁。只有这样,社会政治生活才能顺畅有序地进行下去。另外,政治规则还应具有权威性,只有这样,才能人人遵循它。如官员在审批过程中不能利用权力接受贿赂,如果该项规则没有权威性,他收取贿赂的成本就会较低,在这种情况下,他会铤而走险,走向犯罪的道路。相反,如果该规则具有极强的权威性并在现实中能切实执行,那么,收取贿赂将会受到严厉制裁,他就会采取与前者相反的行动。在这里,政治规则所蕴含的权威性和强制性给该官员构建了一个博弈情形,从而使得他采取不同的行动策略,当然也造成了不同的政治结果。不管是什么样的政治规则,都是维护某种政治秩序的手段。因此,政治规则一旦形成,需要得到人们的认同,需要发挥应有的政治功能。

随着社会环境的改变,既定的政治规则也会发生改变。因此,构建的政治秩序也会出现变动。这个变动既可能是激烈的也可能是缓慢的,既可能是大幅度的也可能是小幅度的,这与社会环境条件变动的快慢与缓急密切相关,这构成了人类历史,"为秩序的真理而战,正是历史的本质所在。其实是一个个社会前赴后继,才不断取得进步而迈向真理,就此而言,单个社会超越了自身,成为人类共同努力的一分子"。[1] 按照博弈理论来解释,就是虽然人们在博弈中的利益偏好没有多大变化,也都是为了实现效用的最大化的,但如果博弈条件和处境发生变化,那么,既有的均衡状态就会发生改变,在向另一均衡状态"博弈"的过程中,就是既有秩序向新的秩序变动的过程。这一变动往往伴随着既得利益集团和新生利

---

① 沃格林:《秩序与历史 II:城邦的世界》,南京:译林出版社,第66页。

益集团之间的协调、冲突、斗争，乃至革命。一旦成功，旧规则所蕴含的政治正当性就会损失殆尽，原来的"天理"就会变成"旧历"和"老黄历"，从而失去神圣光芒。① 因此，尽管政治规则是人为之物，是人设计的结果，但是如果他从某一套政治规则和体制出发，试图阐述它在不同社会阶段运用过程中的普适性的时候，那将会是一项极大的挑战，其中蕴含了极强的不可能性。这是政治规则的变动性和现实条件性。

不过，既然政治规则与政治秩序相关，而政治秩序也必然蕴含了人的理想追求，即"应然的政治秩序"，那么，政治规则也应具有人的"应然"属性。② 规则的理想属性需要人从现实的政治生活中向更高层次、更普遍的方向上抽象出一般性政治规则，这个一般的政治规则是更好的政治规则，它塑造了更理想、更好的政治秩序。

三、西方政治思想视域下的政治秩序

由合作而营群体性生活是人类的天性，这种天性是其组成社会的基本因素。"人类总是成群结队漂泊不定或安居乐业，或协调一致，或纷争四起。不管怎么说，把人类聚拢在一起的原因即他们

---

① 因此，在欧洲发生资产阶级革命时期，原来神圣的君权成为了笑柄。一个人如果从某一法律道德规范出发，试图将这一法律道德规范运用于各个社会体、各个历史阶段，则是一项不太可能完成的任务，是一件非常吃力而又非常不讨好的事情。

② 人们运用社会政治智慧，发明了某一套法律道德，以协调和促进这种博弈处境下的人际关系；人们完全可以更好地运用社会政治智慧，力图发明更好的法律道德，以在一定程度上引领博弈状态，使得每个人的潜力得到更大的发挥，最终使得每个人的利益得到更好的满足。这是社会规则的理想性。

结盟或联盟的天性。"①总体来看,社会政治秩序起源于人们希望克服独自面对自然时的无助感,以及满足由此给人们造成的不便的要求。"既然我们不能单独由自己充分供应我们天性所要求的生活、即适于人的尊严的生活所必需的物资,因而为了弥补我们在单独生活时必然产生的缺点和缺陷,我们自然地想要去和他人群居并营共同生活。"②长久以来,政治思想研究者就把秩序作为研究的重要主题,它既探讨社会中从事生产和生活的公民,还重视基本的社会政治体系和价值规范。

社会政治秩序是与自然秩序相对应而存在的,"它作为一种人为秩序具有存在样式的多种可能性",因此,对政治秩序的考察也成为一项重要的研究论题。秩序是人类在一起生活的"永恒追求",而政治实际上就是"人类寻求群体生活秩序的一种努力"。③政治秩序意味着完善的政治体系以及连贯的公共政策、开明与宽容的价值规范、生活的有序和公民的团结等。政治秩序不但指政治学研究者对于基本的政治制度和价值规范体系的研究,更以一种发展的思考方式为基本依据。

首先,政治秩序是一种发展、和谐的政治稳定状态。政治秩序指社会政治发展的有序性,它包括社会政治资源分配的公平正义,

---

① 弗格森:《明社会史论》,沈阳:辽宁教育出版社,第17页。亚当·斯密在《正义作为一种消极的社会美德》中指出,人只能存在于社会之中,天性使人适应他由以生长的那种环境。人类社会的所有成员,都处在一种需要互相说明的状况之中,同时也面临相互之间的伤害。转引自万俊人等:《正义二十讲》,天津:天津人民出版社,第253页。

② 洛克:《政府论》(下篇),北京:商务印书馆,第12页。

③ 吴忠民:《社会公正论》,济南:山东人民出版社,第1页。

政治体系的有章可循,政治行为的和谐有序,政治价值、政治文化和政治权力的深入民心以及政治民主的稳步推进。"进步是自然的法则,停止进步就等于是社会的逐渐解体。"①国家若缺少变革、缺乏现代化及其相适应的现代风尚,也就失去了维持其秩序存在的手段。因此,从根本上说,经济的发展才是铸就"政治稳定的基础,而现代化作为一个动态和谐的发展过程,正是一条通向稳定的道路"。②政治稳定并不像墙上的石块那样是静止不动的稳固和了无生气的,它是由具有生命力的社会成员组成,因此,它实际上是与公民在相互合作与包容中寻求发展、要求进步联系在一起的。当人们看到"臣民死气沉沉就断定文明社会秩序井然,这一思想是错误的","社会成员秩序井然在于他们各适其位、各尽其职。……当我们只是在死气沉沉、安居乐业的人们中寻求井然的社会秩序时,我们忘记了臣民们的本质,我们所获得的秩序是奴隶的秩序,而不是自由民的秩序"。③有序的社会是社会经济结构、政治结构和文化价值结构三大要素的动态吻合和相互维系。文化价值一方面为经济和政治结构提供正当证明;另一方面经济结构也为政治的恰当运行和文化价值的发展提供物质上的支持;同时,政治结构还是经济和文化发展与繁荣的保障和源动力,三者缺一都不能使社会秩序合法地、稳定地存在。所以,秩序应是一种具有"韧性"的稳定状态。与此相反,中国封建社会的稳定具有周期性和停滞性,从一段社会稳定周期来看,中国封建社会的稳定是一种脆性的稳

---

① 威廉·魏特林:《和谐与自由的保证》,北京:商务印书馆,第57页。
② 邓伟志:《变革社会中的政治稳定》,上海:上海人民出版社,第80页。
③ 弗格森:《文明社会史论》,沈阳:辽宁教育出版社,第296页注释。

定,脆性的社会结构"是指经济结构、政治结构、意识形态结构(也指文化价值结构)三个系统都必须保持在相互适应的平衡态附近,其中任何一个偏离适应态到某种程度就会造成整个社会的崩溃瓦解"。[1] 这种社会秩序是通过高压控制来维持的,因而必定走向瓦解,它并不是真正意义上的秩序,而是政治的不稳定,其突出表现为"战争、动乱、政变",其产生的"频率、烈度"是政治失序的"衡量器"。[2] 真正的稳定是政治发展中政治局面的稳定,只有在此种情况下,社会才能发展,政治才能进步,国家才能做到真正的长治久安与和谐有序。"照柏拉图和亚里士多德的理解,最好的政制大抵是不同于此时此地的政制的,或者说是超越了一切现有的秩序的。此种有关最好的政治秩序的超验性的观念,被 18 世纪所理解的'进步'做了深刻的修正……"[3]理想的政制是一种发展的政治体系,是随着社会政治的发展而不断发展的,只有符合"进步"和与时俱进这个前提条件,一个社会才是真正的良序社会。

其次,政治有序是社会成员的共同追求。一个国家和政府的文明程度不仅是对政治形式的衡量,政治秩序与人民的团结也是重要的考察变量。人类社会具有社会稳定和社会变动两种形式,其中,历史、政治、文化和经济等是社会发展的主线,社会变动是社会发展的一种特殊形式,而社会的安定有序是"社会发展的恒常形

---

[1] 金观涛:《兴盛与危机》,香港:香港中文大学出版社,第 49 页。金观涛认为,脆性的社会稳定主要是因为中国封建社会的宗法—一体结构造成的。可参见本书 41 页及以后。

[2] 邓伟志:《变革社会中的政治稳定》,上海:上海人民出版社,第 4 页。

[3] 施特劳斯:《自然权利与历史》,北京:生活·读书·新知三联书店,第 17 页。

态"，①不管一个国家是大还是小，其"社会安定、政府稳定才是至关重要的"。② 发展、秩序和改革是辩证统一的，改革是根本动力，而稳定有序是改革和发展的基本前提条件。也就是说，只有把改革和发展搞好了，才能真正地做到社会有序；同时，改革和发展也需要一个安定有序的社会政治环境，可以说，社会秩序不但是中国而且也是各个国家政治学研究的一个重要课题。和谐有序地过"群体性生活"是人类的共同目标和理想，政治的出现也是人们为实现这一共同理想的努力和追求；有序的繁荣的社会总是令人愉悦的，因为人们的"利益与社会的繁荣休戚相关，他的幸福或者生命的维持，都取决于这个社会的秩序和繁荣能否保持"。③ 所以，"自由，公正，社会安定(civil order)这些神圣的字眼往往反复响彻在公众集会(public assemblies)上"。④ 人类的社会生活还具有内在的连续性，"对现在生活的把握和对未来的预期，从而使社会生活有了一种秩序和安全，任何对现实秩序的变动，都会打破这种预期，使人感到不安和焦躁从而产生不安全的感觉"。⑤ 因此，当秩序与其它价值发生冲突时，人们往往优先选择社会秩序。比如在特定的社会情况下，自由、民主和秩序常常会发生冲突，对于一个国家来说，在秩序尚不可得的前提下，何谈自由与民主？ 人们可以在"有秩序而无自由"的境况下生活，但他们不能"有自由而无秩

① 曹德本：《中国传统政治文化与社会稳定》，长春：吉林大学出版社，第1页。
② 弗格森：《文明社会史论》，沈阳：辽宁教育出版社，第243页。
③ 转引自万俊人等：《正义二十讲》，天津：天津人民出版社，第256页。
④ 弗格森：《文明社会史论》，沈阳：辽宁教育出版社，第140页。
⑤ 曹德本：《中国传统政治文化与社会稳定》，长春：吉林大学出版社，第152—153页。

序"。① 此外，一个稳定的政治秩序必须包含尽可能多的公民，让他们产生对政治秩序的认同和依恋，从而成为捍卫政治秩序的重要力量，惟有此，才能保证政治的健康运行和社会的和谐。一个国家政治形式的容纳能力也与社会秩序有密切相关，一般来说，一种政治体制，其能够容纳的阶层愈多，就意味着这种体制"越和谐越稳定"，因此，维护此种政体的人也就愈来愈多，因为人在一定程度上可以对政体产生深远的影响；"并且，政治家纳入政体中的人数越多——只要他们这样做的同时并不剥夺他人应有的位置，政体也越能体现公正"。② 在此种政体中，公民可以在规则的有效引导下参与活动，在尽情展现各自的天性时发挥聪明才智，"人们凭借着自己的多种才华，不同精神境界和热情起着不同的作用。把他们聚集在一起，每个人都会找到自己的位置。他们以一个整体去谴责或赞扬；更有见识的人聚在一起商议讨论问题。作为个人，他们占据一种支配地位，或赋予他人一种支配地位；并且，在任何正式的职责分工以前，通过这种方式，人多势众可以群策群力、保存社会"。③

最后，从政治思想的历史长河来看，秩序也是众多研究者的一

---

① 亨廷顿：《变化社会中的政治秩序》，北京：生活·读书·新知三联书店，第 7 页。
② 尼柯尔斯：《苏格拉底与政治共同体》，北京：华夏出版社，第 218 页。
③ 弗格森：《文明社会史论》，沈阳：辽宁教育出版社，第 68、249 页；"当人类收起匕首，消除前嫌，把武器换成了智者的说理、能言善辩者的口才时，我们有充分的理由祝贺我们人类已经脱离了未开化民族（barbarous）的骚动和暴力状态，进入了国内安定，政治稳定的时期"。罗尔斯认为，按照康德的观点，人类有两个基本需要：即社会的安定有序和安全，即"对社会安全和秩序的需要"，"我们在与他人的关系中总是需要安全和秩序，并因此需要保证这一点的基本社会条件"。再一就是为增进人们的幸福，对"开发和训练我们理性能力来说是必要的那些条件的需要"。（罗尔斯：《道德哲学史讲义》，上海：上海三联书店，第 317 页。）

个基本出发点。西方政治思想中的政治秩序，大体经历了古希腊、罗马的以"自然与善"、中世纪的"神意"以及近、现代的"人权"为核心的政治秩序三个时期。① 古希腊的研究者把正义的城邦秩序及其政治制度的维持作为研究的出发点。他们的政治哲学就是追求知识与社会的有序，苏格拉底的正义城邦秩序是"一人一职模式"。② 中世纪政治思想是从古典作家那里寻求思想资源的，其内核实际上充满了大量的古典思想要素；与此同时，宗教理论者为这些思想披上了一层神学外衣，从而形成了中世纪独特的神学政治观。大约从公元 5 世纪到 15 世纪的一千年里，这种独特的神权政治占统治地位，并"外化为一种稳定的政治秩序"。③ 他们利用人们的信仰和宗教的主导地位突破私人领域进入公共空间，构建神权—政治秩序，以维护和巩固具有宗教色彩的中世纪的社会秩序。而现当代政治思想研究者，视野与他们相比则更为开阔，许多学者从不同角度论证了国家的起源及其秩序的正当性，并把社会稳定作为研究的一个基本出发点。④

---

① 徐大同总主编：《西方政治思想史》第一卷，总序，天津：天津人民出版社，2005 年，第 7 页。
② 尼柯尔斯：《苏格拉底与政治共同体》，北京：华夏出版社，第 92 页。另外，尼柯尔斯在本书第 155 页指出，在《王制》（即《理想国》）的最后几卷，苏格拉底探讨了阻碍理想的城邦实现的多变的欲望，其表现形式就是城邦政体的衰变，即从荣誉政治逐渐变为寡头政治、民主政治和僭主政治。"在接下来的每个阶段，人的个体性及其自私的欲望愈演愈烈，腐蚀了使城邦团结一体的公共生活（common life）。结果，城邦每况愈下，越来越无法为人的生活提供凝聚力和稳定性"。
③ 丛日云：《在上帝与凯撒之间》，北京：生活·新知·读书三联书店，第 3 页。
④ 比如亨廷顿在《变化社会中的政治秩序》开篇点题，把有关社会秩序的问题作为研究的基本出发点。尼布尔从权力的概念出发，认为社会组织有两个基本方面：（转下页）

最后,政治秩序还以社会成员稳定的政治共识为基本支撑力量。政治文化中的共识与社会有序密切关联,"这种共识因素会成为调节政治生活中不同利益群体间冲突的潜在力量,它能够帮助将冲突纳入秩序所容许的范围"。① 一般来说,在政治文化的共识

（接上页）一是中心组织原则和权力,它强调社会作为一个整体的稳定性和这种稳定性的必要性,它是社会秩序的来源,具有整合社会成员利益和社会中各种独立因素的功能;再一个是权力的平衡,强调社会内部之间各权力机构的平衡;这两个方面共同构成了稳定的、和谐的社会秩序,并且这也是正义的一个基本原则。Reinhold Niebuhr. *The nature and destiny of man*, *Charles Scribner's sons*. vol. II, p. 257. "权力"是尼布尔在其社会伦理学和政治哲学中经常用到的概念,尼布尔认为,它具有类似于生命或能量的性质,指自然和精神、生机和形式之间动态的转换,这种转换构成了生命。另见刘时工:《爱与正义》,北京:中国社会科学出版社,第150—155页。"当社会各种力量的总均势成为人们所接受的现实时,当人们为自己提出的任务是要在已建立的社会体制里使生活更加甜美时,就会出现社会秩序的时期"。(尼布尔:《道德的人与不道德的社会》,贵阳:贵州人民出版社,第215页。)萨拜因认为,古希腊政治哲学中的基本思想就是求得城邦生活的和谐与有序;就连试图完全跳出现代政治哲学藩篱的施特劳斯和沃格林也从柏拉图等古典政治思想家那里汲取社会的秩序性养分。桑多兹(Ellis Sandoz)认为,沃格林的思想"引起了与当代种种占支配地位的思想流派和哲学运动的彻底决裂",形成了对各种流行的思想体系的彻底批判,并指出"改造世界乃是劳而无功、给人类带来灾难的行为,对改造世界的着迷一再受到沃格林的抵制,他坚持实在的秩序性和既定性"。(转引自沃格林:《没有约束的现代性》,上海:华东师范大学出版社,第10页。)施特劳斯从批判西方社会的现代性危机入手,认为当代西方的政治哲学不但没有为西方民主社会的秩序性提供辩护,它本身反而暗藏了彻底动摇社会秩序根基的危险。他指出,"'西方文明的危机'来自于西方'古典政治哲学'的衰落,更确切地说,来自于西方现代政治哲学对西方古典政治哲学的反叛,而'现代性的危机首先是现代政治哲学的危机'。因此他一生以复兴'古典政治哲学'为己任"。(转引自施特劳斯:《自然权利与历史》,北京:生活·读书·新知三联书店,导言第57页。)试图弥补现代政治哲学中越来越倾向于形式、结构、逻辑和规范有效性方面而显现的理性特征的片面,以充实现代政治哲学理论的干瘪,并为现代社会找回秩序性根基。

① 孙关宏:《政治学》,上海:复旦大学出版社,第226页。其中部分观点和看法也可参见徐戩:《古今之争与文明自觉》,上海:华东师范大学出版社,第6—12页。

性因素比较多的国家里,公民对国家和政府具有很强的认同感,"这种认同为中央政府的合法性奠定了坚实的心理基础,对一国的政局稳定有极大作用"。① 然而,避免思想上的强制并未消解冲突、分歧,以及由此带来的社会失序,也就是说,社会在文化价值观念上的冲突依然存在,甚至在某种意义上还呈现出冲突和分歧逐渐加剧的趋势。"现代政治秩序的最令人瞩目的事实之一,是它们都缺乏在其内部能系统探讨和引导那些基本分歧的制度化的论坛,更不用说作出任何试图解决这些分歧的尝试了。"②因此,对于一个社会来说,通过对基本政治共识的探寻,是一种化解威胁社会失序的恰当方式。社会秩序有赖于这种政治共识。它并非源于一种价值体系的规定,而更应是不同价值体系之间自觉地③平等对话和交流;它不压抑其它价值的多元性,而能够容纳分歧和差异④。

---

① 孙关宏:《政治学》,上海:复旦大学出版社,第 229—230 页。

② 麦金泰尔:《谁之正义? 何种合理性?》,北京:当代中国出版社,第 3 页。

③ 共识的形成和增进赖于人们对文化和价值自觉和自主性选择,"各种文化都实现了自觉之后,这个文化多元的世界才有条件在相互接触中自主地相互融合中出现一个具有共同认可前提的基本秩序,形成一套各种文化和平共存、各抒所长、连手发展的共同守则"。费孝通:《中华文化在新世纪面临的挑战》,《炎黄春秋》,1998 年第 3 期。

④ 田丰:《文化进步论:对全球化进程中的文化的哲学思考》,广州:广东高等教育出版社,第 73 页。

第二章　霍布斯的权力秩序观

霍布斯非常重视对秩序问题的研究。他从人的利己主义本性出发,不相信可以凭借任何道德力量来维持社会秩序,而只能依靠强制性权力的手段来创造。在霍布斯生活的年代,最大的政治问题是国家统一问题。威胁国家统一的主要因素一方面是关于宗教之间的争议,另一方面是王权与议会之间的斗争。在霍布斯看来,"这种政治失序的原因在于人们正义与非正义问题上没有达成一致"。[①] 罗尔斯在《政治哲学史讲义》中曾多次提到霍布斯思想在维护社会和国家秩序方面的影响,认为"霍布斯关心的是,如何克服使国家陷入分裂状态的内战"。[②] 为此,他运用政治权力达到维护政治秩序、国家统一的目的。

政治权力对于政治生活中的人来说,包含着难以尽述的复杂态度,有的人期待、追求权力,有的人敬畏权力,有的人逃避权力,有的人仇视权力,有的人玩弄权力。政治的历史常常与权力争斗

[①] Norberto Bobbio, *Thomas Hobbes and The Natural Law Tradition*, The University of Chicago Press, 1993, p. 29.

[②] 罗尔斯:《政治哲学史讲义》,北京:中国社会科学出版社,第 194 页。

如影随形,封建帝王为之相互残杀,有权势者为之机关算尽,给人民带来深重灾难;也有政治精英用之于民众福祉,推动社会的发展与进步。"权力"在政治的辞典里从来都是饱受争议的,因此许多学者不仅对权力的本性、来源和功能,还对权力的主体、利用和影响等费尽思量。①

一、霍布斯的人性理论

霍布斯在《利维坦》中把国家比作"人造的人",公平和法律是他的理智和意志,和睦代表健康,动乱代表疾病,而内战预示他的死亡。② 他的政治思想关注国家秩序、人民的安全和社会稳定,"对于霍布斯来说,稳定性和秩序在衡量特定的政治制度和社会形式时占据着至高无上的地位"。③ 并且,霍布斯主张,为了维系社会的有序和稳定,可以使用许多看似不道德的手段,比如赋予主权

---

① 20 世纪以来,权力问题日益引起一些政治学家瞩目。他们分析了权力之争现象,对权力的实质及权力在现代社会中的功能作了进一步的剖析。从 20 世纪 50 年代起,许多政治学家致力于将权力作为一门科学来研究。他们力图通过错综复杂的权力关系找到解决世界范围内的冲突问题的办法。美国政治学家赫伯特・考夫曼认为,"权力本身有一种……神秘性。它好像就在我们周围,但要凭某种第六感而不是通常的五官才能'感觉'到它。我们们'知道,它是怎么一回事,可是要给它下个定义就会碰到重重困难。我们也可以'指出'某一个人或集团比另一个人或集团更有权势,然而我们又无法估量出权力的大小。……"要真正揭示权力的本质,不可忽视对权力来源问题的考察与分析。现实政治生活中,某些人着重权力,并非为着权力本身,而是把它作为成功的一种具体象征,把它当作达到预定目标的手段。霍布斯在《利维坦》中曾指出,权力是"一个人为取得未来具体利益的现有手段"。
② 参见霍布斯:《利维坦》,黎思复等译,北京:商务印书馆,第 1 页。
③ 杨伟清:《正当与善:罗尔斯思想中的核心问题》,北京:人民出版社,第 303—304 页。

者无限的绝对权力等。权力的保障是人们快乐的前提，否则人们将处于无限的忧伤之中，"在没有权力可以使大家全都摄服的地方，人们相处时就不会有快乐存在；相反地他们还会有很大的忧伤"。① 罗尔斯也关心社会稳定，但是他与霍布斯明显不同，他更倾心于正义的社会稳定，而霍布斯似乎根本就"不考虑政治制度和社会形式的其他衡量标准，像正义与否，是否具有效率等。…… 他似乎信奉稳定和有序压倒一切其他标准的思想，似乎承认稳定和有序的目标可以确证一切手段的观念"。②

　　霍布斯之所以用现实的眼光看待政治，在很大程度上是与他的人性观及自然状态的描述联系在一起的。"霍布斯的政治学说是从对于人性的研究中得出的"，人类的道德和政治生活的"目标和特性"应以"自然"为参照，他尤其重视"人的天性"的决定性作用。③ 在《利维坦》中，霍布斯从经验、从对他人的反思以及自我反思中出发考察人类的本性。④ 他认为，人类的本性可以通过经验

---

① 霍布斯：《利维坦》，黎思复等译，北京：商务印书馆，第93页。
② 杨伟清：《正当与善：罗尔斯思想中的核心问题》，北京：人民出版社，第303—304页。
③ 参见施特劳斯：《政治哲学史》，石家庄：河北人民出版社，第469页。
④ 霍布斯高扬经验的作用和意义，认为"经验最多的人用以预测未来的迹象也掌握得最多，因之也最为谨慎；其谨慎超过该项事务中新手的程度，是无法以天资或机智的长处抵消的"；尽管许多年轻人持不同看法，但这一情形并不会有多少改变。参见霍布斯：《利维坦》，黎思复等译，北京：商务印书馆，第16页。但萨拜因认为，霍布斯的政治思想"把逻辑或数学知识同以经验为依据的或实际的知识混同起来"，没有看到从几何学到物理学演绎的不可能性，他推出霍布斯的政治思想"绝不是实际政治观察的产物"。［萨拜因：《政治学说史（下）》，北京：商务印书馆，第534页。］尽管如此，萨拜因并没有否认霍布斯思想中采用的经验观察方法。

观察得到,是"所有人根据经验都能够知道的"①;并且,"从他的政治学理论的角度看,人性的这些本质特征或多或少是给定的或永恒不变的。"②罗尔斯从霍布斯的文本中概括出人性的四个主要特征:

首先,人性自私,以自我为中心。尽管霍布斯不否认人们禀赋的正义、忠诚、仁慈等美德,但罗尔斯指出,霍布斯在"解释文明社会以及社会团结的基础时"③,并不依赖人类的这些美德或能力,而应建立在更为根本的以自我为中心的人性所构成的利益基础之上,即"首先是保存我们的生命,其次是确保我们身边之人的善(霍布斯所谓的'夫妻情感'),最后是获取舒适生活之手段"。④

其次,人们自我保存的自然欲望,即以自己的利益为目标,并保全自己的生命。霍布斯政治思想的突出点在于从现实情境和条件中为人类政治生活找到一种低层次的道德基础,这对于传统政治思想来说是一个非常大的转变,这个低层次,但稳固的道德基础就是人的自我保存本性。⑤ 罗尔斯指出,自我保存的欲望不是人们所有欲望中最强的欲望,因为,尽管人们的自然欲望不可能根本改变,但它们在某种程度上确实受制度、社会习惯、文化以及教育

---

① De Cive Hobbes, The English Version,(Howard Warrender ed.),Oxford University Press,p. 32.

② 罗尔斯:《政治哲学史讲义》,北京:中国社会科学出版社,第 41 页。

③ 罗尔斯:《政治哲学史讲义》,北京:中国社会科学出版社,第 46 页。

④ 罗尔斯:《政治哲学史讲义》,北京:中国社会科学出版社,第 46 页。

⑤ 施特劳斯:《柏拉图式政治哲学研究》,张缨等译,华夏出版社,2012 年,第 192 页。最终只不过是立足于自我保存权利(the right of self-preservation)的公民社会不会是个乌托邦。

的影响，就如他在其早期著作《论公民》中说，"我们受某种自然冲动趋势而极力避免死亡；这种冲动的力量不弱于一块石头滚下山坡的力量。但是，正如我们所知，石头有时也会朝边上滚；它们还会被人扔到上面去"。① 尽管如此，罗尔斯仍然认为，"霍布斯想说的或许是，自我保存的欲望是最强的自然欲望"。② 这一点解释了霍布斯政治思想中优先关注的问题，即人们的生命和社会的安全和秩序，以及人们为了某种利益而践行承诺、履行契约的行为。

再次，人们在体质、智慧和自然天赋上几乎平等，或者说相差无几。"自然使人在身心两方面的能力都十分相等，以致有时某人的体力虽则显然比另一人强，或是脑力比另一人敏捷；但这一切总加在一起，也不会是人与人之间的差别大到使这人能要求获得人家不能像他一样要求的任何利益。"③人们之间的这些天赋是足够平等的，"因为，就体力而论，最弱的人运用密谋或者与其他处在同一种危险下的人联合起来，就能具有足够的力量杀死最强的人"。④ 因此，体力弱的人通过密谋或联合也足以弥补力量的不足，从而制服或杀害体质良好的人。并且，就人们的智慧或心灵的敏捷程度而言，这方面比人们之间在体力方面的差异更小更平等。霍布斯认为，智慧和审慎是从经验中获得的。"在他看来，每一个人都拥有平等的机会获得这些经验并从中吸取教训。"⑤如果哪个

---

① 转引自罗尔斯：《政治哲学史讲义》，北京：中国社会科学出版社，第 47 页。
② 罗尔斯：《政治哲学史讲义》，北京：中国社会科学出版社，第 47 页。
③ 霍布斯：《利维坦》，黎思复等译，北京：商务印书馆，第 92 页。
④ 霍布斯：《利维坦》，黎思复等译，北京：商务印书馆，第 92 页。
⑤ 罗尔斯：《政治哲学史讲义》，北京：中国社会科学出版社，第 43 页。

人不相信这种平等的状况，那也不过是他对自己智慧的自负罢了。"因为根据人类的本性说来，不论他们承认有多少人比自己机灵、比自己口才好、比自己学问好，但却不会相信有很多人能像自己这样聪明。因为人们看自己的智慧时是从近旁看的，而看他人的智慧时则是从远处看的。"①所以，罗尔斯指出，正因为在天赋、智慧、体质上的平等使人们产生了"达到目的的希望的平等"。② 当任何人想获得同一东西而又在使用的方式上彼此排斥时，就会成为仇敌；同时，它也使自然状态陷入令人难以忍受的战争状态，"足够平等的意思仍然是指：平等得足够使自然状态演变成战争状态"。正因为如此，罗尔斯认为，霍布斯为了避免这种平等情形产生的恶果，而设想出"拥有强有力之公共权力的伟大的利维坦或主权者"③。

最后，人的欲望是无限的、发展的，自然资源不能无限制地满足人们的需要和欲望。一个人的大部分欲望是"对具体事物的欲望，是由于经验而来的，是由于本人或其他人尝试其效果而来的"。④ 我们所憎恶的事物，即人们的嫌恶之感，"不但是对自己知道曾经有损于本身的事物可以具有，而且对于不知道是否有损于我们的事物也可以具有"。⑤ 因为人们的经验是生活中的一种积

---

① 霍布斯：《利维坦》，黎思复等译，北京：商务印书馆，第92—93页。

② 霍布斯：《利维坦》，黎思复等译，北京：商务印书馆，第93页。

③ 罗尔斯：《政治哲学史讲义》，北京：中国社会科学出版社，第44页。

④ 转引自 John Rudisill（College of Wooster, United States），"Modus Vivendi, Overlapping Consensus and Stability," http://200.21.104.25/discufilo/downloads/Discusiones12(17)_5.pdf.另外，笔者的翻译参考了黎思复译的《利维坦》。霍布斯：《利维坦》，黎思复等译，北京：商务印书馆，第36页。

⑤ 霍布斯：《利维坦》，黎思复等译，北京：商务印书馆，第37页。

累和变化,既然不可能存在两个人具有相同的生活经验,那么可以说没有人可以在其一生中有不变的欲望和憎恶,并且也不可能有两个人对同类的事物具有相同的欲望。[①] 如果人期望获得一种具体的事物,那么它对于这个人来说就是善的,相反它就是恶的。关于善与恶,霍布斯认为:"善、恶和可轻视状况等词语的用法从来就是和使用者相关的,任何事物都不可能单纯地、绝对地是这样。也不能从对象本身的本质之中得出任何善恶的共同准则,这种准则,在没有国家的地方,只能从个人自己身上得出,有国家存在的地方,则是从代表国家的人身上得出的;也可能是从争议双方同意选定,并以其裁决作为有关事物的准则的仲裁人身上得出的。"[②]由此可知,霍布斯在关于善的理论上是一个相对主义者,并且他也认可多元主义事实,而他对多元事实的认可在于对普遍道德准则的否定。人类的经验是多种多样的,人们对善的看法也具有相对性(包括善之生活类型的看法),道德上的错误行为需要一种至高无上的立法者的制度。[③]

人类的需要和欲望是不断发展的,"具有变化和升级(尽管这种升级并非没有限度)的倾向"[④]。"幸福就是欲望从一个目标到另一个目标不断地发展,达到前一个目标不过是为后一个目标铺平道路。所以如此的原因在于,人类欲望的目的不是在一项间享受一次就完了,而是要永远确保达到未来欲望的道路。因此,所有

---

① 霍布斯:《利维坦》,黎思复等译,北京:商务印书馆,第35—40页。
② 霍布斯:《利维坦》,黎思复等译,北京:商务印书馆,第37页。
③ 当然,对于霍布斯来说,这也需要立法者承担一些相应的义务。
④ 罗尔斯:《政治哲学史讲义》,北京:中国社会科学出版社,第44页。

的人的自愿行为和倾向便不但是要求得到满意的生活,而且要保证这种生活,所不同者只是方式有别而已。这种方式上的差异,一部分是由于不同的人激情各有不同,另一部分是由于各人对于产生所想望的效果的原因具有不同的认识或看法。"①正因为人们欲望的发展和升级,导致了他们"永无休止的权势欲",也导致社会资源与人们的需要之间存在一种永恒的态势,即"满足人的需求和欲望所需的资源总是大于自然能够提供的资源"②,"在霍布斯看来,文明社会并没有消除这种稀缺性。他相信,或至少他认为,这种稀缺性是人类生活的一个永久特征"。霍布斯相信,这种态势导致人们之间的竞争。

二、人性、自然状态与秩序

罗尔斯认为,第二个特征即人们自我保存的欲望处于核心,而人们在体质、智慧和自然天赋上的相差无几使人们产生达到目的的希望的平等,它们与第四个特征一起使人们处于相互竞争和彼此成为仇敌的情境之中;因此,从实质和实践目的的角度来看,在没有一种共同权力约束的情况下,人与人之间的自私、猜疑、竞争以及荣誉感必然使自然状态成为一种"每一个人对每个人的战

---

① 霍布斯:《利维坦》,黎思复等译,北京:商务印书馆,第72页。霍布斯把这种欲望看作人的本性,而卢梭与此相反,他认为,"精神能使感官遭受败坏,当自然的需要已经得到满足的时候,意志却还提出要求"。这是一种沾染了社会恶习的结果,败坏了感官。

② 罗尔斯:《政治哲学史讲义》,北京:中国社会科学出版社,第44页。

争"①状态,这就是罗尔斯称的"霍布斯命题":"只要出现自然状态,战争状态就会紧随其后。……因此,我认为,霍布斯想说的是,如果我们实事求是地看待人性,我们就能够做出这样的推论:自然状态会演变成战争状态。"②人们在这种自然状态中"充满了持续不断的恐惧和暴死的危险;人活得孤独无依,贫困潦倒,污秽不堪,野蛮不化,生命短暂逝去"。③

人们在自然状态中将遭遇相当大的问题,因为人与人之间是敌对的、冲突的。由于人们的利己倾向、短视和自然法的缺失,他们不可避免地陷入对权力、财富和声誉,以及其它具体事物的竞争和相互冲突之中。霍布斯警告说,长此以往,人们都将趋于毁灭或处于受压制的境地。因此,人们因害怕别人对自己的伤害和压制而不得不先发制人。"由于人们这样相互疑惧,于是自保之道最合理的就是先发制人,也就是用武力或机诈来控制一切他所能控制的人,直到他看到没有其他力量足以危害他为止。"④

然而,自然状态并不一定是普遍存在的现实状态。霍布斯指出,"也许会有人认为这种时代和这种战争状态从未存在过,我也相信绝不会整个世界普遍出现这种状况,但有许多地方的人现在却是这样生活的"。⑤ 也许自然状态并不完全受人们自然欲望的

① 霍布斯:《利维坦》,黎思复等译,北京:商务印书馆,第94页。
② 罗尔斯:《政治哲学史讲义》,北京:中国社会科学出版社,第42页。
③ 转引自施特劳斯:《政治哲学史》,石家庄:河北人民出版社,第471页。这句话也可见霍布斯:《利维坦》,黎思复等译,北京:商务印书馆,第95页。
④ 霍布斯:《利维坦》,黎思复等译,北京:商务印书馆,第93页。
⑤ 霍布斯:《利维坦》,黎思复等译,北京:商务印书馆,第95页。

驱使,然而,笔者认为,霍布斯强调这点的关键在于一些人有按照这种欲望行动的可能性,因此,"我们就必须把它考虑进来,并采取应付它的措施"。罗尔斯也指出,霍布斯的世俗道德体系其实就是一种政治理论,作为一种政治理论,他强调人类本性和人类生活的某些方面就是合适的。关键在于他所强调的因素是否确实能够影响政治思想和说明人们的政治行为。① 自我保存的欲望迫使霍布斯把自然状态考虑为战争状态,因为这是最糟糕的可能情况。自然不是人类获得利益的指南,它向人们昭示了应该避免什么,"从自然状态中唯一可得到的补偿就是我们有可能摆脱自然状态"②,并进一步思考如何摆脱这种状态。正如《剑桥政治思想史》论述的那样,对于霍布斯来说,自然状态实际上就是一种思想实验。在这种自然状态中,霍布斯思考的是:若权威不存在,人与人之间的争端和冲突如何解决;若没有共同的权威,人们如何心安理得地期待或依赖人类之间相互对待的恰当方式;在这种情形下,人们将如何正当地行为,并以何种理由采取行动。③

人性的基本特征是永恒不变的,社会政治体系和主权者也无法改变人性中的某些基本方面。但罗尔斯认为,霍布斯并不否认政治制度和主权者对于环境的影响,以及社会习惯、教育和文化的引导作用,"以致作为文明人,我们并不总是顺着我们的自然本性

① 参见罗尔斯:《政治哲学史讲义》,北京:中国社会科学出版社,第50,51页。
② 施特劳斯:《政治哲学史》,石家庄:河北人民出版社,第471页。
③ J. H. Burns, *The Cambridge History of Political Thought*（1450 - 1700）, Cambridge University Press, p. 534.

而行动,甚至是朝着与我们自然本性相反的方向而行动"[1];从而
"改变我们用于判断行为之审慎与合理的标准"。[2] 人们或许认为
霍布斯的这一说法自相矛盾,但霍布斯如此考虑的原因,在于他意
识到人们的理性使他们常常追求不同性质的利益,如政治利益、宗
教利益,以及"那些他认为最终是以骄傲、虚荣和统治欲为基础的
利益"[3],同时,他还希望通过强调人们都共享的某些根本利
益——如"自我保存、夫妻情感、舒适生活之手段",并把其它利益
搁置一旁。霍布斯试图以这些根本利益为基础来寻求避免冲突的
手段,寻求保证社会秩序的策略。正如施特劳斯所认为的,霍布斯
政治思想建立在近代自然科学之上,他接受了古代政治思想中的
自然正当观,即"存在着一种全然独立于任何人类合约或习俗的自
然正当;或者说存在着一种由于符合自然而是最佳的政治秩
序"。[4] 对霍布斯来说,有秩序的政治社会不会因存在战争的自然
状态而无法在现实社会中存在,相反,它是必要的,也是可能的。
传统政治哲学的失败不在于对于自然正当所蕴含的"最佳政治秩
序"的追求,而在于其各异的人性学说。因此,他利用人类的本性
对社会谋划,并探寻维持社会稳定和政治秩序的手段;就像工程师
在面对泛滥肆虐的河流时,通过疏通和引导保证其自然力量的合
理利用,同时还达到了减少灾害并控制河流的目的。

---

① 罗尔斯:《政治哲学史讲义》,北京:中国社会科学出版社,第 47 页。
② 罗尔斯:《政治哲学史讲义》,北京:中国社会科学出版社,第 42 页。
③ 罗尔斯:《政治哲学史讲义》,北京:中国社会科学出版社,第 48 页。
④ Leo Strauss: *Natural Right and History*, The University of Chicago Press, 1953,
  p. 144.

鉴于人类的利己主义和自我保存的本性,霍布斯赋予主权者以强大的权力。"人类中权势最大的,是大多数人根据自愿同意的原则联合起来,把自身的权势总合在一个自然人或社会法人身上的权势。"[①]因此,需要"把大家所有的权力和力量付托给某一个人或一个能通过多数的意见把大家的意志化为一个意志的多人组成的集体。这就等于是说,制定一个人或一个由多人组成的集体来代表他们的人格,……大家都把自己的意志服从于他的意志,把自己的判断服从于他的判断"。[②]这就是主权者,他拥有确定并解释法律的权力。霍布斯指出,虽然伦理哲学方面的著作蕴含明显的真理和对自然法的正确解释,但若没有国家权力支撑,它们的解释只是意见而不能成为法律。"因为伦理道德虽然天然是合乎理性的,但唯有通过主权者才能成为法律,否则我们把自然法成为不成文法就是一个大错误了。"[③]他作为国家人格的代表,其行为应该为了共同的和平与安全,即"为人们求得安全。这一点根据自然法他有义务要实现,并向制定自然法的上帝负责,而且只向上帝负责。但这儿所谓的安全还不单纯是指保全性命,而且也包括每个人通过合法的劳动、在不危害国家的条件下可以获得的生活上的一切其他的满足"。[④]在罗尔斯看来,主权者的作用就是维护霍布

---

① 霍布斯:《利维坦》,黎思复等译,北京:商务印书馆,第62—63页。

② 霍布斯:《利维坦》,黎思复等译,北京:商务印书馆,第131页。

③ 霍布斯:《利维坦》,黎思复等译,北京:商务印书馆,第215页。但成为法律的解释者并不是不需要条件的,霍布斯规定,他需要具备以下四个条件:对公平的正确理解;蔑视功名利禄;不受感情羁绊,比如超脱爱、恶、惧怕、怒、同情等感情;具有必要耐心和理解力。

④ 霍布斯:《利维坦》,黎思复等译,北京:商务印书馆,第260页。

斯所谓"和平社会状态"的稳定,"主权者通过有效地实施制裁并使每一个人都处于'恐怖状态'而使社会得到稳定"。[1] 但主权者并不通过改变人性及其自然欲望发挥作用,而是通过改变人们的客观背景条件。"一个强有力的主权者的存在,消除了对暴力死亡的恐惧;通过建立起在其中勤劳得到奖励、人们的安全得到保护的社会环境,主权者的存在给人们获取舒适生活的手段提供了保障。……它为合法的诚实劳动、为持有私有财产、为私有财产的安全等提供了客观的条件。"[2]

由此可知,霍布斯通过对人性、自然状态和契约理论的探讨,试图通过强制手段达到维护国家安全、政治秩序和践行契约的目的。霍布斯指出,"没有武力,信约便只是一纸空文,完全没有力量使人们得到安全保障"。[3] 因为,如果人们达成了信约而不履行,那么在没有共同认可的强力存在的条件下,"只要出现任何合理的怀疑",契约将成为一张空头支票。"但如果在双方之上有一个共同的并具有强制履行契约的充分权利与力量时,这契约便不是无效的。"[4]在一个国家中,强制因素的存在是必要的,"即使在一个良序社会中,为了社会合作的稳定性,政府的强制权力在某种程度上也是必需的"。[5] 尼布尔也认为,"强制的因素总是存在于政治之中的。如果经济利益的冲突尚未尖锐激烈,如果调和的精神尚能部

① 罗尔斯:《政治哲学史讲义》,北京:中国社会科学出版社,第73页。
② 罗尔斯:《政治哲学史讲义》,北京:中国社会科学出版社,第44—45页。
③ 霍布斯:《利维坦》,黎思复等译,北京:商务印书馆,第128页。
④ 霍布斯:《利维坦》,黎思复等译,北京:商务印书馆,第103页。
⑤ 罗尔斯:《正义论》,何怀宏等译,北京:中国社会科学出版社,第188页。

分地解决这些冲突,如果民主的过程能够取得道德的威望与历史的尊严,政治中的强制因素就会隐藏起来,粗心的观察者们对此就会视而不见。不过,只有纯粹的浪漫主义者才坚持认为在没有使用强力或强力威胁的情况下国家群体能够达到'共识'(common mind)或'公意'(general will)。在国家中强制的因素特别明显,在其他的社会群体中强制的因素虽然要弱一些,但也明显存在"。①

三、霍布斯权力秩序观的启示

霍布斯的思想不在于它促进了某一类或某个人的利益,而是因为它满足了人们因畏惧死亡而产生的对自由生活的基本需要。② 霍布斯认识到人们对不同生活类型的期望,也了解他们的某一选择不可能就是唯一正确的;也就是说,他不把某种善观念置于至高无上的地位,但我们一致同意善就是追求最大化地促进利己的欲望(重要的就是避免死亡)。所以,道德是一种"应然"的人为系统,它不能离开人们的审慎要求和主权者的强力,唯有顺从才能实现人们的欲望,依赖一种独立于人的道德是邪恶的,它必定走向不道德;无论人多么宝贵,如果连他的身体和生命也不能保存也就无所谓对欲望的实现了;因此,霍布斯主张通过契约和强制让全

① 尼布尔:《道德的人与不道德的社会》,贵阳:贵州人民出版社,第5页。

② 权力的施予是有道德基础的,对权力的追逐,可能是非理性的,也可能是理性的。非理性地追逐权力,比理性地追逐权力,更为常见;只有这种非理性的追逐,才被认为是人的自然欲望。因为对权力的理性追逐,已经经过理性烦死,正是由于这个原因,它已经不是自然的,即不是先天固有的,不先于所有的外在动因、所有的经验和后天培育。施特劳斯:《霍布斯的政治哲学》,南京:译林出版社,第12页。

能的主权者统治,以使人类的冲突和过早死亡维持在最低水平。"一旦和平的条件建立,就不必以积极方式过多言及霍布斯所希望的美好社会。霍布斯把重点放在极端情况,如所有法律和秩序都被破坏了的内战,放在由于企图质疑及限制统治者权力而导致的对和平的威胁,放在消极标准而不是积极标准上。"①霍布斯规范原则的基础就是对政治秩序和和平的优先考虑。

通过强制性权力让人免于匮乏和恐惧,通过权力激起人们对亘古不变的秩序的想象,一方面追求社会的守成、稳定,一方面垄断公器,制造垄断,压制对手和竞争者"坐大"。但是一味夸大社会中的权力而忽视其他因素也是危险的,因为强制往往暗藏着不稳定。"社会中的强制因素既是必要的,又是非常危险的,这一事实使达到和平与公正的整个任务变得异常棘手复杂。人类的历史,……究其失败的原因,通常是由于完全致力于消除强制的因素,或者是由于过分地依靠强制的因素。完全依靠强制的因素,就意味着新的暴君窃取了传统的君主下台后空出来的高位。追随托尔斯泰的和平主义者和其他不抵抗运动的支持者都注意到了暴力被引进社会的这一邪恶。"②也就是说,有效的刑罚对于保障人们的安全是必要的,但我们必须权衡这种强制因素所带来的弊端,它至少包括两个方面,"一是由税收所支付的维持机构的费用;二是对代表的公民的自由构成的某种危险",③只有当二者所造成的弊端小于由不稳定而带来的弊端时,强制才是合理的。

---

① 施特劳斯:《政治哲学史》,石家庄:河北人民出版社,第 487 页。
② 尼布尔:《道德的人与不道德的社会》,贵阳:贵州人民出版社,第 16 页。
③ 罗尔斯:《正义论》,何怀宏等译,北京:中国社会科学出版社,第 188 页。

　　罗尔斯指出,在良序社会中,每个人都能合理地相信他人具有一种源自于理性的正义感。因此,人们也就必须承担一份正义观念所要求的自然义务和职责,而忠诚原则作为一种职责,它保证了人们能够履行承诺,它在允诺实践中的道德约束是为了我们的利益而审慎地自我给予的。允诺是由公开的建构性规范体系规定的行为,它与法律以及其它规范体系一样,"生长于一个多少正常地为人们遵守的社会中",其规则如下:"如果一个人在某些适当的环境中说出'我允诺做某事'的话,那么他就一定要做此事,除非有免除这一允诺的条件形成。"①由此可知,人们的承诺行为在某种意义上也具有霍布斯的主权者的功能,即在于保证社会的合作与稳定,并使之长期维持下去。"允诺的作用和霍布斯赋予最高专制权力的作用类似。最高专制权力通过保持一种公开的、有效的刑罚体系来维持并稳定社会合作制度,同样,人们在没有强制安排的情况下通过相互之间的允诺来建立并稳定他们的私人的合作探索。"②虽然这种没有强制的安排或探索很难开始和维持,但良序社会已经具备了所需的条件,公民所需的知识也是现存的,当他们"作出允诺时,对他们履行职责的意图就有一种彼此回报的承认,和一种相信这一职责将得到尊重的共有的合理信念"。③

　　霍布斯的政治思想让我们"被迫在专制主义与无政府主义之

---

① 罗尔斯:《正义论》,何怀宏等译,北京:中国社会科学出版社,第270页。
② 罗尔斯:《正义论》,何怀宏等译,北京:中国社会科学出版社,第271页。
③ 罗尔斯:《正义论》,何怀宏等译,北京:中国社会科学出版社,第272页。

间进行选择"。① 因为按照霍布斯的逻辑,"人类的境况就是这样一种境况,即只存在两种稳定的状态:自然状态(它是一种战争状态)与利维坦状态",②后者需要强有力的主权者来维持。然而,它只是一种权宜之计,是一种"临时协议"(modus vivendi)。它仅仅是在两个民族的利益存在冲突时而达成的一种暂时协议:在协商条约时,每一个国家都会明智而谨慎地弄清楚,它们所提出的这一契约代表着一种平衡点。这就是说,条约的款项和条件是以这样一种方式来确定的,即双方都公开承认,违反这一条约对任何一方都没有好处。因此,二者遵守条约的主要原因,在于双方都把遵守条约看作是自己的民族利益,包括其作为一个尊重条约的国家之声誉。③但它的困难在于所维持的社会稳定并不牢固。罗尔斯指出,这种方法维持的"社会统一就只是表面性的,一如社会的稳定性只是偶然的,有赖于那种不去推翻侥幸的利益集中的条件环境"。④ 当环

---

① 罗尔斯:《政治哲学史讲义》,北京:中国社会科学出版社,第84页:"霍布斯从一开始,就是君主政体的坚定鼓吹者和民主政体的强硬反对者;终其整个生涯,他一直坚持这个立场。……绝对的世袭君主政体,是最佳的国家形式。"施特劳斯:《霍布斯的政治哲学》,南京:译林出版社,第71页。

② 罗尔斯:《政治哲学史讲义》,北京:中国社会科学出版社,第89页。

③ 参见罗尔斯:《政治自由主义》,万俊人译,南京:译林出版社,第155—156页。

④ 罗尔斯:《政治自由主义》,万俊人译,南京:译林出版社,第156页。约翰·鲁迪希尔(John Rudisill)也认为,对于霍布斯来说,在自然状态中谈论"道德应当"(moral oughts)毫无道理,但探讨欲望和(审慎的)应当确是事实。此外,对于霍布斯来说,理性就是认识并追求人们的——满足自私欲望——利益。如此带来的一个结果就是"道德上的应当为何成为我的应当?"这个问题对于霍布斯比较重要。审慎的命令和道德命令之间可能背离,二者的一致只发生在偶然情形下,它们并非观念上的必然。参见 John Rudisill, "Modus Vivendi, Overlapping Consensus and Stability," http://200.21.104.25/discufilo/downloads/Discusiones12(17)5.pdf.

境发生变化的时候,没有东西可以继续忠诚于权宜之计;霍布斯也意识到了这点,但他认为能够部分地避免这一困难,因为人类的本性是不变的,并且主权者的力量可以震慑一切。他试图利用拥有绝对权力的主权者维持稳定和安全,再用自然法来约束主权者,但自然法的约束力量对于主权者来说过于弱小,因为霍布斯曾明言没有后盾的自然法等于零。因此,用人性永恒不变的观点和主权者的强制确保利维坦是错误的,它并不能保证利维坦的长期稳定。因为人们将很快发现生活在这种社会里比死还要糟糕,一定会揭竿而起,因为霍布斯的主权者不一定能给公民带来多少安全和福祉,也未必带来心灵上的安宁。

第三章　卢梭的道德情感秩序观

　　尽管政治秩序依靠国家的强制力来保障,但它的存在以一系列社会关系和政治关系为前提,它处于由人为主体而构成的社会环境之中,这要求政治权力需要广大民众对它的认同并提供心理上的支持和维持。也就是说,政治权力的合法性与正当性最终取决于"民众对执政者获取政权的方式",以及他在实施政策法规时人们对他的"接受和认可的程度"。[①] 因此,卢梭认为,利用强制手段维持秩序是不道德的,它带来的服从不过是暂时的权宜之计。如果服从是强力的结果,那么,人们就没有必要据义务以服从了;因此,只要人们是在强制下的服从,他们也就不存在"服从的义务"了,所以,此时的"权利"只是一种空谈,它也不会给"强力增添任何新东西",因为,在这种情况下它"完全没有意义"。[②] 抛开义务而服从,或者说这种服从的"义务"所对应的权利只是一种毫无实质意义的装饰符号,它仅仅是强制的华丽门面而已。利维坦的社会

---

① 王岩:《政治哲学:理性反思与现实实践》,北京:世界知识出版社,第 99 页。
② 卢梭:《社会契约论》,北京:商务印书馆,第一卷第三章第二段。

就是建立在强制基础上的社会,它与正义的社会存在天壤之别,因为"镇压一群人与治理一个社会,这两者之间也永远存在极大的区别"。① 依靠强制生存的社会,充满了压制和奴役,其成员不过是主人的附属品,"不管他们的人数可能有多少,我在这里就只看到一个主人和一群奴隶,我根本就没有看到人民和他们的首领;那只是一种聚集,假如人们愿意这样称呼的话,而不是一种结合;这儿既无公共幸福,也无政治共同体。这个人,即使他奴役了半个世界,也永远只是一个人;他的利益脱离了别人的利益,就永远只是私人的利益。如果这个人最后灭亡,他的帝国也就随之分崩离析,如同一棵橡树被火焚烧后就消解而化为一堆灰烬一样"。② 由强制造就的秩序是僵化的、停滞的,它暗含致命的分裂因子;一个小小的变化就可能让它走向毁灭。

　　卢梭也不赞同自然状态中的人具有利己、以自我为中心以及自负的本性。并且,我们尤其不能够像霍布斯的结论那样说"人天生是恶的",因为人毫无善观念;"人是邪恶的",因为他不识"美德"为何物;"人从不肯为同类服务",因为人从来就不承认他对"同类负有这种义务"。③ 他也不相信自然状态中的人时刻处于冲突、竞争和倾向于伤害他人的情形之中,因此,我们也不能认同霍布斯的这个结论,即"人根据他对于所需之物有正当要求的权利,便疯狂

① 卢梭:《社会契约论》,北京:商务印书馆,第一卷第五章第一段。
② 卢梭:《社会契约论》,北京:商务印书馆,第一卷第五章第一段。梁漱溟也说,"国家的法律制度固恃有一'力'字在,然而实际上依赖于'理''利'二者维系其间正不在小"。梁漱溟:《梁漱溟自选集》,北京:首都师范大学出版社,第139页。
③ 参见卢梭:《论人类不平等的起源和基础》,北京:商务印书馆,第98页。

地把自己看作是整个宇宙的唯一所有主"。① 卢梭把这种趋恶的
"人类本性"仍然视为社会的产物,"因为他觉得这些观点将社会与
道德产生以后的人际原则强加于自然状态下的人类生活"②,人们
的利益需求、自私、贪婪、强制以及欲望等,其实只不过是把从社会
里观察而来的某些观念,硬生生地"搬到自然状态上去了"。按照
卢梭的看法,"'真正的'自然状态比霍布斯和洛克的设想距离我们
的现实状态更为遥远"③,霍布斯并没有准确阐述人性以及自然状
态,因为霍布斯把人们对各种欲望的要求,不适当地渗进了"野蛮
人对自我保存"的关心中,其实这些欲望不过是"社会的产物"④罢
了;他与其他政治思想家一样,"论述的是野蛮人,而描绘的却是文
明人",并且,他们毫无例外地"没有一个人曾经追溯到这种状态
(笔者注:自然状态)"⑤。

一、自然状态与道德情感

自然状态理论是卢梭政治思想的基础。他的自然状态是一种
"不在存在,也许从未存在,可能将来也不会存在"的状态。这在
《论人类不平等的起源和基础》的前言中提到。卢梭认为必须除去

---

① 卢梭:《论人类不平等的起源和基础》,北京:商务印书馆,第98页。
② 徐大同:《西方政治思想史》(第三卷),天津:天津人民出版社,第407页。
③ 米勒、波格丹诺:《布莱克维尤政治学百科全书》,北京:中国政法大学出版社,第742—743页。
④ 卢梭:《论人类不平等的起源和基础》,北京:商务印书馆,第98页。
⑤ 卢梭:《论人类不平等的起源和基础》,北京:商务印书馆,第71页。

身上所有关于社会起源的先入为主的观念，无论真假，也就是卢梭所说的"扫清大厦周围的尘土与乱石"。为了探寻人类的真正本性和真实的自然状态，应该从能照出真实的自然之镜中获取。

在真实的自然状态里，没有束缚，权力也不发生作用。人们受"自然气质"支配，他们处于野蛮的"愚钝"和文明的"智慧"中间，受到本能和理性①的共同限制，同时，他们也具有同情心，这使得他们在受到侵害时也不会主动害人。② 他们是独立的，没有依附和奴役，也没有虚荣、爱慕、蔑视、报复、尊崇的概念；他们粗野而不邪恶，愉快而不狂热，注意自我保护却不加害于人；他们很少争执，更无所谓残酷了，当需求得到满足，欲望也就不见影踪了。他们"独立而自由，自在而和平"。③ 同时，自然状态中的人的两种本能使其与动物存在根本区别，一是人类的自由意志能力，以及作为"自由主动者的资格"，它使人"具备根据正当的理由去行动的潜

---

① 李常山先生认为，这几句话写得有些晦涩，所讲的是人发展到哪一阶段的事呢？乍一看来，这里所讲的不可能是最远古的状态，因为在这种状态中，人还不会使用理性，而这里所指的却是私有制出现之前的一个阶段，要解决这一难题，只有赋予理性这一名词以一种颇为低级的意义。卢梭曾经说，自然人"仅只服从于他的本能"，但是人已经不同于其他动物，因为人是一个"自由主动者"，而且，他在本能方面如果有所缺欠的话，其他机能是能够加以补充的。卢梭这里所说的理性，或许即指此而言。（见卢梭：《论人类不平等的起源和基础》，北京：商务印书馆，第119页脚注。）从这段话可以看出，卢梭的自然状态是发展的，具有深刻的"历史感"，最远古的自然状态与这里的自然状态并不相同，这里是自然状态发展到私有制出现之前的一个阶段。也就是说，卢梭的自然状态是分阶段的，罗尔斯和国内学者李桂琳也持这种观点，详见罗尔斯：《政治哲学史讲义》，北京：中国社会科学出版社，第199—206页；张桂琳：《卢梭自然法论新探》，《政法论坛》，1987年1期。
② 卢梭：《论人类不平等的起源和基础》，北京：商务印书馆，第119页。
③ 徐大同：《西方政治思想史》（第三卷），天津：天津人民出版社，第413页。

能"①,使人显示出"精神的灵性";第二,人类自我完善的本能,它使人能够借助于环境而"不断地促进所有其他能力的发展",也即"他们通过其能力及其在文化方面的叙述的发展而具有自我改善的潜能"。② 正是这种能力使人脱离了"安宁而淳朴"的原始状态,并发展出"智慧和谬误、邪恶和美德"。不过,它们只是人类的两种本能而不可能自己发展起来,人类和社会脱离自然状态需要借助于外部环境及其多种原因的结合。人类的自然本性和道德情感(道德心理)就是其中的一个重要因素。

二、两种道德情感:自爱和同情

不仅卢梭的政治思想,包括他对政治秩序的研究,都以对人类本性的真正认识为出发点。因为在对人类本性和道德情感的讨论中,"真正重要的是关于根本的社会变革的前景以及(根据我们当前的历史和社会条件)采取何种方式来实现这种变革的智慧"③,而卢梭就探讨了人类的自然情感在使一种"规制良好的社会成为可能而且保持稳定"方面所发挥的重大作用:

> 如果我们用一种冷静的、客观的眼光来看人类社会的话,它首先显示出来的似乎只是强者的暴力和弱者的受压迫;于是我们的心灵对某一部分人的冷酷无情愤懑不平,而对另一部分人的愚昧

---

① 罗尔斯:《政治哲学史讲义》,北京:中国社会科学出版社,第 200 页。
② John Rawls: *Lectures on the History of Political Philosophy*, Harvard University Press, pp. 197 - 198.
③ 罗尔斯:《政治哲学史讲义》,北京:中国社会科学出版社,第 215 页。

无知则不免表示惋惜。……人类的各种制度，……好像是奠基在流动的沙滩上的一种建筑物。我们只有对这些制度仔细地加以研究；……才能见到这一建筑底层的不可动摇的根基……但是，如果对人类，对人类的天然能力，以及这些能力继续不断的发展没有认真的研究，我们就永远不能……在现今一切事物的构成中，把哪些是神的意志①所创造的东西，哪些是人类的艺术所创造的东西分别开来。②

　　根据卢梭的文本，罗尔斯认为，只有自爱和同情才是人的自然本性和基本的道德情感。从人类心灵"最初的"和"最简单的"活动来看，存在两个先于理性和先于思考的原理，那就是自爱和同情：自爱的原理使人们关切他们的幸福和对自己的保存；而同情的原理使人们"在看到任何有感觉的生物、主要是我们的同类遭受灭亡或痛苦的时候，会感到一种天然的憎恶"。③ 在卢梭看来，自爱是人性的首要原理，是"追求自己利益"的典型表现，它是"最原始的""自然感情"，它使人们注意自我保存，关心维持生命的方式和获得福祉的手段，它是"人性的首要法则"；它与自尊不同，自尊在自然状态中并不存在，它只"是在社会中产生的感情"，是人们追求荣誉的根源，也促使了恶行的产生。并且，自爱是与同情联系在一起的，同情也是一种"自然的情感"，是一种"纯自然的感动"，是人类"最普遍"、"最有益"的"自然美德"，"人类看见自己的同类受苦天

_____

① 译者注：这样的措辞，并不是由于卢梭的小心谨慎。在卢梭的著作中，神的意志是由自然表达出来的。
② 卢梭：《论人类不平等的起源和基础》，北京：商务印书馆，第69页。
③ 卢梭：《论人类不平等的起源和基础》，北京：商务印书馆，第67页。

生就有一种反感,从而使他为自己谋幸福的热情受到限制"。① 它让我们去帮助社会中的弱者、不幸者和受苦的人,它是人们在行不义时内疚的原因。另外,由于理性产生自尊,并指导着自爱,而同情是理性的支撑点,那么同情在某种意义上也能够调节并缓和人们过于强烈的自爱和自尊。

由此可知,自爱与同情是人类的自然情感,自爱是首要的,而同情对自爱的限制使人在关注自我的同时也关切他人;自爱产生利己行为,而同情的限制发展出利他行为,它是自爱发展的必然结果;所以,卢梭的人性是善的,因为同情限制着自爱和自尊。如果说由私有财产带来的利益冲突是建立政治社会的原因的话,那么,正是人的善良本性才使正义、稳定、幸福的社会成为可能。②

《社会契约论》的写作目的,就是"要探讨在社会秩序之中,从人类的实际情况与法律的可能情况着眼,是否有某种合法的而又

---

① 卢梭:《论人类不平等的起源和基础》,北京:商务印书馆,第 99 页。

② 在此处可以看出,卢梭的思想与霍布斯对于建立社会的原因的看法存在一致的地方,他们都把社会的建立归结为人的自私、虚荣和相互冲突,二者的差异在于人的自然本性观点。有学者批评认为,卢梭的人性观和道德心理学存在致命的弱点,主要概括为三个方面:首先是卢梭错误地把道德情感作为人本性的全部,错误地把原始的当成本质的。他与理性本性论者的错误相同,仅是一种形而上学的玄思和推测,"完全脱离实际的乌托邦式的梦想!"(见卢梭:《论人类不平等的起源和基础》,北京:商务印书馆,第 42 页)第二,狭隘地把道德情感作为价值判断标准的根据,并通过贬低理性抬高道德情感。他认为,道德情感活动时人们理性完善的原因,"思考的状态是违反自然的一种状态,而沉思的人乃是一种变了质的动物"。(卢梭:《论人类不平等的起源和基础》,北京:商务印书馆,第 79 页)他推崇良心和善良情感,认为它是"灵魂深处生来就有的正义和道德的准则"、是"人类真正的向导"、是"判断我们和他人的行为是好是坏时的依据"。(详见《爱弥尔》)第三,过分强调善、同情的作用。使他的政治思想忽视了人性"恶"方面的考虑,忽略了"除恶"在政治学理论中的重要意义。详见张桂琳:《卢梭自然法论新探》,《政法论坛》,1987 年 01 期。

明确的政权规则。在这一研究中,我将努力把权利所许可的同利益所要求的结合起来,使正义与功利二者不致有所分歧"。①《社会契约论》充分体现了公民在社会中所有的天然自由,以及如何分配使用,在公民社会中人类获得了道德的自由,唯有这种自由使人类成为他自己的主人。这也是"天赋人权"的一部分:人生而平等,生而赋有天然的自由。所有者可以把它当做礼物奉送给君主,从而获得社会的自由,与此同时自己也就变成社会中的人民。

卢梭的推理是一种现实的推理,并以此认为其所追求的目标也是可能的,"这一点可以通过他所说的旨在把人当成是他们之所是,把法律看成是它们之所能而显示出来","为了保证既实现稳定性,又实现幸福,在权利所许可的和利益所要求的之间就必须要实现某种特定的配合。否则,正义与有用将会相互冲突,而一个稳定而合法的政体也无法实现"。②

可以这样认为,在《社会契约论》中,卢梭刻画了一种正义的、可行的并且是幸福的社会理想,不仅如此,他还分析了此种政治社会是如何建立,同时又是"如何能够保持秩序"的问题。③

他试图探讨一个正义的、可行的,同时又是稳定而幸福的政治制度基础。尽管卢梭在《论人类不平等的起源和基础》中歌颂人类的自然状态和自然本性,尽管"人类所有的进步,不断地使人类和它的原始状态背道而驰",但随后,卢梭在给马勒泽布的信中申明,

---

① 卢梭:《社会契约论》,北京:商务印书馆,第一卷开篇。
② 罗尔斯:《政治哲学史讲义》,北京:中国社会科学出版社,第219页。
③ 罗尔斯:《政治哲学史讲义》,北京:中国社会科学出版社,第196页。

他不再相信历史中的美好时代和任何理想的时期,他并不想把人强硬地返回自然状态,而是"把目光更多地投向未来,或者说得更准确一些,投向那些可能发生的事物",并"借助于回首跂望来省察传统社会的偏差与缺陷"。① 卢梭相信,人们之所以在进入社会后变坏是由于社会条件和社会制度的影响,但人的自然本性和道德情感为塑造理想而有序的社会提供了可能。关于社会事务与人的道德情感的关联性,正如柏格森在《道德与宗教的两个起源》②中用他细腻的语言所描述的那样:

从开天辟地以来,山就有一种功能,在那些仰望高山的人心中引起某些情感,这些情感可比感觉,确实与山不可分割。但是,卢梭在这种联系中,创造了一种新的、本源的感情。卢梭让它开始流通,这种情感便成为通货。甚至今天,也还是卢梭,让我们更多地感受着这种感情,远胜于感受山。诚然,这种源于让-雅克内心的感情,为什么要与山而不是其他物体联系在一起是有理由的;那些类似于感觉的基本情感,是直接由山所引起的,一定要能够跟这种新的情感相融合。但是卢梭把它们集中在一起,让它们各安其位,

---

① 参见卡西尔:《卢梭·康德·歌德》,北京:生活·读书·新知三联书店,第31页;罗尔斯:《政治哲学史讲义》,北京:中国社会科学出版社,第197、210页。但施特劳斯认为,卢梭的这种思考是对"过去的崇拜",古希腊时代的城邦是真正的避难之都,它为人们"提供了和平,秩序和独立",因为它建立在美德的基础之上,"卢梭的好恶和对现代社会的不公正之处的分析使他回到了希腊社会"。(参见施特劳斯:《政治哲学史》,石家庄:河北人民出版社,第668页。)尽管施特劳斯也看到了卢梭"没有忽视政治的重要性而将自己完全交付给对已逝去的过去的罗曼蒂克式的渴望",但对于这点,他并没有给予足够的重视。

② 转引自沃格林:《秩序与历史 II:城邦的世界》,南京:译林出版社,编者导言第19—20页。

从此成为一部旋律中单纯的合音,而卢梭通过一次真正的创作,为这部旋律提供了一个基调。

社会制度和社会生活条件使人们朝两个方向发展,也就是说,人的善良本性在社会状态中能够用道德心理学的基本原则加以描述和刻画,道德是与人类的心理学,以及人类的情感"完全连续的自然现象"。[①] 在这个前提下,社会和历史条件分配人们在社会中得到发展和实现的品格类型,人既可能是好的也可能变坏,但"至少存在着一种关于合法的政治制度之可能的而且是合理的可行的方案,它既能够满足政治权利原则的要求,又能够满足制度的稳定性和人类幸福的要求"。[②] 社会合作与有序的理想与人的本性是一致的。另外,卢梭认为的理想社会也具有自然状态没有的便利。从自然状态到社会状态,人类行为的正义和道德性代替了本能,义务代替了生理冲动,权利代替了嗜欲,人们按照原则和理性行事,"以至于——若不是对新环境的滥用使他往往堕落得比原来的出发点更糟的话——对于自此使得他永远脱离自然状态,使他从一个愚昧的、局限的动物一变而成为一个有智慧的生物,一变而为一个人的那个幸福的时刻,他一定会感恩不尽的"。[③]

在卢梭看来,以社会公约为基础的社会秩序是人们一切权利的依据。它是一项"神圣的"权利,并为其它"一切权利"提供基础,

---

① 参见罗尔斯:《政治哲学史讲义》,北京:中国社会科学出版社,第 211 页;罗尔斯:《道德哲学史讲义》,上海:上海三联书店,第 94 页。

② 罗尔斯:《政治哲学史讲义》,北京:中国社会科学出版社,第 210 页。

③ 卢梭:《社会契约论》,北京:商务印书馆,第一卷第八章第一段。

不过，权利绝不是出自于自然，而是"建立在约定之上的"。① 而卢梭认为，有关社会的约定是一切合法权威的基础，它赋予公共人格的同时，也给予人们②以人格的独立；它使人们丧失了天然自由，但收获了社会自由和道德自由；并且，它产生了作为"公共的大我"和"公共人格"的"道德的"、"集体的"共同体。这就是卢梭社会契约理论的目的和意义，在对卢梭关于契约理论的研究中，罗尔斯认为，它蕴含了四个前提，它们"隐含在他（卢梭）对社会契约的普遍特征以及它所依赖之社会条件的论述中"。③

首先，社会契约实现了人们的根本利益以及合作的目的。其中两种根本利益与自爱（*amour de soi*）和自尊（*amour-propre*）联系。后者使人们根据社会环境及其条件相互尊重、相互受惠，并适当地确定他们行为的边界；前者使人对获取幸福和福祉的方式感兴趣，并且，也使他对人们的两种本能——自由意志能力和自我完善能力——的"运用和发展"感兴趣。罗尔斯认为，除了这两种基本能力之外，还可以"加上拥有理智观念的能力；拥有道德态度和道德情感的能力；与他人认同的能力（也就是根据情势而产生相应的同情心和怜悯心）"。④ 其次，人们在社会中的依赖与合作必然推进他们各自的利益。第三个前提是他们的自由是平等的，具有

---

① 卢梭：《社会契约论》，北京：商务印书馆，第一卷第一章第二段。
② 罗尔斯认为，这里的"人们"的含义并不明确，但可以确定的是，这些人不是"沾满了腐败文明的所有恶习和习惯"的人，而是"符合人性的基本原则和倾向的那些人"。罗尔斯：《政治哲学史讲义》，北京：中国社会科学出版社，第219页。
③ 罗尔斯：《政治哲学史讲义》，北京：中国社会科学出版社，第221页。
④ 罗尔斯：《政治哲学史讲义》，北京：中国社会科学出版社，第222页。

根据自由意志行动的能力。最后,每个人都具有正义感能力,有一种据"相应的正义感去行动的兴趣",有一种根据契约原则和正义原则行动的能力。人们一步入社会,其行为的正义就代替了本能,行动也"赋予了前所未有的道德性"。

因此,卢梭指出,社会契约理论解决的"最终问题"可归结为"要寻找出一种结合的方式,使它能以全部的力量来卫护和保障每个结合者的人身和财富,并且由于这一结合而使每一个与全体相联合的个人又只不过是在服从自己本人"①。那么,社会契约理论的本质就在于使每个人接受"公意"的"最高"指导,它的最高性体现在任何成员都是共同体不可分割的一部分。在卢梭看来,公意构成了社会、政府乃至法律的合法性基础,并为政治权威提供了合法性证明。它是全体成员所分享公共善的体现,而公共善是实现公共利益的社会条件,所以,公意依赖于人们的公共利益。同时,它还代表了全体公民是基于正当理由谋求福祉的,它与人的自由意志和自我完善本能联系,罗尔斯也认为,"每一个人都具有一种慎思理性的能力",也就是说,公意是一种"慎思理性"形式,是人们共同享有"公共的善",它在一定的意义上就是"每个公民与所有其

---

① 卢梭:《社会契约论》,北京:商务印书馆,第一卷第六章第四段。卢梭希望通过社会契约使人民大众获得更多方面的平等。他认为"私有制是产生社会不平等的起源和基础"。但他又不可能消灭私有制,他和其他一些思想家一样,认为"财产是政治社会的真正基础,是公民订约的真正保障"。因此,社会契约论带有一定的社会空想性,过于理想化。一个伟大的思想家在提出相关论点的同时或多或少都会考虑到自身及上层阶级的利益。这不仅是为了维护社会制度更是为了不忤逆时代潮流的发展方向。

他公民所共享的"。① 另外，由于人的善良本性：自爱和同情，再加上公意的目的是实现人们的公共善，并适用于所有的人，从而使公意总能让人们获得幸福，并总是公正的。

即便如此，但卢梭认为，指导着公意的"判断"不一定总是"明智"的。它有可能使遵从"公意"的公民误入歧途，所以，我们就"必须为它指出一条它所寻求的美好道路"：以确保公意不受"个别意志的诱惑"，具有远见、认清善恶，"能以遥远的隐患来平衡当前切身利益的诱惑"。卢梭指出了两种影响指导公意的情况，即"个人看得到幸福却又不要它"，"公众在盼望着幸福"却又对它视而不见，因此，我们"必须使前者能用自己的意志服从自己的理性；又必须使后者学会认识自己所盼望的事物"。② 这是立法者应该做的事情。

立法者不同于主权者③拥有强大的政治权力，他在国家政体中没有位置，也不能把意志强加在人民身上，只能依靠教育的方式实现。罗尔斯认为，卢梭的立法者与霍布斯的主权者在社会稳定思想上代表了两种不同的模式。不管卢梭的立法者多么罕见，实际上可以把他理解成一个虚构人物，"一个巧妙的设计"，是为了解决"道德学习和稳定性的问题"④。卢梭之所以利用立法者来维护

---

① 罗尔斯：《政治哲学史讲义》，北京：中国社会科学出版社，第 229 页。罗尔斯认为，公意作为慎思理性的一种形式，它包含了"公共理性的理念"。详见罗尔斯：《政治哲学史讲义》，北京：中国社会科学出版社，第 236 页。施特劳斯也认为，公意是"空的"，是"形式的"，是一种"纯形式的限制"。见施特劳斯：《政治哲学史》，石家庄：河北人民出版社，第 677 页。

② 参见卢梭：《社会契约论》，北京：商务印书馆，第二卷第六章第十段。

③ 卢梭认为，当由公意组成的共同体是主动时，它被称为主权者。参见卢梭：《社会契约论》，北京：商务印书馆，第一卷第六章第十段和第一卷第七章。

④ 参见罗尔斯：《政治哲学史讲义》，北京：中国社会科学出版社，第 246—247 页。

社会稳定,在于他看到了以强力和权宜之计为基础的社会契约存在缺陷,它也不是恰当的社会发展方式。因为,卢梭否认把社会契约以及公民达成的任何协议视为"是从某种前—政治状态(pre-political stage)到某种社会——它的基本制度满足了社会契约之条款的要求——的过渡"。① 卢梭设想的正义的、稳定的理想社会是由立法者创设的制度,以及与其相适应的社会精神一起塑造的,公意发挥着"最高的"指导作用,卢梭的理想社会从一开始的建立到后来的正常运转都会处于"一种稳定的平衡"之中。因为,这种社会的政治体系培养了"生活于其中的人们的普遍意志(笔者注:公意),而当后来的一代人走入历史舞台时,他们需要用这样一种普遍意志来维持社会的稳定"。②

卢梭重视人们通过自然本性以及道德情感的发展来增进他们对社会的忠诚和依恋、对社会政治体系的理解和信心,以及人们之间的信任在社会秩序方面具有的重要意义,这是卢梭秩序观的显著特征。并且,他也把它作为政治秩序研究的基本依据。但另一方面,卢梭并没有放弃政治中的强制因素。当社会中人们的行为僭越了道德,人们的本能偏离了善良本性的约束,以及人们的道德情感不再发挥作用的时候,为了保证社会契约的效力,它蕴含了这个规定,即"任何人拒不服从公意的,全体就要迫使他服从公意"③,这一规定是其它规定的力量的源泉。也就是说,当人们的个别意志或一个群体的众意与公意发生背离时,主权者就要迫使

① 罗尔斯:《政治哲学史讲义》,北京:中国社会科学出版社,第246页。
② 罗尔斯:《政治哲学史讲义》,北京:中国社会科学出版社,第246—247页。
③ 卢梭:《社会契约论》,北京:商务印书馆,第一卷第七章末段。

他们服从公意,并从而获得自由。

"强迫的自由"蕴含着强制,有人认为这是专制和极权。① 但我们应看到这段话的语境,卢梭指出,人们具有"个别的意志",可能会"完全"违背公共利益;人们也可能把对国家所负的义务看作"无偿的贡献",并因此只想享受社会带来的权利而不情愿"尽臣民的义务"了,那么"这种非正义长此以往,将会造成政治共同体的毁灭"。② 卢梭虽然拒绝承认人们的利己主义本性,但他并不否认社会中存在"搭便车者"。正因为人们的这种利己主义行为,他才诉诸政治权力;另外,我们也不应忽视卢梭在政治权力上附加的前提条件:即人们行为的正义和道德性③,公意及其对公共利益的要求所带给人们的幸福希望。

---

① 徐大同先生主编的《西方政治思想史》(第三卷)指出,卢梭一方面重视个人权利,一方面还关注个人与集体的同一。他的"这一颇具两面性的解答,为后人留下了广阔的思想空间。……卢梭时而被尊奉为民主自由的先锋人物而备受推崇,时而被作为极权主义的始作俑者而成为众矢之的"。(徐大同:《西方政治思想史》(第三卷),天津:天津人民出版社,第415页。)

② 卢梭:《社会契约论》,北京:商务印书馆,第一卷第七章第七段。

③ 卢梭的道德理想对法国大革命时期的革命者影响甚大,他们把卢梭的思想运用于革命时期及革命后的政治实践中。朱学勤在《道德理想国的覆灭》中,提到雅各宾党人佣约·瓦伦出版了一本《共和主义基础知识》的小册子,提出革命者必须承担起"提高人民道德"的责任,国家必须代替父权,抓起年轻一代的教育。否则,"你们必将失去年轻的一代"。他盛赞斯巴达教育"是转向道德的一个明显例证,这一例证说明,从腐败道德向简朴道德的转化能够进行,而且要比败坏一颗正常心灵更容易、更迅速"。法兰西人凌空蹈虚,高路入云,进入了卢梭式的道德境界。他们进入了道德境界,道德则磁化了他们的符号世界。政治斗争成为一场道德语言的竞技场,政治话语成为道德磁化的首选对象。

三、权力秩序与道德情感秩序的"刚柔"逻辑

利维坦的主旨在于维护自身的秩序。它是消极的，"只考虑到幸福的条件而忘却了幸福自身"，它只是人类社会的一个方面，它不仅不能引起人们对它的忠诚，甚至还会加强利己主义言行，并破坏"人们间相互信任和进行自由自在的交往的基础"①。而卢梭不仅思考如何建立一个稳定的社会，更重要的是，他还试图进一步确定正义的、善的政治秩序的条件。

通过对霍布斯和卢梭的研究来看，一种政治秩序观念，应该在社会中允许存在强制性惩罚，但首先须有"正义"存在，因为"正义构成惩罚概念的本质"。② 当然，从另一个层面上，在谈到公民不服从问题时，罗尔斯也曾谈到为维护正义的社会体系而对公民不服从的限制（这一限制包括采取强制性权力）问题，"公民不服从是一种发生在公众讲坛中的请愿形式，反抗者就一定要设法使自己被他人理解。因此，对公民不服从权利的运用，正像行使任何其他权利一样，应该得到合理的组织，以便有助于实现反抗者的目的，或他希望帮助的人的目的。"③公民不服从是反抗行为，可能导致严重的无秩序状态发生，这可能破坏正义的社会体系。因而应对公民不服从的范围限制，它不能导致破坏对法律体系和宪法的尊重，也不能导致不利于所有人的后果。

---

① 参见施特劳斯：《政治哲学史》，石家庄：河北人民出版社，第 666 页。
② 康德：《实践理性批判》，北京：人民出版社，第 50 页。
③ 罗尔斯：《正义论》，北京：中国社会科学出版社，第 295 页。

　　相较于霍布斯的权力秩序,卢梭更为看重公意以及人们的自然情感、道德心理和正义感在构建政治秩序方面发挥的具有持续性的重要作用。实际上,罗尔斯也认为,政治秩序问题不仅是人的理性引起的问题,也是"理性的搭便车者"在人们的道德心理上引起的问题。一种具有可持续性政治秩序的构建,不仅需要类似霍布斯那样的"外化的"强制手段来保证人们的正当利益,更需要在道德观念、正当观念的指导下,获得内化于人心的对秩序的支持和认同。也就是说,一个稳定的政治秩序不仅需要具有强制性的政治权力作为基础,还需要社会成员对它的认可和支持,这构成了社会政治的"心理秩序"。

　　政治秩序不仅发于头脑,启于理性,还要达于人们的心灵和情感;它是"反思的平衡"的信念,需要理性和情感的结合,需要头脑和心灵的交汇。对于一个国家来说,不管这个国家是具有悠久历史的国家,还是一个初创的国家,权力之所以是其中的一个因素,在于它是造就国家和共同体的必需,是最后的,也是国家处于最危急时刻的最有效手段。但是,它并不是唯一有效的手段,或者说它常常不是最有效的、最理性的、最合理的手段。马克思主义经典理论认为,国家是暴力机器,但它并不仅是依靠暴力就能维持持久的秩序的。只有当权力化为权威,并培育起稳定而有效的政治认同以及政治合法性的时候,方能建立具有长久持续性的社会秩序。稳定性并非一时的权宜之计,它基于正当理由,以及人人可欲的正义原则与规则体系;在这个基础上,才能直击人心。这也就是管仲的"心安是国安也,心治是国治也"、韩非的"凡治天下,必因人情"所具有的深刻含义。

第四章　林肯基于安全与统一的国家秩序观

　　19世纪30年代到60年代,影响美国政治思想发展最引人注目的是南北双方就奴隶制进行的激烈论战。在此之前的几十年里,奴隶制并没有引起如此大范围的争论,因为无论北部还是南部都普遍认为奴隶制终究会随着社会的发展而趋于萎缩。然而,基于黑人奴隶劳动的棉花产业的兴盛打破了人们对奴隶制的这一看法。南方白人极力维护奴隶制度,认为奴隶制可以为他们获得丰厚利润,不仅无碍社会的发展;相反,它还是自由的基石,秩序的保障。随着林肯登上总统大座,双方的怒火不可遏制,终于把美利坚合众国推向了崩解的边缘。一场军事冲突在所难免,这就是被认为美国"第二次革命"①的美国内战。

　　内战以北部的胜利结束,这不仅是美国独立战争宣扬的"自由、平等"的胜利,从林肯的政治思想意图来看,更是美国能够继续

---

① 查尔斯·A.比尔德:《美国文明的兴起(下卷)》,北京:商务印书馆,2012年12月,第916页。

作为一个联邦国家维持统一秩序而存在的胜利。[①]

林肯出身贫寒,他的父亲是一个从英国移民过来的伐木工,没受过教育。而林肯也只上过一年学,但他善于自学并考取了律师执照。林肯是美国历史上最平易近人的总统,是第一个向黑人开放办公室的美国总统,他政治上的卓越是与人性和道义责任结合在一起的,凭借的是他为人"正大光明",习惯于作"长久的抽象思考"。[②] 他的一生承受了家庭的种种不幸,年幼时失去弟弟和母亲,青年时姐姐去世,成家后妻子精神失常,两个儿子也先后夭折,这培养出林肯在政治上的坚定意志和务实的作风。

林肯是一个伟大的爱国主义者。在美国历史上最困难的条件下,他领导美国人民经过内战的洗礼,在反奴隶制的过程中取得了重大进展,维护了国家统一。正如马克思所评价的,他是一个"不会被困难吓倒,不会为成功所迷惑的人;他不屈不挠地向着自己的伟大目标,而从不轻举妄动,他稳步向前,而从不后退……总之,他是一位达到了伟大境界而仍然保持优良质量的罕有人物。这位出类拔萃和道德高尚的人竟是那样谦虚,以致只有在他成为殉难者倒下去之后,全世界才发现他是一位英雄,一位'与华盛顿齐名'的英雄"。

[①] "经过内战,确定了完整和不可分割的主权属于合众国,合众国的政治制度是一个双重政府,最后的主权属于国家。"梅里亚姆:《美国政治学说史》,朱曾汶译,北京:商务印书馆,1998年11月,出版说明第4页。

[②] 参见莫里森:《美利坚共和国的成长》,天津:天津人民出版社,1980年10月,第780页。

一、林肯政治思想形成的基本时代背景

　　奴隶制论战和美国内战是林肯政治思想形成和发展的基本背景。

　　内战前的三十年,南北地区在经济体制上表现出越来越明显的差异。东北地区工商业经济增长迅速,人口激增,西北地区(今美国中西部)发展起以自耕农为基础的农业经济,东南地区主要是以黑人奴隶为基础的垦殖农场,呈区域性经济衰退之势,而西南地区因种植棉花打造出一个"棉花王国"。[①] 东北与西北地区主要是自由的工人、农民从事生产劳动,而东南与西南地区则主要依靠黑人奴隶从事生产。

　　18世纪后半期在英国发生的工业革命和十九世纪初在美国北方开始的工业革命,促使美国北部围绕工商业形成了基于雇佣劳工的经济体制。在独立革命前,美国东北部(那时称新英格兰)就因为丰富的工业资源成为工场手工业积聚区,通过发展航海贸易,工商业兴盛。受英国工业革命的影响,工场主和企业家通过进口机器将大量资本投入工业(当时比较兴盛的是棉纺织业,比如著名的摩西·布朗、弗朗西斯·卡伯特·洛威尔、塞缪尔·斯莱特等

---

① "美国'三角贸易'的最后形成和区际贸易的发达,无疑是美国统一的国内市场形成过程中的重要步骤,……此后,各区域的经济专业化得以迅速发展,走向工业化的东北部、奴隶制种植园的南部和垦殖农业的西部。作为3种社会经济模式鼎足而立,它们之间的相互联系和斗争,决定着当时美国历史发展的走向。"参见何顺果:《美国史通论》,上海:学林出版社,2001年12月,第118页。

都是通过纺织业而不断向皮革制造业、羊毛纺织业、玻璃制造业、冶铁业等领域拓展，并最终取得成功的），纷纷设立工厂，使美国"走上了没有革命的'工业革命'"。①到19世纪40年代，美国北部地区逐渐发展成以雇佣工人为基础，借助机器进行生产的具有资本主义性质的经济体制。

工业革命使欧洲和美国北部棉织业兴起，这极大刺激了南部棉花种植业的发展。"到1825年，棉花、烟草和蔗糖成了主要作物。在不到10年的时间里，棉花就成了农作物之魁。……1791年，棉花总出口量只是20万磅；到1803年，增长到4000万磅；而到1860年，当年的棉花出口价值已接近两亿美元。这些数字为1820年以后奴隶经济的激进精神提供了充分的解释。"②人们对棉花的极大需求促进和巩固了南部种植园经济和奴隶制的发展，因此，棉花种植者，尤其是其中的少部分奴隶主，逐渐主导了南部的政治和社会。与此同时，棉花种植也加深了南部对奴隶的依赖，使之越来越无法摆脱基于奴隶劳动的经济体制。

林肯所处的时代是美国急剧变动和急剧分化的时代，美国社会处于好事物与坏事物不断发展又不断较量的"大动荡"③之中，各地区之间的经济利益冲突也时刻变动着。差别甚大的经济体制决定了南北部产生深刻的社会矛盾，不仅有迥异的经济、贸易战略

① 何顺果：《美国史通论》，上海：学林出版社，2001年12月，第101页。
② 帕灵顿：《美国思想史》，陈永国译，长春：吉林人民出版社，2002年12月，第405页。关于奴隶制对南部经济增长中发挥的巨大作用，也可参见阿塔克、帕塞尔：《新美国经济史》，北京：中国社会科学出版社，200年9月，第321—323、327—331页。
③ 托克维尔：《论美国的民主》（上卷），北京：商务印书馆，2015年，第59页。

需求,还使美国分裂为两股根本不同的政治权力。经济体制差别
的背后是经济利益和政治利益的差别,不一致的利益主体各自凝
聚着自己的政治权力,而政治权力具有天生的扩张性和排他性,它
们会在长期的较量和压迫中寻找平衡点。如果说美国南部奴隶制
和北部逐渐形成的雇佣劳工制的差别是两股政治权力形成的根本
因素的话,那么,美国领土扩张和西进运动则打破了这两股力量长
期以来形成的平衡。在重塑均势的过程中,双方抓住了造就其差
别的"经济体制"这一根本点,从而使奴隶制的存废成为南北部政
治权力冲突的聚焦点,它甚至在很大程度上还涉及美国联邦的生
死存亡;双方在言辞上和体制内的不妥协最终以军事行动的激进
方式解决。

南北矛盾最终聚焦于奴隶制。19 世纪 20 年代的"密苏里申
请"第一次把南北矛盾直接聚焦于奴隶制问题上。1819 年,众议
院议员塔尔梅齐提案限制奴隶制,限制向密苏里运入奴隶,已有的
奴隶子女年满 25 岁即摆脱奴隶身份。提案在众议院通过,但遭到
南部势力占优的参议院否决。最终,《密苏里妥协案》缓解了冲突
的压力阀,奴隶制突破"梅松—狄克逊线"北扩至"北纬 36 度 30
分"处。1833 年,在反奴立场强硬的威廉·劳埃德·加里森、费雷
德利克·道格拉斯等废奴主义者的参与下,美国反奴隶制协会成
立,以前分散的废奴斗争发展到了有组织的行动阶段,废奴主义者
坚决要求联邦政府废除首都的奴隶制,遭到国会拒绝后向国会请
愿要求废奴。1836 年 5 月 26 日,国会众议院以 118 票对 68 票通
过"钳口律",搁置废除奴隶制的提案。后经过反复斗争和争论,
"钳口律"于 1844 年撤销。

关于奴隶制的较量没有就此终结。1846 年,总统詹姆斯·波尔克要求国会拨款 200 万美元与墨西哥谈判土地割让问题。北部议员担心奴隶制的蔓延,来自宾夕法尼亚州的民主党人戴维·威尔莫特提出一项著名的附文,规定新获得的领土"不得实行奴隶制或强迫劳役",这就是著名的"威尔莫特但书"。1846 年,以人口数量决定众议员名额的众议院在北部手中,而参议院操于南方之手,因此,该附文在 1846 年 8 月 8 日获众议院通过,但随后被参议院搁置。后几经周折,终未通过。1852 年、1856 年新罕布什尔州的民主党人富兰克林·皮尔斯、宾夕法尼亚州的民主党人詹姆斯·布坎南赢得大选,在他们八年的任期内,双方关于奴隶制的熊熊怒火又一次燃起。1853 年,在密苏里河以西的堪萨斯—内布拉斯加地区加入联邦的问题上,国会建议将该地区一分为二,北部称为内布拉斯加,南部则称为堪萨斯,而对于这两个地区以自由州还是蓄奴州的身份加入则不置可否。

1854 年 1 月 23 日,民主党党魁斯蒂芬·道格拉斯提议《密苏里妥协案》和《1850 年妥协案》作废,按照"人民主权原则"由当地居民决定本地区的经济体制,这打破了奴隶制的地域限制,经过争论,参众两院票决通过了《堪萨斯—内布拉斯加法案》;这也标志着《密苏里妥协案》废除,奴隶制可以进入以前无法进入的地区,这导致堪萨斯发生大规模的流血冲突。与此同时,由 9 名法官组成——而南方蓄奴州拥有其中的 5 名法官——的法院也适时地认为奴隶制的扩张合法。尤其是在 1857 年 3 月德雷德·斯科特案的判决中,大法官坦尼又一次确认《密苏里妥协案》无效,这引起共和党极大不满。林肯针锋相对地认为《密苏里妥协案》有效,奴隶制不能扩张,并同斯蒂芬·道格拉斯进行了历时 56 天的七场联合辩论。

1860 年,随着林肯赢得大选,南方数州宣布脱离联邦,"火山口上的盖子"没能承受在奴隶制问题上引发的怒火,内战爆发。在美国奴隶制论战和内战的特殊日子里,林肯知道"只有耐力和开放的胸怀才是可靠的,只有理智的机会主义才是可行的",唯有"和人民一道走下去,包括整个北方,可能的话,还有边界各州,如果够大量的话,甚至还有叛逆的南方"。在废奴阵营中态度温和的林肯"固然不是伟大的政治思想家,但却是一位伟大领袖,因为他从未忘记他是他所领导的人民中的一员"。①《独立宣言》是林肯的政治利器。他的政治思想"都是产生于这个大厅(笔者注:费城独立大厅)并从这个大厅传播到全世界的思想尽我力之能及吸取来的。……没有一种不是来源于《独立宣言》所体现的思想"。②

总体来看,林肯的政治思想集中体现于以下几个方面:为维护美国联邦的存在和安全,塑造联邦权对州权的优势;坚信奴隶制在道德和政治上都是错误的,决不允许奴隶制具有扩张至淮州的任何可能性;尊崇美国宪法和法治,而这些思想观念及其政治实践无不是围绕"联邦国家的统一和安全"这一最高目的的。

二、林肯的反奴隶制思想

林肯的反奴隶制思想以人道主义思想为基础。他认为,奴隶

① 帕灵顿,陈永国译:《美国思想史》,吉林人民出版社,2002 年 12 月,第 487 页。
② 参见林肯,朱曾汶译:《林肯选集》,北京:商务印书馆,2010 年,第 177 页。

制建立在种族奴役的基础上,这完全违背了"人人生而平等"的原则,因而是罪恶的。不管是在私下场合还是公开场合,他都确信黑种人与其他种族一样在自然本性上拥有平等地位,认为他们的"平等"在于《独立宣言》中早已阐明的政治信条,在于人拥有不可剥夺的、天赋的"生命、自由和追求幸福"①的权利。《独立宣言》是林肯反奴隶制思想的源泉,使黑人遭受不平等和压迫的奴隶制是政治上和道德上的错误,这一体制毫无希望②;因此,在南部奴隶制不断扩张的背景下,林肯极力阻止它在西部准州的扩张。

(一) 人道主义思想

林肯经历过许多重大的人生悲剧,母亲和儿子的早亡、姐姐的不幸命运等都对他人道主义精神的形成影响颇深。1841 年 9 月 27 日,在与玛丽·斯皮德(Mary Speed)的通信中,林肯阐述了有关人道主义的最早看法,从信中可以发现他流露出对黑人命运的同情。当"他们与他们的妻子儿女、朋友、父母、兄弟姊妹永远分离,而陷入主人无情的责骂、鞭笞"的时候,在这悲惨的境遇中,他们却常常感受到快乐。林肯认为,这是上帝给予黑人在苦难中找到快乐和幸福的特殊能力。③ 当看到黑人奴隶被虐待的情景时,在林肯心里留下了不可磨灭的深刻印记,"我清楚地记得,……从

---

① 林肯,朱曾汶译:《林肯选集》,北京:商务印书馆,2010 年,第 92 页。

② "自由劳动有鼓舞人心的希望;十足的奴隶制没有希望。"林肯,朱曾汶译:《林肯选集》,北京:商务印书馆,2010 年,第 68 页。

③ Henry Louis Gates, Jr. ed., *Lincoln on Race and Slavery*, Princeton University Press. pp. xxix - xxx.

路易斯维尔到俄亥俄河口时,船上有十来个奴隶被铁链拴在一起。那副景象不断折磨着我,每次我来到俄亥俄或任何奴隶边界时,总是看见同样的景象。你认为这件一直使我痛苦的事与我毫不相干,那就太不公平了"。① 他的人道主义主要体现在对当时黑人奴隶作为人遭受的身体禁锢、在自然本性的不平等,及其自治权和劳动成果被剥夺而产生的强烈同情。

　　奴隶制否认人类的自由与平等,承认人身奴役的合法性。比如,卡尔霍恩明确反对人生来自由、平等的观念。他指出,"同这一观念相比,没有什么东西是更没有根据、更虚假的了"②,"一切人都生而自由,生而平等"是"一切政治错误当中最为虚假也最为危险的"。③ 人一出生根本无力自由,因为婴儿无力担当自由,相反,他们无时不受制于其父母,生而服从父母的权威,人的这种依附性"会一直持续下去",直至理智和身体足以自立。平等之于他们也是胡说八道,因为"一切人都被创造为平等之人"在事实上绝无可能,"所有人都不是被创造出来的",只有亚当和夏娃才是造物主所创。④ 林

---

① 林肯,朱曾汶译:《林肯选集》,商务印书馆,2010 年,第 80—81 页。为了表明他反对奴隶制的内在动机,林肯在 1855 年 8 月,在同好友 Joshua Speed 的通信中,回忆他们坐着汽轮在路易斯维尔和圣路易斯之间旅行的一段场景,他们看到"一群拖着枷锁捆在一起的奴隶,大约十人到十二人",这些奴隶受到的残酷经历使他处于无尽的悲痛煎熬之中。

② 卡尔霍恩:《卡尔霍恩文集上卷(政论)》,林国荣译,南宁:广西师范大学出版社,第49 页。

③ 卡尔霍恩:《卡尔霍恩文集下卷(演说)》,林国荣译,南宁:广西师范大学出版社,第437 页;也可参见哈利·雅法:《自由的新生:林肯与内战的来临》,上海:华东师范大学出版社,2008 年 5 月,第 609 页。

④ 卡尔霍恩:《卡尔霍恩文集下卷(演说)》,林国荣译,南宁:广西师范大学出版社,第438 页。

肯指出,这是一部分人自私本性的极端体现,"高等人有权奴役低等人的说法是违背正义以及一切自由政体的原则的"。① 那种把黑人作为商品和动物来买卖的人应该受到斥责和嘲笑,他进一步明确指出,假如必须有人做奴隶的话,使他人沦为奴隶的人才应该成为奴隶,"每当我听到有人为赞成奴隶制大嚷大叫的时候,我总是情不自禁想让他自己来当奴隶试试看。"② 在林肯看来,黑人也是人,他们拥有作为人的天赋权利,一切人都是自由平等的,"任何人都没有资格未经他人同意而统治该人"③,"让我们把所有这些关于这个人和那个人、这个人种和那个人种、那个人种是劣等因而必须处于劣等地位的诡辩统统丢掉吧。……直到我们再一次站起来宣布人人生而平等"。④

---

① 梅里亚姆,朱曾汶译:《美国政治学说史》,北京:商务印书馆,1988 年 11 月,第 117 页。"奴隶制起因于人的本性的自私,这和人爱好正义的本性恰恰相反。"林肯,朱曾汶译:《林肯选集》,商务印书馆,2010 年,第 75 页。他并非一般地谴责奴隶制之恶,他谴责南部因为捍卫奴隶制而对人类平等的否认。杰斐逊是林肯的政治思想导师。林肯认为,"杰斐逊的原则就是自由社会的定义和准则","他们一意维护人的权利,并认为这是至高无上的,并主张财产权仅能居次要地位,且大大低于前者"。"共和党人既重视人,又重视金钱,如果两者发生冲突,就把人放在金钱之前。"理查德·霍夫施塔特:《美国政治传统及其缔造者》,北京:商务印书馆,1994 年 7 月,第 102 页。

② 林肯,朱曾汶译:《林肯选集》,北京:商务印书馆,2010 年,第 310 页。

③ 转引自梅里亚姆,朱曾汶译:《美国政治学说史》,北京:商务印书馆,1988 年 11 月,第 117 页。"谁要是不愿意做奴隶,就必须答应不占有奴隶。那些不给别人自由的人,自己也不配享受自由,而且,在公正的上帝主宰下,也不能长久地保持自由。"林肯,朱曾汶译:《林肯选集》,商务印书馆,2010 年,第 132 页。"我不理解,为什么白人占了优等地位,黑人就应该被剥夺一切。"林肯,朱曾汶译:《林肯选集》,北京:商务印书馆,2010 年,第 112 页。

④ 转引自哈利·雅法:《自由的新生:林肯与内战的来临》,上海:华东师范大学出版社,2008 年 5 月,第 497 页。

在与斯蒂芬·A.道格拉斯的辩论中,林肯讥讽"人民主权说"是对 1774 年《独立宣言》平等人权的践踏,其实质是允许白种人对黑种人的奴役。"将近八十年前(笔者注:这是林肯在 1854 年 10月 16 日回复道格拉斯的一次演讲,八十年前应为 1774 年),我们一开始就宣布一切人生来平等,但现在我们却已走向另一个宣言,即一些人奴役另一些人是一种'神圣的自治权利'。"①这不仅是对庄严的《独立宣言》的亵渎,是独立自由革命精神堕落的体现,也是对人的神圣的自治权的践踏。② 自治权是人自由平等的体现,是每个人乃至于社会"对完全属于他自己所有的东西可以随心所欲地处置"的自然权利。③ 不仅白人拥有自治权,作为人的黑人也拥有同等的自治权;林肯谴责奴隶制非法地剥夺了黑人的自治权,剥夺了黑人享用自己劳动成果的权利,黑人吃自己挣来的面包不用征求其他任何人的同意,"假设黑人确实天生就比白人低等,那么白人由此而从黑人那里拿走他仅有的丁点东西,不正是正义的颠倒吗?"④这"岂不是把自治彻底破坏了吗?"白人对自己的管理是

① 林肯,朱曾汶译:《林肯选集》,北京:商务印书馆,2010 年,第 77 页。
② "《独立宣言》被一切人视为神圣,认为把一切人都包括在内,但是现在,为了使黑人受奴役普遍和永久不变,《独立宣言》却受到攻击和嘲笑,遭到恣意歪曲和诋毁,以致它的起草人如果能从坟墓中站出来,就会发现它已面目全非了。"林肯,朱曾汶译:《林肯选集》,北京:商务印书馆,2010 年,第 90 页。
③ 林肯,朱曾汶译:《林肯选集》,北京:商务印书馆,2010 年,第 73 页。
④ 转引自哈利·雅法:《分裂之家危机》,上海:华东师范大学出版社,2007 年 9 月,第380 页。1854 年的 7 月,林肯在"All feel and understand"中写下了一个奴隶与其主人关系的基本方面,"一只奋力地拖着面包屑朝向巢穴辛勤劳动的蚂蚁,肯定会同任何剥夺它劳动果实的强盗奋力斗争。这是任何再傻再愚钝的奴隶都会明白的道理,一旦他们获悉对主人的沉默是一种错误,将会奋起反抗。"Henry Louis Gates, Jr. ed. , *Lincoln on Race and Slavery*, Princeton University Press. p. xxx.

自治,但是,"如果他管理自己又管别人,这就超出了自治,这是专制"。①

　　总体来说,在一个进步的社会中,社会平等终会克服"不平等","无论是英国贵族式的不平等,还是国内奴隶式的不平等"。②尽管如此,我们要认识到林肯人道主义思想的复杂性,他所指的平等并非黑人和白人在所有方面的"平等",因为"这显然不是事实"③:人在自然本性上的平等并不等同于他们在现实社会和政治环境中是平等的,二者没有必然联系。林肯认为,"《宣言》的原意并不是说一切人在一切方面都生来平等。他们在肤色上和我们就不一样,但我认为《宣言》的确是要宣布一切人在某些方面平等;……我为黑人请命的仅仅是,如果你们不喜欢他,就别去理他。如果上帝只给他一点点东西,就让他享用这一点点东西吧。"④1858 年 9 月 18 日,林肯在伊利诺伊州的查尔斯顿谈及黑人的选

---

① 转引自哈利·雅法:《自由的新生:林肯与内战的来临》,华东师范大学出版社,2008
　　年 5 月,第 510 页。在内战期间,林肯的人道主义使之站上了道德高地,这在一定程
　　度上给南部的军事以沉重打击。"自由土壤党人仇恨奴隶制,因为奴隶制直接危及
　　他们的利益;然而,当这场伟大斗争深入发展时,奴隶制的非道义性成了争论的焦
　　点,从而给自由土壤的论证增添了人道主义动机。林肯抓住了这个人道主义动机,
　　将其与民族统一的理想结合起来,于是,加倍武装起上了前线。"帕灵顿著,陈永国
　　译:《美国思想史》,长春:吉林人民出版社,2002 年 12 月,第 485 页。
② 林肯,朱曾汶译:《林肯选集》,北京:商务印书馆,2010 年,第 68 页。1858 年 7 月在
　　斯普林菲尔德的一次演讲中,也是他与斯蒂芬·道格拉斯第一次辩论的前一个月,
　　他极为明确地把人性的平等,以及与经济相关的平等做了区分。"我不理解《独立宣
　　言》中宣称的所有人在所有方面是平等的这一说法的深刻涵义。黑人的肤色,以及
　　其它很多方面,当然与我们存在诸多不同。"
③ 林肯,朱曾汶译:《林肯选集》,北京:商务印书馆,2010 年,第 92 页。
④ 林肯,朱曾汶译:《林肯选集》,北京:商务印书馆,2010 年,第 104 页。

举权等政治权利时,也指出了黑人和白人之间在事实上的不平等,"我过去从来不赞成,现在也不赞成让黑人当选民或者陪审员,或者使黑人有资格担任公职,或者和白人通婚;我还要补充说,白种人和黑种人的体质有差别,这种差别我认为将永远阻止两个人种的人在社会上和政治上平等地生活在一起。"①

(二) 奴隶制是一种错误

在 1830 年到内战的这段岁月里,美国南部的政治经济生活被置于奴隶制的控制之下,生长于其中的政治思想家都必须接受、维护这一事实,并不断承受文明社会对他们的道德和政治攻击。随着国家向西部的扩张,以及对自由土地的开垦,南部成为了少数派。在与北部政治角力的过程中,南部希望保持与北部在人口和州数量的大致平衡。面对北方对奴隶制的紧逼,南方政治家卡尔霍恩生活于自由民主的国度,却为奴隶主代言;他的思想说理严密,但偏离社会现实。他的政治思想在整个南部占统治地位,带着固执的美国南部偏见维护奴隶制,"似乎奴隶制并不是民主制的对立物,而是它的条件"。② 在奴隶制论战时期,美国社会中的所有分歧源于对"奴隶制是对还是错"的看法上面。林肯在给 A. H. 斯蒂芬斯的回信中说:"你们认为奴隶制是正确的,必须加以扩展,我们则认为奴隶制是错误的,必须加以限制。我认为要害就在这里。它当然是我们之间唯一的一个重要分歧。"③ 而林肯"就像任何一

---

① 林肯,朱曾汶译:《林肯选集》,北京:商务印书馆,2010 年,第 112 页。
② 莫里森:《美利坚共和国的成长》,天津:天津人民出版社,1980 年 10 月,第 629 页。
③ 林肯,朱曾汶译:《林肯选集》,北京:商务印书馆,2010 年,第 171 页。

个废奴主义者——我一直是个老资格的辉格党人——一样痛恨奴隶制"①,坚信奴隶制在道德上和政治上都是错误的,坚信反奴隶制在政治斗争中终会取得胜利。②

　　林肯的反奴隶制思想及其政策主张具有奴隶制捍卫者具备而道格拉斯所不具备的"诱惑力"。他所代表的共和党的核心政策是"结束奴隶制问题引起的动荡不安",宣称奴隶制是合众国的"一个危险的因素","是建立在不公正和错误政策上的",不仅如此,它"在道德上、社会上和政治上都是错误的。……从它的趋势来看,会影响整个国家的生存"。③ 如果"奴隶制是错误的这种观点一旦在北部退让,一切禁止奴隶制的法律也就退让无遗了"。④ 这一看法贯穿于林肯政治思想和政治行动的始终,因为奴隶制事关他政治事业的成败。面对斯蒂芬·A. 道格拉斯在"奴隶制是对还是

① 林肯,朱曾汶译:《林肯选集》,北京:商务印书馆,2010 年,第 98—99 页。

② 参见哈利·雅法:《自由的新生:林肯与内战的来临》,上海:华东师范大学出版社,2008 年 5 月,第 490 页。"我生来就是反奴隶制的。如果奴隶制不是错误的,那就没有一样东西是错误的了。在我的记忆中,我没有一天不是这样想,这样感觉的。"林肯,朱曾汶译:《林肯选集》,商务印书馆,2010 年,第 282 页。以卡尔霍恩为代表的南方政治思想家,提出奴隶制乃有利于南部社会发展与稳定的"善",它的存在决定了"共同体的一个部分必然要依托另一部分的劳动而存活,因而也就不可避免地拥有对另一组成部分的控制权,这是任何社会都无可避免的法则"。卡尔霍恩,林国荣译:《卡尔霍恩文集下卷(演说)》,广西师范大学出版社,第 623 页。对于南部来说,奴隶制在经济上是有利的,它促进了南部社会的发展与繁荣。并且,奴隶制还是一种"种族融合体制的实验"。它使黑人和白人在北美大陆上都"臻于繁盛境地",促进了南方社会的平和与稳定,是"唯一可以让居住在蓄奴州中如此迥异且人数相当的两个种族于和平与繁荣中共存的一种制度"。卡尔霍恩,林国荣译:《卡尔霍恩文集下卷(演说)》,桂林:广西师范大学出版社,第 393 页。

③ 参见林肯,朱曾汶译:《林肯选集》,北京:商务印书馆,2010 年,第 13、118 页。

④ 林肯,朱曾汶译:《林肯选集》,北京:商务印书馆,2010 年,第 146 页。

错"问题上的"似是而非"和"耍弄乖巧",林肯极力辨明二者的差别,"决不要被那些一直纠缠我们的似是而非的诡计转移我们的方向,这些诡计多得很,例如在是和非之间找一个中间立场"①。在他看来,"一旦这个问题(笔者注:奴隶制是对还是错)能说清楚,所有枝节问题都抛开,使人们能看出各政党之间的真正分歧,这场论战很快就会得到解决,而且会和平解决,不会有战争,也不会使用暴力"。②

　　林肯要做的就是想尽办法使尽可能多的人"把奴隶制作为一件错事来抵制,把它作为错事对待,认定它必须了结,而且必然会了结"。③ 只有这样,反奴隶制的事业才有前途,才具有正当性,"否则随便在什么地方禁止奴隶制都是说不过去的"。④

---

① 参见林肯,朱曾汶译:《林肯选集》,北京:商务印书馆,2010 年,第 126、158 页。

② 林肯,朱曾汶译:《林肯选集》,北京:商务印书馆,2010 年,第 125 页。当然,道格拉斯知道林肯的这一政治策略意在瓦解道格拉斯潜在的支持者,因此,他并极力避免在这一问题上直接回应林肯。

③ 林肯,朱曾汶译:《林肯选集》,北京:商务印书馆,2010 年,第 130 页。在 1854 年 10 月的 Speech at Peoria,林肯提醒大家当心,勿使对奴隶制的愤怒破坏白人的自由。奴隶制不仅压榨黑人,同时,它也通过践踏《独立宣言》和美国宪法所暗含的人人都拥有平等的经济机会的权利而对白人造成伤害。对于林肯来说,白人在经济领域的自由流动与自然权利学说密切相关,这是美国对这一学说的独特贡献。1856 年 8 月,在 Kalamazoo,Michagan 的一次演讲中,他主张"美国的自由之地应该向自由的白人家庭开放",以使自己和自己的家庭过上幸福的生活,这种生活应该是通过正当的辛勤劳动创造的,而非榨取黑人的劳动。Henry Louis Gates, Jr. edit, *Lincoln on Race and Slavery*, Princeton University Press. p. xxxi.

④ 林肯,朱曾汶译:《林肯选集》,商务印书馆,2010 年,第 146 页。"我们认为奴隶制是道德上、社会上和政治上的一个祸害,之所以还要忍耐,仅仅是因为它的实际存在使得我们必须对它忍耐,越出这个范围就必须把它当作错误对待。"林肯,朱曾汶译:《林肯选集》,北京:商务印书馆,2010 年,第 160 页。

（三）反对奴隶制在准州扩张

林肯坚决反对在西部新取得的土地上建立奴隶制度。既然奴隶制是一种罪恶的奴役制度，在道德上和政治上是错误的，那么，作为国家历史遗留的"毒瘤"，它必将被割除。林肯"明确而坚定"①地认为，反对奴隶制在准州扩张是促使其消亡的合理方式。在建立内布拉斯加和堪萨斯两个准州政府之际，关于政府"究竟实行奴隶制还是取消奴隶制"的问题，斯蒂芬·A.道格拉斯认为，应由"那里定居的人自行决定"；而林肯指责道格拉斯的"人民主权说"是奴隶制扩张的同谋，认为它"带来了让奴隶制进入堪萨斯和内布拉斯加这一直接后果，错就错在它让奴隶制扩展到广阔天地的每一个角落这个意想得到的结局"。② 它破坏了"公众的确一直相信奴隶制是在走向最后灭亡"的社会状态。③

"不许奴隶制扩展到更多的领地去"④是林肯提出的解决奴隶制问题的稳妥之道。由于奴隶制的不公正，它的扩张必将"使我们

---

① 查尔斯·A.比尔德等：《美国文明的兴起（下卷）》，北京：商务印书馆，2010 年 12 月，第 896 页。

② 林肯，朱曾汶译：《林肯选集》，商务印书馆，2010 年，第 69 页。雅法在《自由的新生》一书中认为，道格拉斯的这一主张实际上是对忒拉叙马霍斯"正义即强者的利益"信条的信奉。详见哈利·雅法：《自由的新生：林肯与内战的来临》，上海：华东师范大学出版社，2008 年 5 月，第 479 页。

③ 林肯，朱曾汶译：《林肯选集》，北京：商务印书馆，2010 年，第 98 页。

④ 林肯，朱曾汶译：《林肯选集》，北京：商务印书馆，2010 年，第 171—172 页。"我希望奴隶制在联邦诸州不要再扩展开去，如果它在整个联邦逐渐消灭，我也不反对。"林肯，朱曾汶译：《林肯选集》，商务印书馆，2010 年，第 139 页。"就奴隶制的扩展来说，我们也把它当作一个祸害加以反对。我们坚持一项把它限制在目前范围的政策。我们不认为这样做会触犯奴隶制的实际存在或宪法对它的保证。"林肯，朱曾汶译：《林肯选集》，北京：商务印书馆，2010 年，第 118 页。

的共和国范例失去了在世界上的公正影响,使自由制度的敌人能够骂我们伪善"。① 在堪萨斯和内布拉斯加两个地区面临奴隶制扩张威胁的时候,他指出,"为了不论在准州还是在自由州保持对奴隶制扩张进行政治抵制的道德观念",还必须在法律上阻止奴隶制在这两个地区的扩张②;而阻止奴隶制扩张的"法律障碍"就是恢复被破坏的《密苏里妥协案》的法律效力,"如果堪萨斯企图用这种恶劣手段作为一个蓄奴州加入联邦,我将反对。我非常不愿意反对人家去享用正当得来或正当安置的财产,但我不承认把黑人带到堪萨斯去当奴隶是正当的",③因为它使"危及联邦的东西的危害性加大了"④。

作为政治家的林肯知道抓住公众舆论的重要性:一方面,他坚决主张奴隶制在道德和政治方面的错误,另一方面,否认黑人与白人在政治和社会上的平等地位。⑤ 尽管二者在逻辑和思想上有矛盾的地方,但林肯较成功地弥合了北部白人在这两个方面的敌对情绪,既赢得反奴隶制者的支持,也在厌恶黑人者方面做出努力。⑥ 事实证明,"阻止奴隶制扩张"不仅是道义上的争执,还与白

---

① 林肯,朱曾汶译:《林肯选集》,北京:商务印书馆,2010年,第69页。

② 哈利·雅法:《分裂之家危机》,上海:华东师范大学出版社,2007年9月,第358页。

③ "只要堪萨斯继续是一个准州,我主张恢复密苏里妥协案。"参见林肯,朱曾汶译:《林肯选集》,北京:商务印书馆,2010年,第82页。

④ 林肯,朱曾汶译:《林肯选集》,北京:商务印书馆,2010年,第75页。

⑤ 参见理查德·霍夫施塔特:《美国政治传统及其缔造者》,北京:商务印书馆,1994年7月,第111页。

⑥ 道格拉斯在辩论中抓住了林肯想同时取悦这两种人而带来的思想上的矛盾,然而,思想的一致只是政治策略的一部分,林肯在政治上取得的积极效果不容争辩。

人劳动者的利益密切相关,它在弥合公众的感情方面取得了积极的政治效果。正是这一主张使林肯赢得了总统选举。

鉴于奴隶制已久存于南部这一事实,林肯一开始就意识到对该问题的解决不应像废奴主义者要求的那样操之过急。内战初期,他迟迟不肯触动奴隶制,直到他的多种努力失败,为避免战争恶化才在"逐步解放奴隶"上采取实质性的举措。1862年3月6日,林肯提出,联邦政府可以补偿愿意逐步废除奴隶制的州,并向国会提交咨文,认为"合众国应与任何一个愿意逐步废除奴隶制的州合作,给予该州以资助,由该州酌情用来赔偿因改变制度而造成的公私损失"。① 具体来看,1862年7月12日,他向国会边界州的议员们公开呼吁政府可以采取赎买的方式补偿因解放奴隶而遭受损失的奴隶主,这种卖出和买进的方式"比让这样要卖掉的东西(笔者注:黑人奴隶)和它的代价两者都虚掷在互相残杀中岂不是好得多! 我说的并不是立刻解放,而是决定立刻逐步解放"。② 1863年1月1日,林肯颁布《最后解放宣言》:"凡在当地居民那时尚在反叛合众国的任何一州之内或一州的指明地区之内作为奴隶被占有的人,都应在那时及以后永远获得自由。"③由此可知,宣言并非解放当时美国的所有黑人奴隶,而仅仅是反叛州的奴隶。同时,林肯要求因宣言规定而获得自由的黑人,"除非出于必要的自卫,不得有任何暴力行为;……他们应当忠实地为合理的工资而劳

---

① 林肯,朱曾汶译:《林肯选集》,北京:商务印书馆,2010年,第205页。
② 林肯,朱曾汶译:《林肯选集》,北京:商务印书馆,2010年,第222页。
③ 林肯,朱曾汶译:《林肯选集》,北京:商务印书馆,2010年,第258页。

动"。① 宣言标志着反叛州的黑人奴隶从法律上得到解放,正是这个带有相当妥协色彩的方案,极大地促进了奴隶制的灭亡。

三、林肯政治思想的首要关切点：联邦国家秩序

作为出色的政治家,林肯政治思想的发展与当时美国重大政治事件的进展密切相关。纵观他的政治生涯,自始至终都"高举联邦大旗"。②

在奴隶制还没有引起激烈争论的早期,他就断言,导致美国联邦政治制度出现危机的因素必来自于联邦内部,"如果我们命该遭殃,那么始作俑者必然是我们自己,最后下毒手的也是我们自己"。当然作为一个联邦国家,必须能够及时消除危及联邦的因素,维持这个共同体的生命,而围绕奴隶制引发的一系列问题就是联邦所面临的危机因素。在林肯看来,相较于奴隶制问题,联邦的存续处于更为重要的地位,"我痛恨奴隶制,但我宁愿同意扩展奴隶制,也不愿眼看联邦解体,就像我宁愿容忍一个大的祸害藉以避免一个更大的祸害"。③ 由此可知,联邦的存续是林肯政治思想的首要关切点。

19 世纪 30—50 年代,南北双方就奴隶制进行了日趋激烈的

---

① 林肯,朱曾汶译:《林肯选集》,北京:商务印书馆,2010 年,第 260 页。

② 参见 Henry Louis Gates, Jr. edit, *Lincoln on Race and Slavery*, Princeton University Press. p. xxiii;莫里森:《美利坚共和国的成长》,天津:天津人民出版社,1980 年 10 月,第 826 页。

③ 林肯,朱曾汶译:《林肯选集》,北京:商务印书馆,2010 年,第 74 页。

思想和行动上的斗争。处于利益和政治安全的忧虑,政治思想家
卡尔霍恩号召南部捍卫奴隶制。卡尔霍恩主张"废奴威胁联邦的
存续"。因为废除奴隶制激起的"冲突的力量将会把联邦撕裂为碎
片,无论往日里的纽带何等强大。废奴是无法同联邦共存的"。①
正如著名的政治思想者哈利·雅法所评论的,从卡尔霍恩的奴隶
制思想来看,除非存在一个维持"蓄奴州"和"自由州"之间的平衡
机制,"除非维系蓄奴州与自由州之间的某种平衡,以便就产生于
这一分歧的利益冲突的立法能够代表联邦各州的'一致多数',否
则联邦自身难保"。② 1837 年 2 月 6 日,针对约翰·提普顿在向国
会提交的废奴请愿书中对"奴隶制乃一种罪恶"的指责,卡尔霍恩
认为,这是请愿者的阴谋诡计,试图"令我们遭受全世界的敌视,同
时也心怀叵测地试图针对我们和我们的制度发起一场普遍性的讨
伐"。③ 因此,他以不合法定程序为由极力阻止在国会宣读、讨论
该请愿书,以遏制废奴的火焰,"否则这火焰势必会展现出燎原之
势并向着社会上层蹿升,最终将令南北两方处于生死对峙的格局
当中"。④

与之相对,林肯发表了在奴隶制问题上态度相当激进的"分裂

① 卡尔霍恩,林国荣译,《卡尔霍恩文集下卷(演说)》,桂林:广西师范大学出版社,第
630 页。
② 哈利·雅法:《自由的新生:林肯与内战的来临》,上海:华东师范大学出版社,2008
年 5 月,第 609 页。
③ 卡尔霍恩,林国荣译,《卡尔霍恩文集下卷(演说)》,桂林:广西师范大学出版社,第
626 页。
④ 卡尔霍恩,林国荣译,《卡尔霍恩文集下卷(演说)》,桂林:广西师范大学出版社,第
629 页。

的房子"演说。尽管如此,他的最高政治意图仍在于维护联邦的存续,"'裂开的房子是站不住的。'我相信这个政府不能永远保持半奴隶半自由的状态。我不期望联邦解散——我不期望这座房子倒塌——但我确实期望它结束分裂的状态"。①

　　随着林肯当选总统,南部出于政治经济前景的普遍担忧而发出"退出"(secession)威胁,他在第一次就职演说中就明确指出:"我们认为联邦从法律角度来看是永久性的这个主张,已由联邦本身的历史所证实。……1787 年制定的宪法公开宣布的目的之一就是'建设一个更为完美的联邦'。"②并且,联邦作为一个整体是不能分离的,"我们既不能把各个地区各自搬开,也不能在它们之间筑起一堵不可逾越的墙。夫妻可以离婚,……但我们国家的各个部分却不可能这样做"。③ 在林肯看来,宪法得以批准是人民出于结成一个"完美联邦"的需要,因此,任何一个部分都不能退出。

　　这引发了美国政治史中涉及主权归属的重要问题,即一个共和国的州、省、县是否具有退出该政治共同体的权利? 林肯给予否定的回答,主要基于两点理由:首先,联邦政府是各州基于契约的联合,是全国性政府,它所做的决定是多数的决定,无论是何种决定,对契约缔结各方都有同等约束力。"退出"意味着撕毁契约,其本质是无政府主义,是非法的叛乱。"任何一个州都不能单凭自己的动议合法地退出联邦;任何为此而通过的决议和法令在法律上都是无效的;任何一个州或几个州反对联邦当局的暴力行为都可以根据情

----

① 林肯,朱曾汶译:《林肯选集》,北京:商务印书馆,2010 年,第 96 页。

② 林肯,朱曾汶译:《林肯选集》,北京:商务印书馆,2010 年,第 181—182 页。

③ 林肯,朱曾汶译:《林肯选集》,北京:商务印书馆,2010 年,第 186 页。

况看作叛乱的或革命的。"①按照林肯的看法,退出联邦不符合任何合乎法律或宪法的目的,南部的退出就是叛乱。其次,联邦政府具有保障其内部组织维持共和体制的权力。他指出,按照宪法的规定,"'合众国应保证本联邦内每一个州都有一个共和体制的政府。'但是,如果一个州可以合法地推出联邦,那它退出以后,就也可能把共和体制的政府抛弃掉"。② 面对奴隶制侵入内布拉斯加和堪萨斯两州、恢复《密苏里妥协案》无望,而南部"可以公开主张建立君主制"的情况下,林肯坚称联邦不能分解。分解意味着革命先辈缔造的共和政府的失败,意味着革命先辈的鲜血白白流淌。

总体来看,林肯把这个问题归结为一个宪政共和国有没有权力抵抗其内部的"叛乱势力"的问题:"一个宪法规定的共和国或民主国——一个由人民管理的人民政府——到底能不能够挡住它自己内部的敌人而维护领土完整。它提出一个问题:心怀不满的人(他们人数少得无论如何不能根据基本法来掌握政权)到底能不能够总是用这个借口,或其他借口,或蛮横地根本不用任何借口来推翻他们的政府,从而实际上结束地球上的自由政体。"③

---

① 林肯,朱曾汶译:《林肯选集》,北京:商务印书馆,2010 年,第 182 页。
② 林肯,朱曾汶译:《林肯选集》,北京:商务印书馆,2010 年,第 194 页。
③ 林肯,朱曾汶译:《林肯选集》,北京:商务印书馆,2010 年,第 191 页。一个国家的主权意味着它对其治下的领土的绝对权力,它不可以被分割,如果任何一个行政辖区都可以宣示主权,那么主权也就不存在了。美国的这一问题最终在 1869 年的"得克萨斯诉怀特"一案后在法律上确定下来,即美国的任何一个州都不能退出联邦。如果宣布退出,依林肯的先例就是军队可以镇压,任何退出都是叛乱。参见甘阳,《论美国内战:宪政理论的四个问题》,载于人文与社会网(http://wen.org.cn)。因此可知,即便是内战时期,林肯也从不会认为叛乱州合法地退出了联邦政府。

　　在南北矛盾不可调和之际,为了使南部回归联邦,恢复联邦政
府的井然秩序。林肯作为坚定的国家主义者,认为可以采用一切
必要手段,即便是军事武力也是正当的①。所以,在他看来,美国
内战"是为自己的生死存亡进行的最后摊牌"②,它实际上是一场
"人民之争","就联邦方面而言,这场斗争的目的是在世界上维护
一种政府的形式,这种政府的主导目标是改善人们的状况——搬
除压在所有人肩上的人为重负,为所有的人的可贵追求扫清道路,
为所有的人创造自由的开端,……这就是我们力争维护的政府的
主导目标"。③ 维持联邦的存续是林肯政治思想的根本要求,这点
在内战期间也没有改变。

　　随着内战的持续发展,林肯在解放奴隶和废除奴隶制方面表
现出越来越明确的态度。然而,他仍然不失时机地指出,对于北部
来说,他们是为联邦而战,"解放黑人固然是一个理想,但却是作为
一桩偶然事件而实现的,不能算是战争的目的"。④ 比如,1862 年
夏天,在战争进程前景并不乐观,人员伤亡与日俱增,北方人民对
战争支持低迷等情况下,林肯在内战原因(至少在公开场合),指导
作战的方式,以及黑人奴隶命运的态度方面发生巨大变化。《第二

① "联邦必须保全,为此必须使用一切不可缺少的手段。"林肯,朱曾汶译:《林肯选
　　集》,商务印书馆,2010 年,第 206 页。因此,林肯发表演说认为,美国内战就是为了
　　"在整个国家疆域内恢复政府权力这条路线打起来的"。参见林肯,朱曾汶译:《林
　　肯选集》,北京:商务印书馆,2010 年,第 290 页。
② 中国美国史研究会:《美国史论文集(1981—1983)》,北京:生活・读书・新知三联
　　书店,1983 年,第 456 页。
③ 理查德・霍夫施塔特:《美国政治传统及其缔造者》,北京:商务印书馆,1994 年 7
　　月,第 124 页。
④ 莫里森:《美利坚共和国的成长》,天津:天津人民出版社,1980 年 10 月,第 818 页。

充公法案》(1862 年 7 月)之第 11 条款授权总统拥有以国家利益之名而使用非洲黑人族裔(包括结成部队)以镇压叛乱的权力。尽管如此,直到《解放黑人奴隶宣言》签署之时,林肯仍迟疑于对该条款的使用。尤其是黑人参战①问题,林肯因为两个重要原因,仍不太情愿允许黑人参加战争:这一决定会不仅会从根本上改变公众对"黑奴(negro)是什么人"的认识;另外,被解放的奴隶还可能成为整个美国社会潜在的消极因素。因此,林肯的态度遭到了废奴主义者的强烈不满,1862 年 8 月 20 日,霍拉斯·格里利因对内战失去耐心,在《纽约论坛报》上发表"两千万人的祈祷",指责林肯未能按照国会通过的《第二充公法案》而制定解放奴隶的政策。林肯在 1862 年 8 月 22 日的响应中最终表明了态度,从这里可以看出他对国家统一与政治秩序的考虑:

> 我要拯救联邦。……我在这场斗争中的最高目标是拯救联邦,而既不是保全奴隶制,也不是摧毁奴隶制。如果我能拯救联邦而不解放任何一个奴隶,我愿意这样做;如果为了拯救联邦需要解放所有的奴隶,我愿意这样做;如果为了拯救联邦需要解放一部分奴隶而保留另一部分,我也愿意这样做。我在奴隶制和黑人问题上做了些事情是因为我相信那将有助于

① 林肯认为,作为士兵的黑人奴隶的作用有限:"对于他们,我确信不要对他们抱太多期望。如果我们用武器装备他们,恐怕不过几周这些武器就会落入叛乱者手中。"不过 1862 年 8 月,战争越来越不利于北方,值此危急时刻,林肯不得不征召黑人入伍。当林肯颁布《解放奴隶宣言》的几个月后,也就是 1863 年 1 月 1 日,他被迫决定征召黑人入伍。然而,颇具讽刺意味的是,黑人士兵并不像林肯预计的那样毫无作用,而是自进入海军作战始,就相当体面地完成了各种任务。

拯救联邦;有些事我所以克制不做,是因为我认为那将无助于拯救联邦。①

　　林肯的这一思想也与其对宪法的认识联系在了一起。卡尔霍恩用宪法捍卫奴隶制,捍卫南部的权利。指出奴隶制是得到宪法认可的事实,"立宪之时,奴隶制就已经存在于南方州了,而且就人口比例而言,奴隶制在那个时候已经充分成长起来了"。② 而北部的反奴主张不仅人为撕裂了革命先辈们铸造的统一与和平,它还是对宪法的违背,是对南方人财产权的剥夺。因为黑人奴隶"是得到宪法认可的财产;确切地说,奴隶乃是唯一在立宪之时作为政治元素进入宪法塑造过程的财产形式,⋯⋯奴隶也是唯一得到宪法明文保障的财产形式"。③ 所以,面对南方人携"财产"进入西部准州,他认为,这一行动合乎宪法,而北部对南部的这一行动进行阻止的行为是对宪法尊严的破坏,是对"正义的律令"的破坏。④ 林肯早在《我国政治制度永世长存》的演讲中就指出,私人的滥刑与行为上的不法一样,可能是导致联邦出现危机的重要因素,与联邦政治制度的长存密切相关。因为任何一个国家稳固的秩序在于人

① 林肯,朱曾汶译:《林肯选集》,北京:商务印书馆,2010 年,第 236—237 页。
② 卡尔霍恩,林国荣译,《卡尔霍恩文集下卷(演说)》,桂林:广西师范大学出版社,第408 页。
③ 卡尔霍恩,林国荣译,《卡尔霍恩文集下卷(演说)》,桂林:广西师范大学出版社,第409 页。
④ "我完全相信,终结这个问题(笔者注:这个问题是'北方州是否有权阻止南方州携带财产自由进入合众国的准州'的问题)的最好办法且同时也是唯一办法,就是严格持守宪法以及正义的律令,毕竟,这个对联邦和南方体制造成的危险是最大的。"卡尔霍恩,林国荣译,《卡尔霍恩文集下卷(演说)》,桂林:广西师范大学出版社,第 408 页。

民对之怀有的深厚感情，而任性统治和私刑行为从国家内部摧毁人民的这一情感，那么国家的坚强堡垒也就攻破了，政府也不会长久存在。林肯号召美国公民尊重法律，反对任何任性统治。因为任性统治无视法律，毫无规则意识，即便某个人或群体的主观裁决是符合事实的裁决，但毫无疑问，任性统治具有政治实践上低劣性。它必然产生私刑行为，"人们今天心血来潮要把赌徒吊死或者把杀人犯烧死，……而明天的暴徒学他们的榜样，也很可能由于同样的错误而把他们之中的几个人吊死或烧死。不仅如此，无罪的人，那些坚决反对任何违法行为的人，却同有罪的人一样，在私刑的淫威下受害，这样逐步发展下去，……思想上的不法之徒就会受到怂恿，变成行动上的不法之徒"；①无视法律的民情受到鼓励，再精巧的政治制度也难以发挥作用。所以，每一个热爱自由的美国人应尊重法律规则，"决不丝毫违犯国家的法律，也决不容许别人违犯法律。……违犯法律就是践踏他的前辈的鲜血，就是撕碎他自己的和他子女的自由宪章"。②

在林肯看来，政府和国家源于宪法，维护宪法乃人民的重要责任。在《我国政治制度永世长存》的结尾，他号召进行过独立战争人们的后代，用理智限制激烈的、短视的激情，用理智捍卫人们的

---

① 林肯，朱曾汶译：《林肯选集》，北京：商务印书馆，2010年，第6页。

② 林肯，朱曾汶译：《林肯选集》，北京：商务印书馆，2010年，第8页。刘仲敬认为："林肯在民间神学家当中已经是相当尊重宪法的类型了，对他们来说废奴就是公义和邪恶的对决。林肯公开主张承认最高法院有利于奴隶制的判决，同时不放弃今后继续争取废奴的判决。"参见卡尔霍恩，林国荣译：《卡尔霍恩文集上卷（政论）》，桂林：广西师范大学出版社，导读第7页。

道德,用理智的材料结成对"宪法和法律的尊重"①。每个人都应该让法"成为国家的政治信仰,让男女老少、富人穷人、各种语言、肤色和条件的人不断地在法律的祭坛上献身"。② 在林肯看来,即便是坏的法律,如果不违反宪法,在尽快废除之前,也应得到严格遵守。"尽管我不打算详细说明国会的哪些法令是适宜实施的,但我认为,所有的人,无论官方还是非官方,都来遵守那些未被废除的法令,要比触犯其中任何一个法令,自以为它不符合宪法而不会获罪,要安全得多。"③

　　宪法是林肯维护联邦国家统一的重要依据和标准,这一点体现于他对当时所有重大政治问题,尤其是国家安全和统一的判断上。首先,林肯认为,人的自由平等权利不仅是天赋的,并且还得到了宪法的确认。"对于一切人生来平等这个原则,我们要尽可能实现。如果我们不能给予每个人自由,那就至少不要做任何一件会使另一个人受奴役的事情。让我们使这个政府回到宪法制订者们最初安放的轨道上去。"④其次,林肯主张应依据宪法判断奴隶主应享有的权利。1855 年 8 月 24 日,他在与乔舒亚·斯皮德的私人回信中写道:"关于你的奴隶,我同样也承认宪法规定给你的权利和我所承担的义务。"⑤不仅如此,在较为重大的公开场合,他也仍秉持这一主张。1861 年 3 月 4 日,林肯在第一次就职演说中

① 林肯,朱曾汶译:《林肯选集》,北京:商务印书馆,2010 年,第 12 页。
② 林肯,朱曾汶译:《林肯选集》,北京:商务印书馆,2010 年,第 8 页。
③ 林肯,朱曾汶译:《林肯选集》,北京:商务印书馆,2010 年,第 181 页。
④ 林肯,朱曾汶译:《林肯选集》,北京:商务印书馆,2010 年,第 102—103 页。
⑤ 林肯,朱曾汶译:《林肯选集》,北京:商务印书馆,2010 年,第 80 页。

指出,面对南部各州对于其"财产、和平和人身安全"的担忧,"所有各州如果合法地要求保护,不管出于什么原因,只要宪法和法律规定予以保护的,政府都将乐于给予它们保护——对于无论哪一个地区都一视同仁"。① 也就是说,林肯愿"全心全意"承认南方的宪法权利。当宪法规定南部享有《逃亡奴隶法》规定的权利时,他指出:"宪法关于逃亡奴隶的条款必须实行——用最温和的方式实行,决不可加以抵制。"② 即便林肯"不喜欢看到那些可怜的人被追捕、被抓住、被带回去遭受鞭笞,从事无偿劳动",然而,在法律的保护下,他必须"咬紧嘴唇,保持沉默"。③ 面对南部各州"退出"联邦的威胁,林肯严厉指责其严重违背宪法的行为。他指出,南方所谓的退出权与共和政体是冲突的,是违宪的,"宪法规定,所有各州也都接受这个规定:'合众国应保证本联邦内每一个州有一个共和体制的政府。'但是,如果一个州可以合法地脱离联邦,那它退出以后,就也可能把共和体制的政府抛弃掉;因此,防止它脱离联邦,是达到维持上述保证这个目的所不可或缺的手段;如果目的是合法和强制性的,那么达到目的所不可或缺的手段也是合法和强制性的"。④

另外,在黑人的公民权问题上,在奴隶制扩展到准州等诸如此类的政治问题上,林肯始终依据宪法进行判断。尽管宪法有

---

① 林肯,朱曾汶译:《林肯选集》,北京:商务印书馆,2010 年,第 179 页。
② 林肯,朱曾汶译:《林肯选集》,北京:商务印书馆,2010 年,第 170 页。
③ 林肯,朱曾汶译:《林肯选集》,北京:商务印书馆,2010 年,第 80 页。
④ 转引自哈利·雅法:《自由的新生:林肯与内战的来临》,上海:华东师范大学出版社,2008 年 5 月,第 599 页。

时会与他的私人感情发生冲突,但这一标准绝没有丝毫改变。例如,在黑人应享有的公民权问题上,林肯指出,在"最高法院已经裁决黑人决不可以成为公民"的前提下,尽管颇为不满,但他仍"不赞成黑人有公民权"。① 不过,他紧接着说,如果合众国宪法规定黑人有权成为公民,各州同样必须遵循。下面一件事情也说明他的私人情感是不赞成对黑人公民权利的剥夺的。1864 年 3 月 13 日,他曾以私人名义建议路易斯安那州州长迈克尔·哈恩给部分黑人公民以选举权:"可不可以让一些黑人参加选举——例如那些才智出众的黑人,特别是那些在我们军队里英勇作战过的黑人。……他们也许会有助于在自由的大家庭中保住自由之宝。"② 从他人生最后一次关于内战后重建的公开演讲中得知,林肯的建议得到了采纳,该州宪法授权立法机关给予黑人选举权,这标志着林肯给予部分黑人选举权的想法公开化并在现实政治中得以实施,然他的离世没有使之进一步推动。③ 总之,联邦的存续就与奴隶制问题的解决联系在一起了,但与联邦的存续相比,后者是次要的。

四、以国家秩序为核心的政治妥协

根据南北方政治现实的需要,林肯不断在"抽象"的政治信条和现实条件之间进行调和。林肯在谈到美西战争的正义性问题时

① 林肯,朱曾汶译:《林肯选集》,北京:商务印书馆,2010 年,第 113—114 页。
② 参见林肯,朱曾汶译:《林肯选集》,北京:商务印书馆,2010 年,第 280—281 页。
③ 参见林肯,朱曾汶译:《林肯选集》,北京:商务印书馆,2010 年,第 314—315 页。

提到"推己及人"①的原则,他认为,根据这一原则,美国对墨西哥发动战争构成了侵略,美西战争对于美国来说是不正义的。② 因此,林肯在公共的政治生活中,从不"单纯按照"私人的抽象判断和感情而对奴隶制采取"官方行动"③,总能根据各方所处的现实需要思考解决奴隶制问题之策。

奴隶制早已存在于美国南部社会而对之"不得不容忍"是林肯所言的现实需要。"尽管我们认为奴隶制是错误的,但是在实行奴隶制的地方,我们还是可以随它去,因为那是出于它在国内实际存在的需要。"④现实需要不以人坚持的抽象原则为转移,它常常是硬加在人们头上的东西,甚至在大多数时候,人们常常在现实需要面前做出让步和妥协,"这种需要大到什么程度,一个人也应该让步到什么程度"。⑤ 如果罔顾奴隶制存在的事实,坚持平等自由原则,硬要像废奴主义者那样立即把奴隶制取消,立即解放奴隶,那么,革命先驱们的果实"有许多就会付诸流水"⑥。因此,1859 年 9 月 17 日,在离肯塔基州不远的辛辛那提发表演讲时,林肯指出:"我们是想尽可能像华盛顿、杰斐逊和麦迪逊过去对待你们的那样对待你们。我们想随你们去,不来干预你们的制度,遵守宪法的一

---

① "推己及人"指用自己的心意去推想别人的心意,相关各方在了解自己处境的同时,在关照他方处境后提出自己的观点和意见。

② 林肯,朱曾汶译:《林肯选集》,北京:商务印书馆,2010 年,第 53 页。出自《论语·卫灵公》:"己所不欲,勿施于人",朱熹集注"推己及物"。

③ 林肯,朱曾汶译:《林肯选集》,北京:商务印书馆,2010 年,第 282 页。

④ 林肯,朱曾汶译:《林肯选集》,北京:商务印书馆,2010 年,第 158 页。

⑤ 林肯,朱曾汶译:《林肯选集》,北京:商务印书馆,2010 年,第 102 页。

⑥ 林肯,朱曾汶译:《林肯选集》,北京:商务印书馆,2010 年,第 105 页。

切妥协案。"①1858年8月，在面对哥伦比亚特区的奴隶制问题时，林肯主张"国会拥有宪法规定的权力去废除奴隶制"，它是宪法和法律原则的要求，然而，此项权力的实施受到政治现实条件的制约，"作为一名国会议员，我将不以我目前的看法来力争在哥伦比亚特区废除奴隶制"②，除非在特区废除奴隶制是在该区投票人许可的前提下，给予奴隶主相应补偿的、逐步的废除的方式下进行的。

　　正是为捍卫国家统一与有序的现实"形势的需要"，使林肯提出反对奴隶制在准州扩张的观点。"如果我们要重新组织一个政府的话，鉴于奴隶制实际存在着，我们就只好建立一个我们先辈所建立的那样的政府：一方面在确立奴隶制的地方给奴隶主以全部控制权，一方面有权不让它越出那些范围。"③当然，"推己及人"并非毫无政治原则的妥协。政治原则是目标，是"靠山"，"没有这'靠山'，国家之舟将随波逐流、漂浮不定，因此也就不可能保障任何权利，而政府正是为了保障这些权利才建立起来的啊。……它是一切政治之善的必要条件"。④ 当政治原则与现实需要出现不一致的情况下，现实需要会使达到这一目标的途径变得异常崎岖与困难。"在我们认为宪法赋予权利去干涉的地方，考虑到奴隶制的实际存在以及牵涉到的种种困难，我们还是克制住了自己。"⑤

---

① 林肯，朱曾汶译：《林肯选集》，北京：商务印书馆，2010年，第141页。

② 林肯，朱曾汶译：《林肯选集》，北京：商务印书馆，2010年，第110页。

③ 林肯，朱曾汶译：《林肯选集》，北京：商务印书馆，2010年，第162页。

④ 哈利·雅法：《分裂之家危机》，上海：华东师范大学出版社，2007年9月，第447页。

⑤ 林肯，朱曾汶译：《林肯选集》，北京：商务印书馆，2010年，第118页。

在反奴隶制斗争中，林肯总是从全局出发，绝不走极端。就像《分裂之家危机》一书中所说，政治家的任务是在抽象原则与现实需要的张力中，兼顾二者且不放弃其中的任何一个，同时"又要在两者之间发现共同点来推进公共之善"。① 相较于废奴主义者和道格拉斯来说，林肯在探寻解决黑奴的方案中完成了这个任务。作为政治家的林肯"在现有环境条件下找到共同点"，通过反对奴隶制在准州扩张找到黑人与白人之间都能接受、普遍同意的"人人平等"。

---

① 参见哈利·雅法：《分裂之家危机》，上海：华东师范大学出版社，2007 年 9 月，第449—450 页。

第五章　道义与目的交融的正义秩序观

　　正义是人类不断追求的目标。[①] 尽管古今中外的思想者形成了不同的正义观念,但他们都在不懈地追求着正义,并试图在追寻正义的过程中求解社会问题的方程;如果社会问题是一个方程组的话,那么,秩序问题就是其中的一个方程式。秩序是一个社会及其政治体系的基本价值,也是人类不断走向幸福和文明的基础。正义与道德有关,它涉及的是社会制度、政治体制和政府组织的正当性,也就是政治秩序。正义对于社会的稳定有序发挥着举足轻重的作用,是社会和谐并具有包容性的基础,关涉国家的安定有序

---

① 利帕(Cesare Ripa)在《像章学》(卷三)中形象而深刻地描述了正义女神的形态:正义(Giustizia),其形象为一蒙眼女性,白袍,金冠。左手提一秤,置膝上,右手举一剑,倚束棒(fasci)。束棒缠一条蛇,脚下坐一只狗,案头放令牌一支、书籍若干及骷髅一个。白袍,象征道德无瑕,刚直不阿;蒙眼,因为司法纯靠理智,不靠误人的感官印象;王冠,因为正义尊贵无比,荣耀第一;秤,比喻裁量公平,人人皆得所值,不偏不倚,不多不少;剑,表示制裁严厉,绝不姑息,一如插着斧子的束棒,那古罗马一切刑罚的化身。蛇与狗,分别代表仇恨与友情,两者都不许影响裁判。令牌申威,书籍载法,骷髅指人的生命脆弱,跟正义恰好相反:正义属于永恒……。

和长治久安①。一个正义的社会无疑应该是有序的社会,它不但具有公平分配各种资源的维度,还包含社会成员对其认同的一面:它不但要得到人们的承认和尊重;还须重视每一个人,保证利益及要求的合宜分配和合理表达。社会秩序不但是人们的一种理想,它还是一个可以逐步实现的理想。从正义的角度来看,社会秩序不但力求逐步消除或解决社会的非正义问题,还寻求现实社会中因共同的政治基础而凝聚的共识,以及公民的正义感能力和善观念在和谐一致基础上的提升与发展。正义是社会基本政治体系安排的基础,也是社会运转的规则依据,而无规则可循的社会则意味着"社会秩序的脆弱"。②

正义观念研究的兴起是对价值中立的反叛。在当代西方,对不同政治价值的排序不但构成了独特的正义观念内涵,还使它们之间发生了愈演愈烈的冲突。就西方的正义观念研究来说,在很长一段时期内都存在着道义论和目的论的争论。价值中立是实证主义和行为主义的一贯做法,但当代西方的政治学理论有向政治

---

① 亚里士多德在《政治学》中说:人们对正义与否的事有一种感觉,而他们对正义的共同理解造就了城邦。十一届全国人大三次会议闭幕,国务院总理在回答最后由新加坡《联合早报》记者的提问时说:"我认为,公平正义比太阳还要有光辉。"正如总理在政府工作报告中所承诺的那样,我们所做的一切都是要让人民生活得更加幸福、更有尊严,让社会更加公正、更加和谐。温家宝说,公平与正义是社会稳定的根基,实现社会公平正义是中国共产党人的一贯主张,是发展中国特色社会主义的重大任务。2012 年 4 月 24 日,总理在瑞典答记者问时如是说,收入分配公平是社会稳定的基础,我们追求的社会不仅是一个经济发达的社会,而且是一个公平正义的社会。为此,我们特别要关注低收入群体和弱势群体,提高城乡居民收入特别是最低工资水平。与此同时,对于依靠垄断地位——不管是资源垄断,还是价格垄断,这些高管人员的工资要加以限制,或者说通过税收加以调节。
② 吴忠民:《社会公正论》,济南:山东人民出版社,第1页。

价值复归的趋势。正义观念研究的兴起就是其主要体现,虽然"价值复归"不直接涉及正义观念内部的具体概念,但它深刻影响了西方学者判断正义问题、研究正义的思维方式(如道义论和目的论),乃至论证方法(直觉、反思、程序正义、原初状态、社会契约)等方面。

一、正义观念与价值

韦伯虽然提出了价值中立学说,他认为悬置价值判断是科学活动都必须遵守的普遍性原则,利用明晰的逻辑和实在的观察澄清人们在渗入价值判断中的主观上的误导。但是,他并非完全不考虑价值,而是让价值判断站立一旁,进行一般性、总体上的参照。由此看出,即便韦伯提出了价值中立,他也不得不考虑价值的参照作用。所以,"客观的和不带价值判断的科学家,不是理想的科学家。人们不能剥夺这种科学家的党派性,同时也不能剥夺他的人性"。即便是"客观性和不带价值判断本身"也是一种价值判断。"因此,绝对地不带价值判断的要求,是似是而非的自相矛盾的要求。"[1]实际上,即便不考虑正义理论的致思逻辑和论证方式,关于正义的研究本身,就是针对实证主义者因偏重于经验研究而轻视政治价值判断进行批判和反思的结果。因为正义理论唤起了政治学界对正义问题的思考,提醒人们正确认识政治价值的重要性。正义观念自古就与社会理想联系在一起的,许多思想者都以正义

---

[1] 克劳斯·冯·柏伊姆:《当代政治理论》,北京:商务印书馆,第26页。

的名义批判社会、批判政治、构建理想政治秩序。《理想国》和亚里士多德指出"各人获得其应得"的正义内涵都与政治秩序密切关联,各人之所获与他在社会中的位置有关,而这是与特定的秩序联系在一起的。霍布斯的正义是众人安全的保障,并避免他们相互争斗。洛克的正义重视保护私有财产的价值,而卢梭的正义是限制人的自然权利。市场主义维护自由竞争,国家主义者的正义是维护国家安全和统一,正义观念实际上就是缔造何种正义秩序、什么样的秩序是应该追求的理论认识。

当代西方正义理论的基本特点是为西方民主社会发展提供道德判断根据。罗尔斯及其他学者的正义观念,就是以民主价值和政治制度①为基础,把民主社会看作便于实现社会正义的环境,利用其正义理论成果为减少或解决现实社会的不平等问题,进而为构建正义的理论大厦提供规范和价值根基。

不同的政治价值主张产生了不同的正义观念②,它们是构成

---

① 如自由、平等等基本人权、自然权利、宪法和社会基本价值体系等。德沃金在《原则问题》中,指出社会政治方案都包含两个原则:构成性原则(constitutive),由其本身的价值作为理论基调;派生性原则(derivative),它是策略的,作为前者实现的工具存在。就自由主义者设计的社会政治方案来说,存在始终一致的构成性道德原则"自由平等原则"。因此,他指出自由主义的"中立性原则"并不是不明态度的怀疑,自由平等原则本身蕴含价值判断。

② 另外,按照正义理论涉及的学科领域或人们研究的出发点,可以分为道德—伦理式的完备性正义观、政治正义观和以社会选择理论为基础的开明的正义观(an idea of open-minded justice)。当然,关于完备性正义观念、政治正义观念和开明的正义观的分野,只是在面对现实问题、价值冲突、理论论争过程中的策略选择,具体到正义研究者身上,不可能对他们有清晰的绝对划分,研究正义理论也离不开对道德和伦理基础的探讨。完备性正义观的代表人物有《正义论》时期的罗尔斯、哈贝马斯、麦金泰尔、G. A. 柯亨和沃尔泽等。他们认为正义是一个综合性、完备的(comprehensive)观念,它不应该回避更深层次的形而上学问题,并且还可以诉诸更广泛的主（转下页）

具有实质意义和实质内容正义思想的基本要素。对于一种正义观念来说，"价值问题与规范问题密切相关，但价值问题在逻辑上必须领先。既然我们出于某些价值选择去确立规范，那么我们总能对价值选择进行反思，总能提问：如此这般的选择是否是好的，我是否应该如此行为。这种领先性表明了'好'是'应该'的目的"。①价值是内化于人脑并进而形成的观念，它代表了人们生活追求的基本看法和行为趋向。所以，价值的可贵在于它是潜藏于人内心的一种达于客观的思维凝练和思维力量。

麦金泰尔看到了当代各个公民和群体在正义问题上提出互不兼容而又相互竞争的方案。他指出，这种局面实际上是由自由主义内部歧见纷争引起的，因此他通过追寻亚里士多德的美德伦理，试图跳出自由主义的藩篱，提出回到亚里士多德的美德以挽救现代危机。哈耶克、诺齐克和弗里德曼等立足于自由、个人权利，坚决捍卫个人的财产权和自由。而罗尔斯的正义理论则完成了从自

（接上页）题包含对整个人类生活价值观念的探讨和具有从整体上对人类道德价值特征探究的思想特性。其实，《正义论》时期的罗尔斯也持这种完备性正义观念，但这不是其正义思想的最终看法，《政治自由主义》使罗尔斯的完备性观念聚焦在政治的正义观念上。关于政治正义观念，罗尔斯在《政治自由主义》中提出了一系列基本理念：如理想公民的理念、秩序良好的社会理念和作为公平合作系统的社会理念；主要理念有权利优先于善的理念、交迭共识理念以及公共理性理念，以此完成向政治建构主义的逻辑进步。除了罗尔斯外，还有很多研究者都比较注重正义观念的政治特性，如弗莱施哈克尔和布莱恩·巴里等。值得一提的是 1998 年诺贝尔经济学奖获得者，同时也是比较杰出的哲学家阿马蒂亚·森出版了《正义的理念》（the Idea of Justice），在这本纪念罗尔斯的书中，他从社会选择理论出发，结合自己的经济学研究成果，提出一种"思想开明"的正义观念（an idea of open-minded justice）。他娓娓道来的阐述方式，不乏思想的睿智。

① 赵汀阳：《论可能生活》，北京：生活·读书·新知三联书店，第 31 页。

由深入到平等的逻辑转换,其理论在正当优先于善的理念下追求机会和资源分配的公平平等,从而关心"最不利者的利益"。麦金泰尔看到的正义观念之争,在当代主要形成了两种理解进路,一种是道义论与目的论之争;二是施特劳斯(Leo Strauss)和沃格林(Eric Voegelin)认为的"古今之争"。施特劳斯指出,当今社会的危机主要是理论上相互争斗的结果,"这些学说否认关于任何目的或原则之普遍有效性的理性知识的可能性"。① 实际上,前者才是正义观念竞争的基础和核心,古今之争是它的一种表现形式,总体上看,可以把表现为权利与义务、正当与善、美德与规范等观念的争论看作道义论与目的论之争的不同衍生形式。

二、道义论正义观与目的论正义观的形成、兴起和冲突

在古希腊时代就已形成的目的论思想体现了古希腊人对自然生命历程的感悟及其生活的内在追求。"每一持续的阶段,无论多么不同于其前身,总是抱持着它最终的结果,并同时为其后继者通向更完善的行为而铺平道路。在生命存在中,变化并非如其在它处所发生的那种方式,早先的变化总是就其晚出的结果而得到调节。这种进展的机体(progressive organization)直到其达到一种真正终极的阶段,一种目的(telos),一种完成的,完美的目的(end)才会终止。"②比如,柏拉图认为善的理念是众多种类理念中最高

---

① 施特劳斯:《政治哲学史》,石家庄:河北人民出版社,第 1073 页。
② John Dewey, *The Influence of Darwin on Philosophy*, Indiana University Press, p. 4. 陈怡,《经验与民主》,上海:复旦大学出版社,第 8 页。

的理念，它与其它理念按照逻辑秩序排列，形成一个彼此有关系、有联系的有机整体。

目的论作为一种思考方式，它关注政治与人的目的和价值关系。"一般而言，古典政治哲学预设了人的生命有一个应然性的目的状态，或者来自本性（自然），或者来自某种超越的旨意（天、神），代表一种终极的理想目标，人的完成（perfection）在焉。政治生活在人生里有其位置，正是因为政治生活跟达成该一目标有某种特定的关系。在这样的思考架构里，政治体制、政治价值的正当性，可以由政治生活与该一目标的关联导出。"①希腊哲学承认永恒秩序的存在，人类在其中追求自身完善。② 柏拉图把政治社会看作一个聚合的、互相连接的整体。他是全面看待政治社会的第一人，坚决主张政治秩序的专有特性，强调政治秩序应被视为一个有意义的道德宇宙之一部分，试图重现神授原则，创作了一个由哲学智慧所代表的神授原则同政治技艺的实践之间的联盟："当人的最高权力和最伟大的智慧及节制同时发生时，就会发生最好的法律和最好的体制。"柏拉图在他生活的时代就看到了政治现象、政治生活与他设想的有序的政治生活、政治理念之间的激烈冲突，试图以人们对善的认识和追求在政治知识的框架下进行有序化，认为从政治哲学的最初开始，一种两重性就已在政治思想的形式给予作用和政治"物质"的形式接受功能之间建立起来。政治知识，就像所有真知一样，本质上是一门有关秩序的哲学，一门探究人们之间

---

① 转引自金里卡：《当代政治哲学》，上海：上海三联书店，"为政治寻找理性"第8页。
② 列奥·施特劳斯：《柏拉图式政治哲学研究》，郭振华译，北京：华夏出版社，2011年，第330页。

的适当关系,指出共同体内的罪恶之源,并规定包罗万象的整体模式的科学,其目的,不在于描述政治现象,而在于按照某种对于善的构想使之改观。

按照它们的思考方式,"上帝在一切事物中都植入一种力求按照符合各个事物本性的最大存在限度而存在下来的自然欲望。为了这个目的,上帝赐予它们以一些适当的功能与活动;借助于这些,在它们里面便具有一种天然的,并与它们知识的目的相配合的辨别力,这种辨别力保证它们的自然倾向服务于其目的,并能在它被自己本性的重力所吸引而向之推进的对象达到目的"。[1] 目的论思想对后世的政治哲学产生了深刻影响,"古典的政治概念所树立的目标不仅是维护人的生活,而且是保障人类能有一个自由的、有德行的美好生活,它是人类共同体的最终目的"。[2] 尤其是亚里士多德的哲学体系,"特别是其实践哲学中蕴含的实践推理的结构,是笼罩在目的论的思考方式之中的"。[3] 即使在中世纪,政治也是把这种思想同亚里士多德的思想和基督教的思想联系在一起的。

传统政治思想把理性不足作为人的认识前提,他们对良善的

---

[1] 库萨的尼古拉:《论有学识的无知》,北京:商务印书馆,第4页。卡莱尔和马库斯指出,奥古斯丁认为政治秩序起源于人类自身的罪过,国家在尘世中拯救"原罪"的人,而非道德教化人向善;政治秩序只是临时的现象。也就是说,国家是消极的而非积极的,它在于除恶并减少世俗中的无序状态。参见夏洞奇:《尘世的权威:奥古斯丁的社会政治思想》,上海:上海三联书店,2007年,第15页。阿奎那则构建了世俗的政治秩序和教会秩序,二者共同存在。教会关注人的最终目的,达到对人的终极拯救;世俗秩序关注人的物质和社会福利层面,它接受上帝的引导,二者各有职责和功能。

[2] 克劳斯·冯·柏伊姆:《当代政治理论》,北京:商务印书馆,第11页。

[3] 应奇:《第三种自由》,北京:东方出版社,总序第2页。

追求应该是不断探索的历程。正如西季威克指出的,西方古典政治哲学重视"善",现代则以"正当"为优先;前者是吸引式的道德理想,后者则是命令式的道德理想。这是因为古希腊城邦"属于高度同质的熟人社会,有着近乎一致的、超越的目的论和宇宙观,所以古希腊的公民追求的乃是目标的一致……人们的道德行为往往是受到这种一致的目标、价值和道德理想的吸引与鼓舞而产生的"。康德代表的现代哲学的命令形式"由于社会形态与观念的剧烈变迁,一个异质化的大规模生人社会要想继续维持社会的统一和稳定,就只能诉诸理性的命令或者绝对责任,……现代社会在伦理生活和政治生活之间发生了某种区隔"。① 这与人文主义兴起密切相关,对人的关注是在自然法理论的基础上发展起来的,同时只有把人作为宇宙或世界的一个重要组成部分才使自然法理论成为可能。几何、物理、化学等学科的成功增强了人的自信心和判断能力,并以理性看待世界,用理性思维质疑所看到的一切,"在运用事物的过程中,是把事物的实质看成为他掌握的主体"。② 新的政治以类似于自然科学的方式看待政治生活、政治本体和政治现象,利用人充分的理性能力探求政治认识,该过程即寻找普遍性法则和规律的过程。③

马基雅维利是反叛古典政治思想的第一人,"古典政治哲学以

① 许纪霖主编:《现代性的多元反思》,南京:江苏人民出版社,第59页。
② 马克斯·霍克海默、特奥多·阿多尔诺:《启蒙辩证法》,洪佩郁等译,重庆:重庆出版社,第7页。
③ 参见列奥·施特劳斯:《自然权利与历史》,彭刚译,北京:生活·读书·新知三联书店,第16页。

探讨人应该怎样生活为己任,而回答何为社会正当秩序的问题的正确方式,是要探讨人们实际上是怎样生活的"。[1] 古典政治思想认为最高目的蕴含于自然的恒定不变的秩序之中,人们据此建立的政治秩序与人的目的一致。而马基雅维利认为这是一种幻想,因为人生活在现实社会环境之中,更为牢靠的政治秩序必然从现实中思考而获得。近代思想者预设的世界,是一个机械的世界,目的的意义已经枯竭。正如在斯宾诺莎、霍布斯、爱尔维修和培根那里所见,近代思想已经取消了目的论的地位,"旧道德哲学家所说的那种终极的目的和最高的善根本不存在"[2]。近代的世界在很大程度上已经不是前现代的世界了,前现代的世界本身是一种理想,一种合乎人的本性的目的。它高扬人的天赋权利,质疑目的论的思考方式,并不断侵蚀目的的权威[3]。

　　"除魅"和"合理化"不仅使人们对世界有了更合理的认识,也造成了客观目的的消失,它使"人类社会的生活以经济的统治、技术、虚伪的政治和狂热的民族主义为标志。价值等级按照利益的原则来决定,……提出不是关于人所创造的价值的问题,而是关于人本身的价值的问题。人的生活目的黯然失色"。[4] 目的论的自

---

① 列奥·施特劳斯:《自然权利与历史》,彭刚译,北京:生活·读书·新知三联书店 2003 年,第 181、182 页。

② 霍布斯:《利维坦》,北京:商务印书馆,第 72 页。

③ 在康德看来,不论是谁在任何时候都不应把自己和他人仅仅当作工具,而应该永远看作自身就是目的。人的本性"表明其自在地就是目的,是一种不可以被当作手段使用的东西,从而是限制一切人性的最高条件,人是绝对不许随意摆布的,必须是受尊重的对象"。详见康德:《道德形而上学原理》,上海:上海人民出版社,代序第 29 页。

④ 别尔嘉耶夫:《精神王国与凯撒王国》,杭州:浙江人民出版社,第 52 页。

然秩序变成了"反目的论"技术上的正当和受主观判断影响的价值。对于人类来说,没有什么权威可以僭越自己的价值评判,也没有可凭借的"理智资源,去主张一套完美的目的状态"。[①] 目的不再是一件确定无疑的、客观的事情了,它逐渐失去了客观性依据而转变为人各自的主观判断。"目的退到遥远的未来,而手段则成为直接的现实。"[②]目的成了手段的一种正当性证明,在此时此地,目的惨遭遗忘,或成为"纯粹的宣传伎俩",抽空了作为善的目的。

这样一来,政治哲学要是不想失去评判的功能和责任,须"诉诸程序:政治体制与政策,无论其建立的方式,或者其运作、分配的方式,须要在程序上满足某种标准,即使人们各自的目的与利益不同,却都会同意这些制度与政策是对的"。[③] 这是一种与目的论不同的道义论思考方式,旨趣于追寻正当性标准,并提供正当理由;它讲求规范与职责、权利和义务。康德的思想以道义论为显著特征,其"实践哲学之宗奉善(好)、价值和责任",强调"权利(正当)、规范和义务的道义论色彩"。[④] 按照康德的观点,正义的道德优先性由于其基础的优先成为可能,正义的道德法则不事先隐含在各种偶然性利益和目的中,它不以任何特殊的善观念为前提,这是因为它是道德的基础,先于所有经验目的。而道德的基础在于实践理性主体自身,它是自律意志的主体,它使它参与理想,它能够完全独立于我们的社会和心理欲望。这种主体给道德法则提供

---

① 转引自金里卡:《当代政治哲学》,上海:上海三联书店,"为政治寻找理性"第9页。
② 别尔嘉耶夫:《精神王国与凯撒王国》,杭州:浙江人民出版社,第52页。
③ 转引自金里卡:《当代政治哲学》,上海:上海三联书店,"为政治寻找理性"第9页。
④ 应奇:《第三种自由》,北京:东方出版社,总序第2页。

了一个基础,它不期待目的。而休谟的道义论是从经验主义的方向上对康德观点的重构,他肯定权利优先于善和自我对其目的的优先,但否认缺乏经验基础的主体。从 20 世纪 70 年代开始,社会科学进一步重申理性法传统,最突出的就是罗尔斯的《正义论》,他以相当直接的方式恢复理性法的荣誉。罗尔斯按照社会契约模式,通过一系列理性的理念,提出一种建构正义原则的程序。① 罗尔斯吸收了这种观点,认为"必须把康德学说的力量和内容与其超验唯心主义的背景分离开",并在"一种合乎理性的经验主义原理"框架内探讨。② 政治上的正当性在前现代社会来源于"客观的"目的,当这些先验性目的权威瓦解后,关于正当性从何处寻,以及优先性等问题才在政治学及其相关学科领域内突显出来。当代的道义论正义观念是"历史语境本身"指引的结果,是关于正义在道德

① 但是哈贝马斯认为,此种方式在政治经济学和社会理论视角上的转换,把二者的关联性破坏了。在规范性的商谈领域内,关于应当的软弱性的问题紧迫地提出来了。罗尔斯的规范性辩护进程分为两个阶段,即《正义论》和《政治自由主义》时期。在第二个论辩层次上,罗尔斯从规范性理论角度提出组织良好社会概念,将它置于既成的政治文化和公共领域之中。他相信,应当把正义论本身建立在受文化影响的理性平等公民的直觉基础上,哈贝马斯认为这导致下面界限不明:一方面是对正义原则的哲学辩护,另一方面是一个特定法律共同体关于其共同生活的规范基础。也就是说,罗尔斯这种理论建构方式即规范的理想要求和社会事实之间的沟通方式是有弱点的,这种不能用伦理理论弥补。规范性的思考和现实的联系,不仅是由彼此冲突的生活理想和价值取向的多元主义构成的,也是由制度和行动系统的刚性构成的。罗尔斯在论证第一阶段忽视了法律内在的事实与规范有效性间的张力,在第二阶段他只考虑到规范对面的社会政治文化传统。哈贝马斯指出,罗尔斯若要全面地对政治过程进行正义论证,他在第二阶段上不应该只满足于对政治文化条件的反思,还应对法治国及其社会基础的历史发展进行带有规范性质的重构。哈贝马斯分析指出,涂尔干和韦伯对这个问题进行了思考。

② 参见桑德尔:《自由主义与正义的局限》,南京:译林出版社,第 16—19 页。

理想和政治理想中具有首要性的理论,理性的和合理的正当是既定的优先并独立于善和目的的道德范畴。而正义是一种人为德性,它是一种社会美德,告诉人们如何安排他们的关系以及在此基础上如何行动才是正当的。并且,正义是社会制度首要德性,可以从两个方面来理解:一是正义的首要性是直接的道德意义,在于它的要求是所有社会美德中的最高美德,它优先于其它社会美德的要求。二是正义的首要性还有关道德的基础,康德称道德法则的"决定性根据"。正当优先于善是权利独立于特殊善的,善恶是在道德法则后并通过它来定义的,正义即目的,对其他目的具有规导作用。也就是说,人类的目的须以人及其手段的正当原则和规范为前提。"正义职责只能单纯地通过局限于由一个正当法律体系建立起来的各种限制之内的行动而得到实现,尽管我们只关心自己的利益,而对他人的利益漠不关心。正义职责并不要求比相互认可决定着我们的行为准则更多的东西。"[1]

　　道义论在道德意义上反对效果论,在基础意义上反对目的论,也就是说道义论的效果和目的是正义,它不承认其它社会美德和善的优先要求和先决前提。唯有在一个不受目的性秩序支配的世界里,人类才可能构建正义原则,个人才能开放地选择善观念。正

---

[1] 罗尔斯:《道德哲学史讲义》,上海:上海三联书店,第260页。迈蒙尼德认为:"人与动物的不同在于:如果人只为自己活着,他的生命不可能完美;人要真正像人一样活着,就必须生活在社会中;人类的生存和维持,有赖于人的社会生活;社会以相互交往为前提,生活若无秩序和正义,交往就没有可能;若无立法者,生活就不可能有秩序;立法者必须有能力对人民讲话,并责成其服从由他立定的秩序;因此,立法者也必须是一个人。"列奥·施特劳斯:《哲学与律法》,黄瑞成译,北京:华夏出版社,2011年,第108页。

是在这里,道义论自由主义与目的论的世界观对立才得以充分体现。一般来说,"就社会团结和政治稳定这个难题而言,我们可以辨别出三种主要的思考路径:第一,对共同体生活方式的强调;第二,对共同民族性的强调;第三,对政治参与的强调"。① 对共同体生活方式的追求目前看来过于天真,因为它设想"总有一些共享目的,它们可以支撑对社会中所有群体而言都具有合法性的共同利益的政治"。② 但我们根本无法找到共享的一般目的。罗尔斯沿着康德的道义论伦理之路,描绘了其道义论自由谋划的蓝图。道义论的宇宙和游荡其中的自我一起构成了自由的图景。通过将主体置于至高地位,其成了道德意义的原创者。他们在这个无目的的世界里建构正义原则,并自由选择我们的目标和目的,只要不与正义冲突,他们选择的善观念就具有分量。就像罗尔斯说的,我们是"各种有效主张的自生之源"。

无论是罗尔斯、金里卡、德沃金,还是伯林都试图对目的的理性分歧做出恰当反应,"并在权利规则设定的限制内自由地追求它们。迈克尔·奥克肖特和弗里德里希·哈耶克也以不同的方式,力求把公共权力的范围限制在实施规则上,把目标的追求留给个人和各种合作组织去自由选择"。③ 在这种思考方式的基础上,整个时代的哲学精神与传统哲学相比发生了转移,"它主要体现为对传统哲学中追求特殊事物背后之普遍本质的哲学兴趣转化成了对特深事物本身的兴趣,而正是在这样一种特殊性中,哲学的理智活动转化成了

---

① 金里卡:《当代政治哲学》,上海:上海三联书店,第 472 页。
② 金里卡:《当代政治哲学》,上海:上海三联书店,第 474 页。
③ 莱斯诺夫:《二十世纪的政治哲学家》,北京:商务印书馆,导言第 5 页。

某种蕴含于生活之中的规范和有效的指引".① 他们指责目的论带给人世的是荒谬以及可怕的生活,它的可怕和错误在于"善是借助恶来实现的;真理是借助谎言来实现的;美是借助丑来实现的;自由是借助暴力来实现的;为了实现善的目的而造成了极大的恐惧".②

　　面对道义论的挑战,目的论者也不是毫无招架之力,他们进行了有力回应。他们提出:"如果我们不在乎生活是好还是坏,生活的秩序又有什么意义? 如果不明白生活的目的或意义,又怎么知道什么是应该的? 如果不能在'应该'之外去理解'好',那么'应该'就是一种恐怖形式。"③伦理学的决定性意义在于在事实中被追求的目的。如何能使人们有一个美满的人生,是一种正义观念和伦理学的首要问题。"一个人无论是具有什么性格及爱好,从事哪一种行业,他的人生终极目的总是希望求得幸福;由于人是目的性的动物,他的行为总是为了达成某个目的而去做的,而追求目的的理由,总是为了满足自己的欲望或理想。"④查尔斯·泰勒在批判自由主义空洞的自我观时指责"完全的自由就是虚无:没有什么事情值得追求,没有什么事情值得重视。通过置所有的外部约束与影响于一旁而达成自由的自我,实在是没有特性的,因此根本就是缺乏确定的目的".⑤ 桑德尔也认为,道义论的那种缺少构成

----

① 陈怡:《经验与民主》,上海:复旦大学出版社,第12页。
② 别尔嘉耶夫:《精神王国与凯撒王国》,杭州:浙江人民出版社,第57页。
③ 赵汀阳:《论可能生活》,北京:生活·读书·新知三联书店,第31页。
④ 石元康:《当代西方自由主义理论》,上海:上海三联书店,第242页。
⑤ Charles Taylor, *Hegel and Modern Society*, Cambridge University Press. p. 157.
　金里卡:《当代政治哲学》,上海:上海三联书店,第406页。

性依附联系的个人,是一个完全没有品格,没有道德深度的人。因为品格就是了解我生活在历史中,它使我知道距离某些人近,距离另一些人较远。我能够反思我的历史,并使我自己与历史保持一种距离,人在其中的反思永远不会超越于历史外。他也可以对自己进行自我反思而自我认识。这种品格促使人的感情,以及人与人之间的相互了解,而友谊必定是与感情联系着的。但道义论剥夺了我们的这些质量、我们的反思能力和友谊,因为它们都依赖构成性谋划和依附的可能性。自由主义教导人们尊重自我与目的间的距离,而当这一距离消失时,我们也就迷失在不自知的情形之中。但像罗尔斯那样试图完美地保持这种距离,却使道义论自由本身遭受重创。通过将自我置于政治学的领域外,自由主义使人类主体成了一件信仰,就此而言政治也失去了动人品性。①

　　另外,当代的目的论者认为,传统的目的论并不能真正揭示和说明人的生活,所以必须探讨一种新目的论的伦理学。如果正义的观念"不以生活意义问题为前提,则是无意义的"。② 这种正义观念应悬置对理想世界的构想,并且理想世界以生活的意义为根据,而不是相反;生活以其本身为目的;生活的目的在于它是一种可能的非必然如此的生活方式;人们的幸福源自这种可能生活的行为方式,它与生活的意义或目的是同一的;正义原则只是一种劝诫性规范,它的有效性在于某种具体的生活方式,并不具有普遍有效性。也就是说,正义观念"不是去劝告人们应该过哪一种生活,

----

① 参见桑德尔:《自由主义与正义的局限》,南京:译林出版社,第 216—222 页。
② 赵汀阳:《论可能生活》,北京:生活·读书·新知三联书店,第 24—25 页。

而是揭示人们本来能够拥有哪一些美好的可能生活"。① 它只在可能性生活方式上有意义,正义原则和规范也只在这种可能的生活上有效。原则和规范做出的普遍劝诫不过是以观念形式表达人们在行为上的偏狭之见。这种劝诫是抽象的原则,比如功利主义的最大幸福原则,康德的道德律令,还有罗尔斯的正义二原则。这些规范和原则只是人类生活的必要手段,它蒙蔽了生活的本意,生活的本意和目的(telos)只是"生活本身的质量"而非劝导性的规范或手段。

即便伦理学的规范具有重大意义和建树,那也不过是一些"技术性的策略","其作用类似于逻辑的形式原则。逻辑的形式原则是有意义的,当且仅当人类思想另有方法去获取有意义的命题来充当前提。同样,以伦理规范对利益进行分配如果是有意义的,当且仅当人类生活本身是有意义的,所以规范伦理学在伦理学中并不是根本性的部分"。② 正义的原则只是情境性的技术策略,"是非常具体的社会政治活动";因此人们不应根据规范来解释生活,而要据生活之事实来分析规则或规范的可能性,显然,生活的事实就是目的(telos)。同时,道义论纠缠于"应该"等问题,但由于"没有一条应该的规范是既普遍又公正的",因而"从'应该做某事'推

---

① 赵汀阳:《论可能生活》,北京:生活·读书·新知三联书店,第 25 页。

② 赵汀阳:《论可能生活》,北京:生活·读书·新知三联书店,第 15—16 页。人设立规范本来是为人着想的,如果只为规范着想,又如何能尊重人? 规范是必需的而且应该遵守,但却不值得尊重。(赵汀阳:《论可能生活》,北京:生活·读书·新知三联书店,第 35 页。)即便是普遍有效的金科玉律,也只是在行为上必须遵守的而不是在道德上必须尊重的。(赵汀阳:《论可能生活》,北京:生活·读书·新知三联书店,第 36 页。)

不出‘应该做某事是好的’”，它在方向上也“仅限于实质的努力但达不到实质的解决”①。

三、道义论正义观与目的论正义观的当代合流及启示

在古希腊，占主导地位的正义观念强调善和美德，“古典政治哲学认为政治从属于道德，更重要的是，从属于理性美德（作为自然赋予的人类的终极目标或人类灵魂的尽善尽美）”，②它主要表现为目的论的思维方式；中世纪神学正义观是古希腊思想在内容和形式上的延续，但其中萌生出对目的论因长期压制而反叛的道义论胚胎。近代的正义观念是对中世纪正义观的批判，它强调人的价值和权利，以及围绕权利、国家或政府的正当理由等形成的规则、规范。③“古代人探讨着达到真正幸福或至善的最合理途径，他们探索着合乎德性的行为、作为美德之品格的诸方面——勇敢和节制、智慧和正义，这些本身就是善的美德——如何与那个至善

---

① 赵汀阳：《论可能生活》，北京：生活·读书·新知三联书店，前言。
② 施特劳斯等：《政治哲学史》，石家庄：河北人民出版社，第 1083 页。
③ 比如道德正义说在霍布斯的政治哲学系统中占有独特的位置，他既把正义说成是国家赖以产生的道德基础，又认为正义是规范国家政治权力以及臣民在国家中权力和义务的依据。他称“自然法的科学是唯一真正的道德哲学”，实际是为了给他建构的理想政治秩序寻找道德支柱。国内的大多数学者都持此种观点，可参见陈闻桐：《近现代西方政治哲学引论》，合肥：安徽大学出版社，第 31 页。施特劳斯认为，马基雅维利的新政治哲学的目的在于通过排斥人类的自然的终极目标来确保实现公正秩序，另外，霍布斯、洛克的启蒙政治哲学也不是像以前的观念那样是根据理性和人类的目的推论出来的，而是做了从人的目的转向权利和作为个体的人的重大转变。详见施特劳斯等：《政治哲学史》，石家庄：河北人民出版社，第 1084 页。

发生着关系,无论它们是作为手段,是作为组成部分,或者两者都是。而现代人首先问的问题是,至少在第一种情况下,他们视什么为正当理性的权威规定,关于理性的这些规定导致了权利、职责和责任。"[①]符合正义的人类行为是"应该去做的,并且出于职责地去做"。[②] 它试图彻底转换先前存在的正义理论和正义实践,它"并不是一种变革理论和实践从而使它们更为接近"正义的理想,"而是通过改变理想的基本性质使理想本身革命化的尝试"[③]。

道义论与目的论作为正义观念的两种不同思考方式,二者的冲突和分歧在当代愈演愈烈,集中表现在正当与善、自我及其目的的优先性,以及美德正义和规则正义的观念选择等一系列问题上。综观目的论和道义论在当代正义观念中的争论,二者在观念上产生了深刻影响,它们的冲突也产生了令人晕眩的思想火花。当代的道义论正义观和目的论正义观都试图为"现代性危机"找寻合理的解决之路;他们为各自理论寻找可靠"阿基米德之点"的同时,也遭到敌对阵营针对其各自理论支撑原点的相互指责。

然而,他们的理论虽然在形式和内容上都有较大的差别,但现实社会对观念的影响也使他们拥有某些相同的研究主题,并促使他们的正义观念不断发展。因此,当代的道义论者大都关注作为道德存在者的人,目的附属于人,并取消古代那种与人无涉的客观目的;"就人作为道德的存在者而言……他的存在,在其自身,就是含有最高目的的,而这个最高目的,在他能做到的范围内,是他把

---

① 罗尔斯:《道德哲学史讲义》,上海:上海三联书店,第4—5页。
② 罗尔斯:《道德哲学史讲义》,上海:上海三联书店,第74页。
③ 凯克斯:《反对自由主义》,南京:江苏人民出版社,第275页。

整个自然使之从属的……那么,在我们假定世界的东西,在其真正的存在看来,都是有所依靠的、而作为这样的东西,它们就需要一个按照目的而行动的最高原因,于是人便成为创造的最后目的。因为没有人,一连串的一个从属一个的目的就没有完全的根据,而只有在人里面,只有在作为道德主体的这个人里面,我们才碰见关于目的的无条件立法"。①

而当代的目的论者则质疑由传统设定的超越于人的客观目的论,而把这种客观的具有权威的目的归结为人或人的生活本身,即"人学目的论","如果不从目的论维度去理解每一个人以及每种事物的存在意义,就不可能从任意一个人的角度去理解这个人的价值,也就不可能公正地对待人——这种结果恰好违背了伦理学的公正要求。……在这一基础上才有公正可言"。② 康德赋予道德命令绝对优先性,它决定于人的"良心",在此基础上,韦伯提出"人格"和"人的尊严",认为"人格"与"自由"一致,"真正的自由要求某种特定的目的,而这些目的又得按照某种特定的方式来选取"。人能自己决定自己的最高目的和价值,具有按照自己理性行动的能力,"个人自由地选择他自己的价值或理想,或者说在于服从'成为你之所是'的诫条"。③

---

① 康德:《判断力批判》,第 84 页。罗尔斯:《道德哲学史讲义》,上海:上海三联书店,第 215 页。

② 赵汀阳:《论可能生活》,北京:生活·读书·新知三联书店,第 195 页。

③ 列奥·施特劳斯:《自然权利与历史》,彭刚译,北京:生活·读书·新知三联书店,2003 年,第 46 页。"一切真理或意义、一切秩序、一切美都源自思想着的主体,都源于属人的思想,都源于人。"列奥·施特劳斯:《古典理性主义的重生》,郭振华译,北京:华夏出版社,第 316 页。

由此可知,即便是康德在高扬与道德律一致的主体时,还是为目的论留了一些空间。如果把人看作目的论之终极目的的话,那么"在这个目的秩序中,人(与他一起每一个有理性的存在者)就是自在的目的本身,亦即他永远不能被某个人(甚至不能被上帝)单纯用作手段而不是在此同时自身又是目的,所以在我们人格中的人性对我们来说本身必定是神圣的:这就是从现在起自然得出的结论,因为人是道德律的主体,因而是那种自在地就是神圣的东西的主体,甚至一般说来,只是为着道德律并与此相一致,某物才能被称之为神圣的"。① 政治哲学或伦理学不能用出离于人的存在方式来规定人的生活意义或理论的目的权威,"假如人的生活意义取决于超越人的另一种存在方式,那么,逻辑的结论只能是人的生活恰恰是无意义的。只要把意义或价值最终归于超越人和人的生活的'更高者'——绝对处于人的生活之外的另一种存在方式,把理想交付另一种实在,那么人的生活必定是无聊的过程"。② 历史告诉我们,它蕴含着灾难。

目的论正义观之所以立足于目的论而忽视道义论观点,在于他们并不认为道义论、规则及其正当性是伦理学上应该考虑的问题。"确切地说,对规范提问'为什么'并不是伦理学问题,因为用认可一条规范的原因去证明这一规范的正当性是无意义的,这不是证明。这其中有一个循环论证。"③这一批评固然有理,但从政治学的角度来看,它与伦理学的关注点有明显不同,作为目的的生

---

① 康德:《实践理性批判》,北京:人民出版社,第79页。
② 赵汀阳:《论可能生活》,北京:生活·读书·新知三联书店,第161页。
③ 赵汀阳:《论可能生活》,北京:生活·读书·新知三联书店,第29页。

活本身取消不了规范和原则的有效性。事实上,目的论者大多并非武断地反对任何规范,而是拒绝以规范僭越伦理学的地位,也即拒斥以规范为基础来理解人的生活。由此看来,它们常常在不同层次和不同领域内进行论争,在大多数情况下也不会得出一劳永逸的结论。最后,从政治哲学上来看,宽容和理性是自由、平等、稳定、安全、民主、博爱等政治价值根据道义论和目的论两种思考方式产生的重要原因,但由此产生的各种冲突观念也对社会产生了消极影响,即这种处于深层次的完备性善观念造成价值混乱、人心不稳、社会失序等一系列可怕后果。

第六章　罗尔斯基于公平正义的
结构性良序社会观

　　以罗尔斯《正义论》的发表为先导,政治哲学成为当代西方哲学中最活跃、最热门的学科之一,因此,他也跻身西方最具时代意义的思想家和政治理论家之列。继《正义论》之后,他于1996年出版了《政治自由主义》,这又是一部引起广泛注意的力作,罗尔斯花费毕生精力建立了一个精巧、宏大的公平正义理论体系。《政治自由主义》是在现代民主社会的大背景下,更确切地说是在以英美为代表的西方民主社会的背景之下,在接受一部分西方学者对《正义论》的批评和面对此社会多元性之不可避免,不同的政治派别、社会集团与共同体持有不同的完备性学说的理论而不断"反思平衡"的结果。罗尔斯提出了一种政治的正义观念用以指导形成一个秩序良好的社会的基本结构。

　　他认为,对于社会制度来说,正义高于效率和秩序,其目的在于确保人们享受到正义带来的"益品"。即使社会高举福利之名也不能侵犯人的正义,这种正义表现为从平等公民的各种自由出发,其权利不受社会福利、政治交易和社会利益条块分割后的利弊权衡。为了建构这种正义理论,罗尔斯从正义原则的作用出发,假定了一个由人组成的基本自足的联合体。正义原则的作用在于满足人们不仅为了能够生活得更好这种共同利益而合作,当他们的利益不一致时,还须打消他们面对利益、权利和义务的任意区分时互动干戈的顾虑。这种受公共的正义观调节的社会,就是"良序社会",它具有两个特征:每个人都彼此知道对方接受相同的正义原则;社会的基本制度与正义原则普遍一致。但现实社会往往存在各种各样的正义观,社会若保持活力需要在这些正义观上有一定程度的共识,并且还不能无视合作、效率和稳固问题。也就是说,良序社会是在人们合作的基础上以有效、稳定地符合正义的方式运行的。一旦正义局面遭到破坏,就应有稳定性力量介入,防止事态恶化,并恢复原有的秩序和安排,也就是说,罗尔斯不仅致力于打造秩序良好的社会,更在意良序社会的"长治久安"这一问题。

一、罗尔斯的公平正义理论

在西方社会,正义概念的发展是一个具有相当长历史进路的理论过程,许多思想都成为这个概念的重要思想资源。大致来说,自由原则和平等原则是罗尔斯提出的公平正义原则,这是罗尔斯对工业文明后资本主义非正义现实深刻反思的结果。社会正义具体到个人的自由与平等,必须放在社会合作的脉络里获得说明和肯定。近代自由主义者,因受到中世纪神学思想的残酷压迫,迫切需要以"人"的全面自由、平等解放自身,以摆脱种种束缚,因而往往只着重于发挥个别人的自由与平等,而忽视了社会对人的自由与平等所起到的应有作用,结果无法说明社会合作对自由与平等所提出的要求与限制；尽管后来斯密用市场模式来说明社会合作的自由主义，然而此种"看不见的手"的引导，疏忽了市场运作的积累性效应，造成自由与平等价值的失衡或偏向。

罗尔斯的正义理论精巧且复杂，其中包含许多抽象的理念，特别是在《政治自由主义》中，他提出了政治正义观念的基础理念。三个基本理念（本文第三章第三的（一）中涉及）：良序社会理念、作为平等个人的公民理念和一个核心组织化理念：作为合作系统的社会理念；还有三个主要理念：权利优先于善的理念[1]、交迭共识理念[2]以及公共理性理念[3]。罗尔斯所抽绎出的这些抽象理念，正视了存在于一个社会中人们思想、文化的多元分歧事实，同时也是对现实社会下人们所受的不平等权利和不公正待遇而提出来的。显然，罗尔斯关心的正是社会正义。

---

[1] 罗尔斯在《政治自由主义》第二部分第五讲中论述其政治正义观念的三大主要理念之一：权利优先于善理念。虽然，罗尔斯一再强调，权利优先于善的理念并不是不讲善，而是不能因普遍之善来牺牲个人权利以及权利的正义规则也不能建立在善观念上。但是，如何应对桑德尔提出的"权利内在于善"的观点，他未做令人信服的论证和解释。

[2] 罗尔斯认为，政治正义观念是各种完备学说（虽互相分歧和冲突）之间的交叉点，在这个点上汇集了一些中心观念，这即是它们在政治问题上达成的共识。交迭共识理念并非罗尔斯针对价值多元主义而做的调整，或者说它不全是针对"价值多元"的调整，而是自由主义者针对社会的多元事实而在其理论视角上的转换，也就是说，价值之追求并未改变。笔者之所以以这种形式展开讨论，有两个因素可以考虑：交迭共识"交迭"的不是价值多元主义者意义上的价值；而"共识"的内容所指向的价值则是价值多元主义者言称的价值。但是，在此无法得出结论：价值多元主义者和罗尔斯的视角转换后的理论相比，哪个更有现实意义？

[3] 徐大同：《现代西方政治思想》，北京：人民出版社，第163页。"公共理性的理念"指的是公民在有关宪法根本和基本正义问题的公共论坛上所使用的推理理性。

(一) 关于社会的正义

若人类社会之为一个有机体,就必须正视这样一个事实:人类社会是一个由作为主体的人相互交换劳务、相互合作的有机整体。只要这样一种社会理念出现,正义问题也就接踵而至。[①] 所以,在柏拉图的《理想国》中,就曾把正义不仅看作是人必需的美德,它规定了社会的各种制度而形成的社会秩序。自由主义作为一种政治思潮,主要是与个人和国家的关系以及以限制国家对公民自由的干涉有关的,它明确包含着人与社会关系的说明,[②]罗尔斯发表的《正义论》、《政治自由主义》正体现了对社会正义的关切;尽管如此,"从理论的角度来看,正义有一张普罗修斯似的脸,变幻莫测"。[③] 但是在某种意义上,罗尔斯赋予他自己的"正义"一个比较确定的面部轮廓,即"作为公平的正义"观念和证明程序、扬弃了西方传统的社会契约论和自然法传统以及有关社会基本结构的正义理论。

提到社会基本结构理论,笔者认为在本章第二部分中对社会基本结构理论的探讨就可以充分证明:罗尔斯正义理论的最大意义和目标,就是面对社会之不正义和对最低阶层公民的同情,提出一个理想的、可欲的正义社会。

(二) 正义原则在不同阶段的表述

罗尔斯正义观的基本面貌的另一个特点就是为指导社会基本

---

① 罗予超:《政治哲学——对政治世界的反思》,长沙:湖南人民出版社,第256页。
② 威尔·金里卡:《自由主义、社群与文化》,应奇,葛水林译,上海:上海译文出版社,第1页。
③ 罗予超:《政治哲学——对政治世界的反思》,长沙:湖南人民出版社,第257页。

结构,他构建了新社会契约论,公民在"无知之幕"的限定条件下,按照"最大最小值"的规则引出正义原则。"一般说来,引用原则就是停止要求说明理由和解释。"①然而,罗尔斯阐述完两个应用于社会基本结构的正义原则——第一,要求所有人都应有平等的基本自由,它与自由主义的基本权利一致,也即自由民主社会的基本政治权利;第二是要求所有人都应有公正的机会平等,并只允许那些最有利于最不利者的差别的形式或者事实的存在,即著名的"差别原则"——之后,并没有停止说明理由和解释,相反,这只是他宏富理论的开端;并且,此种正义原则在罗尔斯思想发展的不同阶段都有阐述:

1. 在《正义论》的第 46 节中,罗尔斯通过复杂的逻辑分析,列出了完整的正义原则:"正义的第一个原则:每个人都应有平等的权利去享有与人人享有的类似的自由权体系相一致的最广泛的平等的基本自由权总体系。正义的第二个原则:社会和经济不平等的安排应能使它们(1)符合地位最不利人的最大利益,符合正义的储蓄原则,以及(2)在公平的机会均等的条件下与向所有人开放的官职和职务联系起来。"②

2.《政治自由主义》:"甲、每一个人对平等的基本权利和基本自由之完全充分的图式都有一种平等的要求。该图式与所有人同样的图式兼容;在这一图式中,平等的政治自由能——且只有这些自由才能——使其公平价值得到保证。乙、社会的和经济的不

① 詹姆斯·A. 古尔德,文森特·V. 瑟斯比:《关于领域、价值和趋向的问题》,北京:商务印书馆,1985 年,第 206 页。

② 约翰·罗尔斯:《正义论》,谢延光译,上海:上海译文出版社,1991 年,第 330 页。

平等要满足两个条件：第一,它们所从属的各种岗位和职位应在机会公平均等条件下对所有人开放；第二,它们要最有利于那些最不利的社会成员。"①

3.《作为公平的正义：正义新论》："每一个人对于一种平等的基本自由之完全适当体制都拥有相同的不可剥夺的权利,而这种体制与适于所有人的同样自由体制是兼容的；社会的和经济的不平等应该满足两个条件：第一,它们所从属的公职和职位应该在公平的机会平等条件下对所有人开放；第二,它们应该有利于社会之最不利成员的最大利益（差别原则）。"②

不管在《正义论》、《政治自由主义》中,还是发展到后来的《作为公平的正义：正义新论》,罗尔斯的正义理论是应用于一种"秩序良好的社会"的正义原则,若人们一旦选择或同意了社会的正义原则,就都会遵循它们。大致来说,自由和平等原则是罗尔斯在不同阶段对正义原则所论证价值的共同体现。就这点来看,他的公平正义原则始终如一。

（三）公平正义原则阐释

罗尔斯的正义观主要是为社会基本结构的分配方式确定标准,人们从原初状态中选择出的正义原则正是这一标准的体现。罗尔斯不但导出了正义原则,还着力于让人打心眼里接受这两条原则,因此,解释正义原则并使人们接受正义原则不仅成为了他正

---

① 约翰·罗尔斯：《政治自由主义》,万俊人译,南京：译林出版社,2000 年,第 5 页。
② 约翰·罗尔斯：《作为公平的正义：正义新论》,上海：上海三联书店,2002：70 页。

义观念的主要内容,包括两个部分,体现了平等的自由主义形式,不仅保证政治自由的公平价值和机会的公平平等,还通过差别原则,主张最不利社会成员的自由、平等和机会等。笔者主要从五个方面理解罗尔斯的公平正义原则:

第一,正义原则具有优先性顺序。罗尔斯认为,现实社会中多元正义观的存在是我们无法避免的,因此,任何正义观若要避免政治价值之间的冲突,都要在一定程度上凭直觉概括出适用于各自原则的权衡标准。公平正义观念也依赖直觉,但在平等自由原则已经确立的前提下确定下一正义原则时,罗尔斯建议采用更明确的限定条件,并通过明智判断代替道德判断这两种方式减轻直觉判断的负担。他认为,可以先从社会中挑选出可供判断的确定条件,再对社会和经济不平等情况下对最少受惠群体的利益分配进行限定。罗尔斯对优先性问题的考虑表现在两个方面:第一、强调正义的作用和原初状态的特征,对这些限制条件的正当性证明就可看作是对优先问题的基本说明;第二是词典式排序,也就是在充分满足第一个原则的前提下才能考虑第二个原则,第一个原则在优先性上高于第二个。对于罗尔斯来说,不管理论依赖直觉的程度有多深,其基本目标须在合理慎思的条件下达成理论体系的一致,以提供一种稳定的可欲的正义原则。就罗尔斯的正义理论来看,原初状态也体现了人们建立一致的正义体系所需的优先性条件,它影响正义原则的优先级。

总之,罗尔斯的正义原则蕴含自由的优先和正义对效率和福利的优先两个规则,它们分别是:第一优先规则是自由的优先性规则。自由的优先性在于"自由只能因自由的缘故而被限制"，也就是说，一种不太广泛自由的存在必得"加强由所有人分享的完整自由体系"；另外，一种还不甚平等的自由须得到"较少自由的公民"的许可和接受。第二个优先规则是作为公平的正义对效率和总体福利的优先，公平的机会优先于差别原则，即如果机会是不均等存在的，那么这种情况须"扩展那些机会较少者的机会"。①

第二，两个正义原则分别对应社会的政治体系和经济体系。平等自由原则适合于保障公民的平等自由的社会政治体系结构，第二个原则在规定社会的经济体系方面发挥作用。在第一个原则里，罗尔斯不仅赋予每个人以基本的自由权利，并且，人们在利用这些权利时也是平等的。他列了一个基本自由清单，包含政治自由、言论和集会自由、良心自由、思想自由、个人自由、拥有个人财产的权利②、依法不受逮捕和没收财产的自由，后来他在《政治自由主义》中将基本自由具体化为"思想自由和良心自由"，"政治自由和结社自由"，以及由个体的自由与完整所规定的那些自由，还有由"法律规则所包括的各种权利"。③ 人们的平等自由权不受其它政治价值的限制，它组成了第一个优先性规则；如果出现了对这个原则进行限制的情况，那么也只能是由这些自由之间的冲突或为使人们更好地运用自由引起的。差别原则认为，人们的财富和

---

① 罗尔斯：《正义论》，何怀宏等译，北京：中国社会科学出版社，第 237 页。

② 但根据罗尔斯的文本来看，"拥有个人财产的权利"是一项基本自由，但他认为"拥有某些财产（如生产资料）的权利"并不是基本的自由。由此看来，罗尔斯承认个人的财产的基本自由权，但是这些财产不包括生产资料。可以这样认为，罗尔斯承认私人在某些方面的财产拥有权，但他暂时搁置了与其正义原则适合的生产资料的所有制问题。

③ 参见罗尔斯：《政治自由主义》，万俊人译，南京：译林出版社，第 309 页。

收入应该尽可能接近；但现实社会的常态就是财富分配的不平等，那么，差别原则要求这种情况必须首先有利于每个人的利益。因此，把这两个正义原则结合起来考虑，我们可以看到，正义原则的真正含义就是希望平等分配社会的善，包括自由、机会、收入和财富，以及自尊等。[1] 当然，这是罗尔斯的理想社会，而社会善在社会成员之间分配常常是不平等的；因此，罗尔斯对这种情况施加了明确的限定，他指出，如果这些不平等合乎每个人的利益，那么我们就应该承认并容忍这种不平等。另外，由于第一原则对于第二个原则的优先性，对自由权的平等享用相对于社会经济利益的分配具有绝对的优先性和重要性：人们在经济方面的分配不能与自由做任何不符合第一原则的平衡和交换，也就是人们不能为了缩小经济方面的不平等差距而损害平等自由。

　　第三，正义原则蕴含的自由观。罗尔斯把自由描述为"这个或那个人（或一些人）自由地（或不自由地）免除这种或那种限制（或一组限制）而这样做（或不这样做）"。[2] 罗尔斯认为，对自由的界定尽管是理解自由的前提，但它只是理解自由的一个环节，它只是一种辅助手段；而重要的是如何解释自由。他区分了自由和自由的价值。因为当一个人由于贫穷、无知或缺乏必要的实现自由的手段时，那么，自由蕴含的力量无疑会大大降低；也就是说，自由的价值有高低之分，它跟个人条件有很大关系。当某些人具有权力

---

[1] 米勒也极为重视正义理论在这些社会善方面的分配，"我们能够肯定，对诸如收入和财富、工作和教育机会、医疗保健等等此类的资源的分配是任何（社会）正义理论所关心的重点"。（米勒：《社会正义原则》，南京：江苏人民出版社，第12页。）

[2] 罗尔斯：《正义论》，何怀宏等译，北京：中国社会科学出版社，第158页。

或财富时,就很可能相对容易地实现自由带来的好处,由此可知,自由的价值常常可以用自由给人或群体带来的好处来衡量。罗尔斯指出,正义原则中的自由对每个人来说应该是平等的,同样的自由应该蕴含相同的力量。当然,罗尔斯也看到了人们的能力、地位、身份和财富等因素影响他们的自由实现的程度和广度,因此,他限定了自由,并用正义的第一个原则不仅体现平等的基本自由,还保证对处于不利地位者在基本自由价值方面的补偿。"平等的基本自由"不仅包含人们可以平等地享有各种基本自由权利,还应该包含社会成员能够同等程度地利用基本自由并可以获得它带来的好处,尤其当处于不利地位的人利用同一种基本自由权意欲获取相同好处的情况下,为了使不占优势的群体都能够享受到"平等之基本自由",正义的社会安排应该"最大限度地扩大适合于这些最不利者的那些首要善"。也就是说,自由权不应该是某一个人或群体的特权,人不仅可以平等地利用基本自由权,还应该尽可能具有相同的能力实现基本自由的价值,并可以不受限制地享用基本自由给他带来的正当性善。① 因此,平等的基本自由原则不但保

----

① 密尔在《论自由》中给出了三个具有说服力的维护自由制度的理由,它们证明了一种相当程度的自由是追求合理价值的先决条件。但在罗尔斯看来,密尔并没有证明所有人的平等自由,"每当一个社会开始最大限度地追求总的内在价值或利益满足的净余额时,我们就很容易看到,在这种单一目标的名义下,对部分人的自由的否认受到了辩护。当平等的公民权的自由建立在目的论原则的基础上时,这些自由就是不可靠的。有关目的论原则的论证是建立在靠不住的计算上和有争议的、不确定的前提上的"。(罗尔斯:《正义论》,何怀宏等译,北京:中国社会科学出版社,第 165—166、197 页。)

证每个人平等的基本自由,还确保基本自由"公平价值"的实现。[①]它的实现在很大程度上能够确保公民具有影响政治结果的公平机会。在罗尔斯看来,这才是真正的平等的基本自由,它不仅仅是一种形式。因为,正义原则保证了基本自由的公平价值,它保证人人都能够平等地利用公共资源,以能公平地进入政治过程,并具有相对平等的政治影响力。

另外,应该注意的是,公平正义的第一个原则只保证基本自由的公平价值,也就是它只确保"对基本自由的平等分配"。罗尔斯指出,如果确保一种更广泛基本自由公平价值实现的话,这种想法要么是非理性的,要么会导致社会分裂。例如,在宗教组织提出信仰自由时,如果保证对信仰自由价值的平均分配时,不仅是不现实的,还肯定会在宗教国家造成社会动乱的局面;还有根据社会资源来调整公民的要求,现在看来也不是可取的选择。

第四,正义原则的平等理念。一般来说,保守自由主义者的理论体系以市场经济的自然竞争为前提,强调效率的合法性和"增长正义",它留给人的是"赤裸裸的利害关系"和"现金交易",它"把宗教虔诚、骑士热忱、小市民伤感这些神圣的情感发作,淹没在利己主义打算的冰火之中"。[②] 这种理论的初次分配隐含在"前途向人

[①] 然而,如何实现政治自由的公平价值,罗尔斯认为是一个非常复杂且困难的问题。另外,阿马蒂亚·森也在其作品中探讨了人们的能力与自由的实现、自由价值的关系,详见阿马蒂亚·森:《以自由看待发展》,北京:中国人民大学出版社,2002年;阿马蒂亚·森:《伦理学与经济学》,北京:商务印书馆,2000年;Amartya Sen, *The Idea of Justice*, The Belknap press of Harvard University, 2009.

[②] 转引自王岩:《政治哲学:理性反思与现实实践》,北京:世界知识出版社,第59页。

们的才能开放"中。罗尔斯认为,利伯维尔场(也称自由市场)不能保证平等或相近的社会条件,以及机会对于所有人的公平平等,并且,资源分配极易受自然和社会偶然因素的强烈影响;这种思想是不正义的,最明显之处在于它损害了人们创造幸福的机会和条件,并从而损害了每个人的生活;它也是不稳定的,因为人们在划分他们的分配时,在社会中的某一自然和偶然因素影响了这种分配的情况下,"那么经过思考,我们会发现也必然为另一种因素的影响所烦扰"。① 新自由主义者试图改变"效率"原则在社会中的至上地位,他们在不同程度上强调公平的正当性和分配正义;用"机会的公平平等原则"约束"前途对才能开放"的主张,以减少自由竞争的市场经济体制中社会偶然因素和自然运气对分配的影响。在罗尔斯看来,要突破形式上的机会平等,就必须通过政治和法律制度的结构来限定利伯维尔场的"累积效应","通过一种积极的结构,凭借制度、规则和规范维持自身"②,以确保公平平等的机会所要求的社会条件。这也是公平正义的第二个正义原则之第一部分的观点,即"在机会公平平等的条件下职务和地位向所有人开放"。它意味着所有的职位、地位对任何人都在机会上有公平的基础,这让人们体验到在履行某些社会义务的过程中产生自我满足的价值感,这是一种重要形式的人类善。

然而,差别原则并不满足于此。在罗尔斯看来,即使这样,这一理论依然不能解决人的能力和天赋的自然分配所带来财富、收

---

① 罗尔斯:《正义论》,何怀宏等译,北京:中国社会科学出版社,第 58 页。

② Michael Walzer, "Liberalism and the Art of Separation", *Political Theory* 12:3 (August 1984), pp. 315 - 330.

入等方面的不公平,因为它是一种类似于"自然拍阄"的结果。只有考虑到这些情况的正义观念才是一种真正"贯彻了减少自然事件与社会环境中偶然因素的影响的观念",一个人或群体只能"以一种泽及他人福利的方式",才能从这些偶然因素中获取好处。[①]如果不能完全排除偶然的任意性因素的影响,正义、公平、平等就不可能实现。因此,罗尔斯在第二个正义原则上补充了第二部分"要最有利于那些最不利的社会成员"来限定在机会公平平等条件下"职务和地位"向所有人开放。罗尔斯把第二个正义原则的完整表述看作是机会的公平平等与差别原则的结合,并把这一原则所蕴含的平等倾向称为"民主的平等"。

"民主的平等"承认并允许社会中存在不平等。社会中不平等情形的存在应该首先满足机会真正地公平平等并向所有人开放这一条件,它体现了公平的理念;也就是说,一个正义社会的不平等情况的存在,应首先切实保证机会的公平平等和职位向所有人开放,并力图每个人的境况变得更好。相反,如果一种主张公平的正义原则意味着使每个人的境况都变差,那么它肯定就不会使大多数人乐于认可的公平观念,"毕竟,如果每个人都在主观上为着实现公平而积极努力,其最终结果反而是这种观念可能使所有希望以公平相待的人境况变得更糟",那么,"公平观念的有用性就很难令人理解了"。[②] 由此看来,罗尔斯的第二个正义原则不仅仅关注"最不利者"的利益,我们应该认识到,他对最不利者的关注应首先

---

① 罗尔斯:《正义论》,何怀宏等译,北京:中国社会科学出版社,第76页。
② 卡普洛、沙维尔:《公平与福利》,北京:法律出版社,2007年,序第3页。

满足使所有人的境况变得更好这一前提。但是,如果社会中一部分人的境况变得更好是以牺牲最不利者的境遇为代价的话,那么这是罗尔斯的正义原则所不能容忍的。在这种意义上,我们可以认为,罗尔斯确实重视最少受惠者的利益。也就是说,如果公平平等机会和社会职位在现实社会中不能向所有人开放,那么,它包含两层意思:第一是优势群体期望的增加必须使最少获益群体的期望得到较高程度的满足;第二是如果一部分人境遇变好肯定要牺牲另一部分人的利益,那么正义原则要求这种情况的存在只能有利于最少受惠者。

正义原则蕴含一种偏向于不利者的补偿原则。因为在罗尔斯看来,人们的出身和天赋才能在道德上不是应得的,也即对于不应得的不平等,正义原则应有所补偿,用平等拉回因偶然因素造成倾斜的天平。但我们应清楚地知道,补偿原则不是正义的唯一标准,它只是自明的与提高生活的平均水平和推进共同利益的原则谋求平衡的原则。不可否认,罗尔斯的正义原则确实达到了补偿原则要求的平等目的,使整个社会制度结构不单单以效率和英才统治为标准。尽管差别原则在现实社会中看起来更偏爱不利阶层,但是,这只是它对处于优先地位规则的补充,正义原则真正追求的是一种互利的观念。如果我们将一个社会看作是相互合作的共同体的话,处于不同地位的人就自然倾向于"努力避免使状况较好者对较差者福利的边际贡献是一负数"。① 只有这样,才能继续维持社会的合作与稳定。当然,正义原则并不反对有才能的人通过施展

---

① 罗尔斯:《正义论》,何怀宏等译,北京:中国社会科学出版社,第80页。

才华获得利益,更不会消除天赋的差别,它只是希望通过公共规范体系的安排关注最不幸者的利益;人们的天赋才能只是一种自然事实,它降临在哪个人的头上无所谓正义与否,牵涉到正义问题的是社会对这些自然事实如何安排和怎样调整。另外,减弱或消除(不论是否成功)人们的天赋和才能,从互惠的观念来看也是与不利者的利益相悖的。

由此可知,罗尔斯正义理论的基本核心是对平等的追求,不仅差别原则,还包括平等的基本自由原则和机会的公正原则都在追求平等。[1] 罗尔斯认为,天赋较高者的竞争应遵循"用过程证明结果正当"的原则,它应作为所有自由主义道德规范的核心。由于社会与正义观念的发展,罗尔斯所关注的已不仅仅是洛克和密尔规定的自由权利,这只是一种"起点的平等";人作为自由的公民应受到平等的尊重,并且,在设计政治制度时应该同等地受到照顾,不应该受到因天赋能力的差异而引起的不公正的影响。不仅如此,罗尔斯还把民主社会主义者重视的自由、平等、博爱的传统观念对应于两个正义原则:自由与第一个正义原则对应,平等则对应于与"公平机会的平等联系在一起的第一个原则的平等观念",博爱则与差别原则相对应。[2] 博爱本身不定义任何民主的权利,只是某些心灵态度和行为类型,含有公民友谊和社会团结的意思。差别原则是允许的各种要求的联合,从社会正义的角度来看,它"表达了博爱的基本意思",[3]它要求处境较好者愿意在一种促进不利

---

[1]　罗尔斯:《正义论》,何怀宏等译,北京:中国社会科学出版社,译者前言第20页。

[2]　罗尔斯:《正义论》,何怀宏等译,北京:中国社会科学出版社,第81页。

[3]　罗尔斯:《正义论》,何怀宏等译,北京:中国社会科学出版社,第81页。

者利益的结构中获益。

第五,正义原则是权利与义务的统一。两个正义原则的首要主题是社会基本结构,它规定了人们应该享有的平等和自由等权利。不仅如此,罗尔斯的正义思想作为一个完整的体系,还探讨了适用于个人的正义原则,这些原则主要规定人们应该履行的职责和义务。适用于个人的正义原则包含职责和自然义务两个部分:一是公平原则,它要求一个人履行他自愿接受的正义制度所要求的职责,①罗尔斯主要规定了公平和忠诚两种职责;二是自然的义务,主要包括坚持正义的制度和安排、相互援助和相互尊重的义务,以及不伤人、不损害无辜者的自然义务。自然义务是不容推卸的,任何人都必须遵守。罗尔斯认为,基本的自然义务是正义的义务,它要求人们认同并服从于正义的社会制度,并促使人们"推动还未建立的正义安排"的产生,每一个公民都应该在现存的正义的社会基本结构中履行自己应尽的一份自然义务,而"不管他是否自愿"。② 相对于对人的职责所要求的公平原则来说,正义的自然义务处于根本地位,它对公民具有普遍的约束力,不需要以人们是否自愿为前提条件。

罗尔斯关注人的权利意识和义务意识,重视人的主体精神和责任精神的发展。在当代社会中,少数精英已不可能独力支撑起现代政治的平稳运行,它离不开渗透着主体精神的公民的合法参与,这

---

① 罗尔斯列举了职责的三个典型特征:a 职责是人的一种自愿行为;b 制度确定了职责的内容,它指示人要做什么;c 职责明确安排了哪个人要做什么。参见罗尔斯:《正义论》,何怀宏等译,北京:中国社会科学出版社,第86—87页。

② 罗尔斯:《正义论》,何怀宏等译,北京:中国社会科学出版社,第88—89页。

一切都需要公民具有积极的权利意识,认识到他们在政治过程中能够发挥的作用和影响。与此相应,一个正常的社会状态还应培养公民对其共同体的责任感,培养他们的义务意识和大局观。罗尔斯的道义论正义观兼顾了二者,既关注人们的平等和自由权,重视他们的权利意识,又让人们认识到在一种正义的合作安排中应承担义务和职责。在罗尔斯看来,权利与义务是相互的、是对等的,"当一些人根据规范参加了一种互利的合作探索,就必须以产生对所有人的利益的方式限制他的自由,那些服从这些约束的人们就有权要求那些从他们的服从得利的人有一同样的服从"。[①] 一个人享有多少政治权力,就应该承担多少责任和义务;公民资格不仅体现为规定的权利,还表现为对共同体应尽的义务,以及所尽义务的程度。

二、社会基本结构:公平正义理论的核心主题

罗尔斯坚称正义是社会制度的首要美德,正如真理之于思想体系。他把正义的观念置于当代政治哲学议程的特殊位置,以至于超越了自由、法治、平等、权力、权利、义务、安全、民主诸如此类的重要政治价值观念。正如斯图亚特·翰普歇尔评价的那样:"罗尔斯在国际思想界的重大贡献在于他将正义的观念恢复到它适当的位置,即政治辩论的中心。"[②]他阐释的正义观念,尤其是分配正义,或者说关于经济、财产方面的正义,已经成为政治哲学上的当

---

① 罗尔斯:《正义论》,何怀宏等译,北京:中国社会科学出版社,第86页。
② 约翰·罗尔斯等:《政治自由主义:批评与辩护》,姚大志编译,广州:广东人民出版社,2003年,第155页。

务之急。罗尔斯公平正义理论的核心主题是社会基本结构。

体现社会基本结构的上述原则,必须满足一些普遍的限制条件,罗尔斯将这些限制条件称为正当观念的限制条件:法治、富有正义感的人组成的社会和存在于典型的正义环境中的社会。[①] 若用三段论考虑,此乃最大前提;然而,罗尔斯又论述说,此自由民主社会中的基本政治权利模式的缺点显而易见:这是一种形式的平等,它并不担保正义。在此种基本自由权利的"庇护"下,仍有数以百万计的人民饿死。在此大前提之下,他又考虑到社会中的不平等起因于天赋较高的人的公开竞争,而处于最低层次的人(与天赋较高的人相比)只能获取最少的利益,而至一种不公平的境地,这可以作为第二前提。因而,他论证得出正义原则的第二部分:差别原则,也就是罗尔斯一直致力于阐述、证明并苦苦追寻的正义第二原则中体现的重要价值:结果的平等。罗尔斯认为,天赋较高者的竞争应遵循"用过程证明结果正当"[②]的原则,它应作为所有自由主义道德规范的核心。由于社会与正义观念的发展,罗尔斯所关注已非仅仅基于人有权拥有洛克和穆勒式的自由权利,这只是"起点的平等";人之作为社会中的自由平等公民,则应平等地相互尊重,和在设计政治制度时被同等关注,且不受因天赋能力的差别所引起的一系列不公正的影响。

罗尔斯的正义原则立足社会,而"社会基本结构"正是公平正义理论对社会现实关切的直接体现,这也是其正义理论体系的核

---

① 乔德兰・库卡塔斯,菲利普・佩德特:《罗尔斯》,哈尔滨:黑龙江人民出版社,1999年,第24页。

② 约翰・罗尔斯:《正义论》,谢延光译,上海:上海译文出版社,1991年,第3—7页。

心主题。他指出,社会正义的首要主题就是社会基本结构,它是社会的主要制度(宪法和主要的经济和社会安排)在分配基本政治权利和义务中表现的方式,以及决定分配利益的方式。罗尔斯的正义观并不是普遍地适用所有社会基本结构,他把社会基本结构理解为同其它社会隔绝封闭的一种社会结构,并且它还是良序社会,以便考察调节该社会的正义原则。①

(一) 作为核心主题的社会基本结构

与《正义论》相比,罗尔斯对《政治自由主义》的调整,是一种基于社会中的正义观念发展出来的,"社会的基本结构之所以成为正义的主题,是因为这种结构的影响深远,而且从一开始就存在。"②但社会基本结构理论并非罗尔斯在正义理论中所涉及的唯一主题,"社会基本结构和基本制度框架的公平性、社会政治权力运作的合法性、社会多元化文化价值观念与现代公共理性的协调基础、以及个人权利或自由的优先保障与相互间的公平合理性,构成了它的基本主题系列"。③

由此可知,社会基本结构理论乃构成罗尔斯正义观所讨论的众多主题之一;然而,在《正义论》中,罗尔斯论述道,"正义的首要主题"是"社会的基本结构",这个社会是基于某一社会提出的,而

---

① 罗尔斯如此探讨正义理论的实质在于完全正义的社会(严格服从情况)情形是社会性质的基础,由此构建的理想正义理论可以为考察社会处于部分服从(partial compliance)情况时提供"唯一的基础"。

② 约翰·罗尔斯:《正义论》,谢延光译,上海:上海译文出版社,1991年,第7页。

③ 约翰·罗尔斯:《政治自由主义》,万俊人译,南京:译林出版社,2000年,第619页。

这个基本结构说得更准确些,"就是主要社会体制分配基本权利和义务以及确定社会合作所产生的利益分配的方式,是指政治构成和主要的经济和社会安排。这样说来,对思想自由和良心自由权的法律保护、竞争性市场、生产资料中的私有财产以及一夫一妻制家庭,都是社会体制方面的例子"。①

然而,在现实社会中,如何才能确保社会基本结构的正义呢？罗尔斯吸收近代西方政治经典中的契约理论,通过构建原初状态,让无知之幕下的人达成协议。社会基本结构正是通过诸原则而不是一些特殊实例而得以确立的。罗尔斯的分配正义原则适用于某一个社会基本结构之内,在此社会之中它才具有普遍的价值。"基本结构是一个封闭的社会结构,也就是说,我们将把它看作是自我包容的、与其他社会没有任何关系的社会。它的成员只能由生而入其中、由死而出其外。这就使我们可以把他们作为天生于斯、善终于斯的社会之一员来谈。这一封闭性社会是一种高度抽象,只是由于它使我们能够摆脱纷纭零散的枝节而集中关注于主要问题,这种抽象才具有其正当合理性。"②因此,社会基本结构在此种条件下的抽象,还未摆脱原初状态的影子。

以上是对社会基本结构及其初始特征的描述。然而,社会基本结构理论在罗尔斯正义论中的体现,还有一个重要方面:他认为,任何社会制度的道德基础都是正义,正义是社会制度的首要价

---

① 约翰·罗尔斯:《正义论》,谢延光译,上海:上海译文出版社,1991年,第7页。
② 约翰·罗尔斯:《政治自由主义》,万俊人译,南京:译林出版社,2000年,第12页。

值。一个社会公共政治体系的正义,本质上依赖于社会基本结构:
即依赖于如何分配基本的权利和义务,依赖于在社会的不同阶层
中存在着的经济机会和社会条件。

罗尔斯清醒地认识到政治哲学追求的不只是某种社会理想,
它还应与政治实践活动紧密相连。他对正义观念的论述,特别是
对社会中分配正义的关切,正是这一信念的直接体现。从政治哲
学到对社会现实关切的理论联系,罗尔斯用"社会基本结构"来沟
通二者。如果一个社会的基本结构是正义的,则这个社会就是正
义的。若社会首先为一个正义社会,则它的关于收入和财富的分
配不能受人的天赋能力或他出生的社会境况诸如此类偶然因素的
影响,它们不应该对个人的经济前景有任何影响。社会基本结构
作为一种社会和经济安排的主要分配方式,对社会的影响一开始
就已存在,并且影响颇深。

(二) 社会基本结构的理论特性

尽管罗尔斯在《正义论》中就确立了社会基本结构核心主题的
地位,但是他只是用一个非正式的部分对他的这个理论做了主要
的框架性介绍和说明,因而这个概念本身因《正义论》在其它方面
的广受评论而被人们忽略,它并没有成为人们关注的焦点。实际
上,就连罗尔斯自己也没有认识到对此"应该分析的重要性"。但
是,随着《正义论》受到左和右两方面的激烈攻击,罗尔斯在《政治
自由主义》一书中,开始关注社会基本结构理论。社会基本结构是
一种对塑造社会,乃至社会中的人都具有重大意义的协调方式,
"我们可以将基本结构理解为这样一种方式,主要的社会制度以此

种方式在一个系统中相互匹配,并分配着各种根本权利和义务,也塑造着通过社会合作而产生的各种利益划分"。①

罗尔斯通过用正义原则来调节社会基本结构,乃一个正确有效的选择。作为罗尔斯的拥护者,塞缪尔·弗里曼强调,罗尔斯所说的分配正义并不关心抽象意义上对善的分配,也不是一些哲学家认为的那样:关于分配正义原则是通过对不同分配模式属性的比较而确定的。恰恰相反,分配正义是对社会和政治的合作,以及由于这种合作所带来的分配正义的可能性和问题的响应。同样地,它本质强调社会和政治的价值支配基本社会制度,并且使物的生产、分配、交换以及消费成为可能。在这里讨论的制度包括财产和契约的合法系统以及它们的"政治产品"、政治决议以及由此决定的政治行为,分配正义原则为这些制度的设计和评估提供了一些标准。这些原则的任务就是为由于强烈的互惠观念而致力于复杂的合作体系的人们制定一个合作的公平条件。

塞缪尔·弗里曼深刻有效地对罗尔斯关于社会基本结构的主张做了评论。他认为,即使人们对社会基本结构的理解不认同、或存在理解上的偏离,但他们对此的关注仍然有助于回顾一些理论的内在动机,比如功利主义、直觉主义、目的论以及义务论,因为罗尔斯就是从对功利主义和修正功利主义的批评出发来论述他的观点的。② 功利主义者认为对个人行为、制度政策和制度安排的正

---

① 约翰·罗尔斯:《政治自由主义》,万俊人译,南京:译林出版社,2000 年,第 273 页。
② Samuel Scheffler, *Cosmopolitanism Justice & Institutions*, Daedalus, 2008, p. 137.

确评判标准就是平均（总体）效用（福利）的最大化，也即最大多数人的最大幸福原则。功利主义的最大多数人的最大幸福原则偏离了人们在传统生活当中形成的道德原则，因而备受指责，他们以简单又天真的功利主义形式，常常因使总体利益的最大化来牺牲个人利益。功利主义者认为，在一些具体的情景之下，牺牲一部分人的利益来换取一种更大更普遍的利益是可行的，因为这样能保护大多数人的利益。而修正的功利主义者（如密尔），则通过社会道德与个人利益这两种理由，相互加强来推动理论进程，并且由此产生人们的行为：

第一个是道德和利益的联系，他们认为，如果给定的一组价值和标准不能对人的利益起作用，尽管这些是人在长期的过程中形成的传统和常识，那也不必盲目且不加考虑地依赖这些标准。传统常常会在我们追求美好生活的价值当中而对其它价值熟视无睹，所以我们不必因循守旧，让这些已经无用的标准和价值指导我们的追求。

第二个是我们用一种系统的、整体方式把握道德问题的必要作用，不仅仅孤立地关注个人的行为，还应该意识到在社会体系中组织形成的以及那些与指导人类更广泛模式相关的行为。如今的人类命运彼此密切相关，他们通过参与社会、政治以及经济结构这种复杂的方式联系起来。在这种情况下，人们不能再依赖于对人的过往价值和原则的不同分类而运用于当今生活中。相反，作为个体人的行为应该受这样的标准支配及评价：用更广阔的视野和合理的价值标准。在社会政策的制订和执行中，我们应该考虑到如何平衡和估计不同人之间的利益，并且确定一些新的原则以指导在更广泛社会和政治制度下个体之日常生活。

修正功利主义对功利主义者最大多数人最大幸福原则的修正,有助于缓和其理论在社会与个人双方简单契合的矛盾。但这种修正在罗尔斯看来,远远不能解决问题,因为这是功利理论本身存在的缺陷。尽管如此,他们这种广阔的政治体系视野、简单的使社会结构利益最大化和福利观念的基础,仍然吸引了后来经济学家和社会公共政策制订者的关注。不管是修正的功利主义,还是功利主义本身,他们提供了理性、仁慈和系统化的关于制度政策制订的基础,而这个基础在当代是极其重要的,显然罗尔斯看到了功利主义理论在这方面是不可辩驳的。罗尔斯认为,如果要挑战功利主义的影响,我们不得不试着吸收他们的一些观点并从中寻求突破。

罗尔斯在功利主义者身上发现了社会基本结构理论特性的端倪,并进而在密尔那里寻求突破,他的立场总体上是倾向于修正功利主义者(如密尔)的。修正功利主义不但注意到对社会体系及其体系目标的重视,而且又迈出了一步:认为社会制度所需的标准原则不能像边沁那样的功利主义者认为的可以直接运用到个体之中,这表明了与占主导地位的传统道德哲学和政治哲学的分离,他主张支配社会机构的标准本质上不同于指导个人的标准;而功利主义者所持观点的一个显著特征就是坚持调配个体和公共机构的原则有且仅有一个,即最大幸福原则。

罗尔斯通过对功利主义者的讨论,认为他们威胁了作为民主社会基础的自由和平等的基本价值,并认为功利主义对功利的依赖误导了人们。他只赞成功利主义对公共机构的关注和功利主义的体系化目标,他在《正义论》的前言写道:"他的目标是提供一个系统化的正义理由,把它运用于社会的基本结构中。正义的首要主题即社会基本结构的主张,让社会制度的地位高于个体的行为……"①社会基本结构关于社会及其道德上的特性,正如评论者们认为的那样,罗尔斯对社会基本结构的关注标志着同传统正义哲学的分离,虽然分配正义是一个比较古老的术语,但是罗尔斯阐述的分配正义的真正含义被赋予了新的理论指向。它作为罗尔斯正义理论的核心主题具有重要意义。

首先,社会基本结构对塑造人们生活的前景意义深刻。每个人出生于不同的社会背景,其在社会中竞争的起点也是不同的,一些人肯定因处于优越的地位强于其他人。在罗尔斯看来,不平等的天赋能力不能成为不平等分配的理由,因为这些因素在很大程度上依赖于幸运的家庭,而对这些条件每个人是没有任何权利的。为此,他主张用差别原则来纠正这种不公正。按照这种原则,任何人的自然才能都应看成一种共同的资产,一种共享的利益。因此"那些先天有利的人,不论他们是谁,只能在改善那些不利者的状况的条件下从他们的幸运中得利。"②所以应该用正义的原则即"差别原则"来调节。

其次,社会基本结构塑造人们的愿望和特性。罗尔斯认为社会基本结构不可避免地塑造人的期望和个性,并且帮助他们决定

---

① Samuel Scheffler, *Cosmopolitanism Justice & Institutions*, Daedalus, 2008, p. 137.

② 徐大同:《现代西方政治思想》,北京:人民出版社,2003 年,第 160 页。

做什么和想做什么,因此不同社会制度的选择暗示了人类对善和道德的不同看法。他强调,社会基本结构就是让我们在一种平稳而又不经过经常性的思考如何去做,并且使问题得以顺利解决的一种社会安排。总的来看,这两个理由突出了社会基本结构在塑造人的期望、特性方面的作用。考虑到社会基本结构的这种作用,用正义原则来调节社会公共机构是至关重要的,任何对此原则的漠视意味着社会处于道德错位的紧急情况和社会与经济力量相互斗争的危险境地。

最后,社会基本结构确保社会运行及协议公平。只有在社会基本结构能保护社会运行并确保协议自由和公平的状况下,个体之间在自由和公平条件下达成的共识才可被认为有效。但有一种状况,若这些条件在偶然的境遇下获得,那些看起来独立(与社会基本结构并无关联)和公平的事务因累积效应的影响将会逐渐改变对资源和机会的公平分配,以至于破坏正义的背景条件(正义的环境)。背景正义是人们赖以存在和发展的社会条件,罗尔斯归纳为主观环境和客观环境,他说:"我经常要强调中等匮乏这个条件(属于客观环境)和互相漠不关心,或个人对彼此的利益不感兴趣这个条件(属于主观环境)。因此,可以概括地说,只要互相漠不关心的人们在中等匮乏的条件下对社会利益的分配提出了互相冲突的要求,正义的环境也就存在了。如果不存在这种环境,也就没有显示正义之美德的场合,正如不存在伤害生命和肢体的威胁,也就不存在显示体魄胆略的机会一样。"①

----

① 约翰·罗尔斯:《正义论》,谢延光译,上海:上海译文出版社,1991年,第141页。

当我们所处的世界被奸诈和谎言侵蚀的时候,我们总是愿意通过法律和政府来裁决,而非求助于个体,因为个体总是倾向于不公正地行动。但是,只有在正义的背景条件被侵蚀的时候,个体才倾向于公正行动:虽然如此,由于这些独立又分散事务的总体结果总是偏离或不指向正义背景条件,在这种情况下,一只"看不见的手"把事情拉向一个相反的方向,并且使社会因长期积累日益凸显出经济上的垄断特征,阻碍机会公平的实现。所以单个人不必维持正义的背景条件,而应当由社会基本结构完成这一任务。我们需要具体的制度和公共机构来保护背景正义,以及用一个专门的正义概念详细说明怎样建立这些制度体系。①

这个理由与前述的两点并不相同,前两个理由通过对社会基本结构的深刻影响个体生活的前景和它在塑造人们期望时扮演的重要作用而描述。对于这个理由,罗尔斯着重于社会基本结构在影响个体生活和在特定场合中用标准化了的原则进行调控隐含了一种不恰当;紧接着,在唤起人们对社会基本结构在背景正义的作用时,他做了补充,认为只有社会基本结构才能解决处于深层次中的道德问题。

(三)"最优"的社会基本结构形式

在对功利主义和保守自由主义的对比中,罗尔斯突出了他见识和方法的独特性,注意到需要具体(正义)的原则调节社会基本

---

① Samuel Scheffler, *Cosmopolitanism Justice & Institutions*, Daedalus, 2008, p. 137.

结构。功利论者承认社会制度的道德重要性,但是他们主张用同一个原则对社会制度和个人管理进行调控,即使这种方法偏离了个人道德的传统标准。保守自由主义者认为,社会和政治体系没有什么特别的道德地位,也没有认识到政治社会和其它组织、协会形式上的差别。所以,他们也是用同一个原则标准规范个体的正义,并把它适用于对社会安排的正义的评判。罗尔斯与他们形成了对比,主张现在的公共机构框架是复杂的,是一个不同寻常的主题,拥有一组不同于个体的能力,有鉴于此,需要一组正义原则对社会调节。与此同时,正义两原则也为社会基本结构具体规定了一种理想形式,而运作中的制度和程序应按照这种形式来控制和调整。

因而,最优的社会基本结构必有这样的效用,“一种正义观念必须具体指明政治行为的总体方向。对于背景正义来说,缺少这一理想形式,要想不断调整社会运行的过程以保存背景正义,就没有任何合理的基础,要消除现存的非正义也没有任何合理的基础。因此,理想的理论——它规定着一种完全正义的基本结构——乃是非理想理论的一种必要补充,没有这种理想的理论,要求改变的欲望就缺乏一种目标”。① 如此看来,伴随社会的发展,一些新的社会和政治形式也会出现,它们可能在未来的社会中扮演重要角色,并带来许多问题,组成道德主题的新类型,而新的社会形式同样需要道德标准的更新。同样,这些新的道德标准反过来

---

① 约翰·罗尔斯:《政治自由主义》,万俊人译,南京:译林出版社,2000 年,第 300—302 页。

也需要对新的社会形式的更改,甚至要求用一种更新的社会形式取代,所以改变的方向有两种情形:道德标准可能要求现存的制度和习惯的变化,但现存制度和习惯的相应变化也可能需要一种新的道德标准。

所以,在一个政治社会中,这就要求我们关心一些问题,询问成员的道德意义,我们的意识,及其责任衡量和它所要求的自我牺牲的界限。"正如我们已经看到的那样,即便是每一个人都按照这些规则所规定的那样公平地行动,许多各不相同的交易结果最终还是会削弱背景正义……。因此,即使是在秩序良好的社会里,基本结构的调整也总是必要的……。"[①]

罗尔斯的社会基本结构理论决定了他对分配正义的讨论是对社会和政治问题的响应,它从根本上强调了由社会和政治支配的基本社会制度。尽管功利主义者把正义的价值引向社会,并从社会整体上理解道德问题,但是他们忽视了社会与个体性质的差异,也没有认清二者不管在道德层次还是政治层面上的不同。而修正的功利主义者,对社会道德与个人利益做了界限上的说明,并认识到指导社会制度的原则不能直接运用于个体之中,这一点罗尔斯给予充分肯定;但是,不管功利主义者还是修正的功利主义者都过分依赖功利,在有关社会正义及其社会道德问题的讨论中,罗尔斯社会基本结构理论的这种特性超越了二者。

社会基本结构理论作为罗尔斯正义理论的核心主题,不但对

---

① 约翰·罗尔斯:《政治自由主义》,万俊人译,南京:译林出版社,2000 年,第 300—302 页。

社会有序运行和保持整体的公平具有重大意义，而且它更关心弱者和不幸者的生活，塑造了人们的生活前景，并在一定程度上影响了他们生活的期望和特性。罗尔斯的正义理论作为对弱者和不幸者的关切正体现于此。但是，不同政治学派，包括自由主义内部的一些哲学家都对这个饱受争议的原则提出不同看法。暂不论他在逻辑上存在什么缺陷，还是在政治原则的可行性上有问题，沿着罗尔斯社会基本结构的逻辑，对其建构于自由基础上的平等主义正义理论进行探讨，具有重要的理论意义。

三、基于公平正义的政治经济结构：产权民主体制

罗尔斯试图构建适合公平正义原则的政治经济结构和体制。在深入研究马克思相关经典的基础上，他认为，"产权民主"体制是体现其正义原则的社会政治体制安排；从某种意义上说，"产权民主"也是他对马克思针对资本主义政治经济体制批判的回应。然而，罗尔斯的理论不仅使"产权民主"无法真正实现公平正义原则倡导的核心价值，还给他的逻辑带来了难以弥合的裂缝。

社会政治经济体制应体现"公平的"深刻内涵，只有这样的正义观念才使社会处于合理的状态之中。公平正义是对社会和政治的合作，以及由这种合作所带来的分配正义的可能性和问题的响应。它通过强调正义原则所体现的政治经济价值来指导基本的社会政治体系，并且使物的生产、分配、交换和消费成为可能。也就是说，公平正义的核心主题是社会基本结构，着眼于

社会中的主要制度在基本的权利和义务,利益和负担方面的分配上。

　　罗尔斯的公平正义原则为人们"提供了一种在社会的基本制度中分配权利和义务的办法,确定了社会合作的利益和负担的适当分配"。[①] 它为这些制度的设计和评估提供了一些标准。公平正义观念是一种有关权利和义务、利益和负担的分配理想,"可欲的"公平的正义原则为人们的合作和自我价值的实现提供了基本条件和指导,它"是保证每个人获得创造幸福生活所需的物质条件和社会条件的必要措施"[②],是"可行的"政治制度的基础,也是罗尔斯构建政治制度的指南。[③]

(一)"可行的"政治制度

　　正义原则是政治制度的指南。它决定社会政治体系的正义,决定政治制度的原则和运行方式,"调节着对一种政治宪法和主要经济、社会体制的选择"。[④]

　　任何正义观念必须为政治制度预留重要的位置,对相应制度的选择是正义观念的核心;而可欲的正义原则是政治制度切实可行并体现正义安排的基础,它要求社会的基本制度应确保正义原则所体现的政治价值。我们不仅要把制度本身作为正义的体现,

---

① 罗尔斯:《正义论》,何怀宏等译,北京:中国社会科学出版社,第4页。
② 赵汀阳:《论可能生活》,北京:生活·读书·新知三联书店,第130页。
③ 罗尔斯指出,正义原则不但进一步调节所有契约,还"指定各种可行的社会合作和政府形式"。(罗尔斯:《正义论》,何怀宏等译,北京:中国社会科学出版社,第9页。)
④ 罗尔斯:《正义论》,何怀宏等译,北京:中国社会科学出版社,第6页。

还必须把不断接近正义的制度作为最基本的要求。因为在罗尔斯看来，一种正义观念所思考的社会稳定"并不意味着那个良序社会的制度与实践不变化"，它意味着无论制度怎样变迁和调整，仍然能保持正义并接近正义，因为"这些调整是着眼于新的社会环境而做出的。从正义中不可避免地产生的那些衍生物被这个体系内的力量在可接受的紧张程度范围内有效地纠正着或坚持着"。① 所以，一种制度无论怎样，如果把它们本身仅作为好的而不是作为实现正义或合宜社会的有效方式的话，那么，这个理论就存在难以克服的困难。② 另外，按照罗尔斯的看法，正义原则为社会基本结构规定了一种理想形式，社会制度及其过程正是按照这种形式进行调控的，既包括了对财产积累的调节，也有对自由和机会均等的社会条件的控制。

总体来说，社会基本结构的调控对于维持背景正义和调整社会中积累的不正义是必要的、也是唯一的，"一种不包含任何正义社会秩序的结构性原则的纯程序理论，在我们这个世界上将毫无用处，在这个世界上，政治的目标是消除非正义和引导社会朝一种公平的基本结构变化。一种正义观念必须具体指明政

---

① 罗尔斯：《正义论》，何怀宏等译，北京：中国社会科学出版社，第 362 页。
② Amartya Sen, *The Idea of Justice*, The Belknap press of Harvard University, 2009. p. 83. 不仅如此，森采用一种社会选择理论探讨政治制度，他的视野更为开阔，也更贴近社会，"在一种更宽的视野内，我们从来都不能简单地把正义的任务交给一种正当的社会制度和规则，不能停滞不前并从更进一步的社会估价中脱身；我们应该做的是，不断地询问事态将走向何方以及它们是否可以改良，这是人类在追求正义的过程中永远也不能避免的话题"。Amartya Sen, *The Idea of Justice*, The Belknap press of Harvard University, 2009. p. 86.

治行为的总体方向"。① 罗尔斯考察了与两个正义原则一致的基本政治制度、经济制度和相应的具体要求，以及运行方式。其中，罗尔斯把主要的政治制度概括为立宪民主制度，他把正义原则运用于制度上分成了四个阶段，这也是一个逐步揭去"无知之幕"的过程：

第一阶段是立宪会议。原初状态的成员在确定正义原则后，作为代表来到立宪会议。其中，第一个正义原则构成了立宪会议的主要标准，要求人的基本自由、良心自由和思想自由；确定政治结构的正义并选择正义宪法，为政府的立宪权利和公民的基本权利设计制度形式和要求，它的核心理念是"自由的优先"②。宪法的正义满足平等自由要求的正义程序，与其他可行的正义安排相比，它更能够安排有效的立法制度。第一个正义原则是作为参与

---

① 罗尔斯：《政治自由主义》，万俊人译，南京：译林出版社，第 302 页。

② 在《政治自由主义》中，罗尔斯概括了基本自由及其优先性的特征：a.它意味着相对于公共善理由和至善论的价值，基本自由处于优先地位。b.基本自由的各种要求有可能冲突，所以必须遵循一些制度规则使自由连贯一致；在实际过程中，自由优先指它只能因与其它一种自由或多种自由的冲突而受到限制，但不能因别的公共善或至善论价值受到限制或否定。另外，罗尔斯区分了受限和规导，他认为任何基本自由若要长期实现，必须要与社会环境和条件结合考虑进行规导，规导并没有侵犯它的优先地位。c.自由的优先是在"合理有利的条件"（reasonably favorable conditions）下的优先，当人们有某种政治意愿时，这些社会条件允许充分实践基本自由。根据上面论述，罗尔斯也总结了基本自由方案（the scheme of basic liberties）的几个特征：一、基本自由具有"中心应用范围"（central range of application），在宪法中对它的保护是充分发展和实践公民两种道德能力的条件。二、在合理有利的条件下，利用实际可行的制度化的自由方案，保护每一种基本自由的中心应用范围。三、该方案是在适合宪法安排的情形下做出的，罗尔斯认为，"民主制度的历史经验和对宪法设计原则的反思告诉我们，我们的确可以找到一种实际可行的自由图式"。（罗尔斯：《政治自由主义》，万俊人译，南京：译林出版社，第 316 页。）

原则被安排进宪法规定的政治程序中的,参与原则要求所有公民可以平等参与政治过程。① 在这个阶段,无知之幕的一部分被排除,他们了解社会理论原则、社会一般事实(包括自然环境、资源、社会经济发展和政治文化水平等);但他们还不知道具体个人的信息、自己的社会地位、他们的天赋和善观念。

第二个阶段是挑选最能产生正义结果的正义程序和有效的立法程序安排。此阶段,他们不了解包括他们自己在内的具体个人的情况,但掌握了人们可能具有的信念和利益的知识及其所处具体环境下合理使用政治策略的知识。

第三是立法阶段。从立法代表者的见解评价各种议案,法规不仅满足正义原则,还须满足宪法规定的各种规则和规范;人们对立法的判断常依据政治和经济学说或一般社会理论。这个阶段用到了差别原则,与前两个阶段相比,它也用到了第一原则以及更多具体信息;一般的经济和社会事实得到全面运用,"包含着那些有效和互惠的社会合作所必需的政治、经济和社会形态方面的差别

––––––––––

① 平等的参与原则在三个方面表现出了与平等自由的相关性:a 平等自由的意义。每个人的选举权意味着他们对选举结果有大致相同的分量。参与原则认为所有公民至少在形式上应有机会获得公职的平等机会和途径,有资格参加政党。b 政治自由的范围。平等政治自由范围的主要变化在于宪法规定的裁决程序,宪政制度的传统设置,如两院、权力分立、法院复审等都限制了参与原则的范围。不过这些限制适用于每个人,所采用的限制原则都倾向于平等地降临到各个阶层,从这方面来看的话它与平等的政治自由一致。c 政治自由的价值。宪法须确保参与、影响政治过程的公平机会。每当有较多的人允许根据其优势来影响或控制政治过程时,由参与原则保护的这些自由就失去了许多价值。为此,需要采取补偿性步骤确保公平的自由价值,如广泛分配财产和财富、政府提供经费支持政党选举等减小私人或利益集团对政治系统的影响力。参见罗尔斯:《正义论》,何怀宏等译,北京:中国社会科学出版社,第 170—178 页。

和等级"。①

最后是法律和规则的运用阶段,法官和行政人员把制定的规范运用于具体案例;每个人都全面接触所有事实,这是全面揭去无知之幕,任何限制都不存在的阶段。法治与自由紧密相连,法律体系是强制性的调整行为的公共性规则,它的特色在于广阔范围和调节其他团体的权力。法律是人们合法期望的基础,如果这些基础不可靠,那么人的自由领域也不可靠。与法治联系的正义准则保证了为自由提供可靠基础的法律秩序,也为组织起来的合作体系提供了有效手段。

罗尔斯的基本经济制度体现了第二个正义原则。当正义原则选择并运用到制度安排中以后,社会中在涉及经济方面的因法律、政策和决策所产生的积累效应就应在社会基本结构中得到恰当说明和解释,必要的时候可以进行干涉和调控。因为"一种正义观要求随着社会条件的改变,各种准则的恰当平衡正常地相应发生变化。对正义原则的始终一致的运用逐渐重塑了社会结构,以致市场力量也发生了变化,因而重新确立了这些准则的重要性。即使现存的平衡是正确的,它也绝不是神圣不可侵犯的"。② 所以,第二个正义原则应该指导社会基本结构因经济立法的"积累效应"做出正义的响应和改善。罗尔斯通过对政府机构的不同功能进行划分以保证"民主的平等",共有五类部门,即配置部门、稳定部门、转让部门、分配部门和交换部门。当然,这五个部门也满足第一个正

---

① 罗尔斯:《正义论》,何怀宏等译,北京:中国社会科学出版社,第 156 页。
② 罗尔斯:《正义论》,何怀宏等译,北京:中国社会科学出版社,第 241 页。

义原则,它们是两个正义原则成为一个融贯体系的体现,不仅重视公平、自由、平等,还兼顾效率原则。尽管正义原则,尤其是第二个正义原则在运用于制度方面得到了许多人的支持——"罗尔斯在行为差别的敏感性上给其理论的合理性存在以非常大的空间"①,但也正是这个原则给罗尔斯在正义制度"可行性"方面的探讨带来了诸多困难和非议。

(二)"产权民主"的提出:罗尔斯对马克思的回应

分配正义牵涉如何选择社会体系的问题,它在某种意义上是把社会和经济过程限制在政治和立法制度的范围内,背景制度保证安排的结果正义。立宪民主制是罗尔斯实现第一个正义原则而做出的基本制度安排。它包括公民平等的政治参与、良心自由、宽容和法治等基本政治规则,而经济制度安排主要体现了民主的平等理念。罗尔斯提出两种适合正义原则的社会体制方案:"指导我们保证公平价值的一种指导思想,似乎是在一财产私有的民主社会底下,让各种政治党派独立于广泛集中的私有经济和社会权力之外;或者是在一自由社会主义政体中,让各政治党派独立于政府控制和官僚权力之外。在这两种情况下,社会都必须至少担负组织和实施这一政治过程所需付出的大部分代价。"②

---

① Amartya Sen, *The Idea of Justice*, The Belknap Press of Harvard University, 2009, p. 78.

② 罗尔斯:《政治自由主义》,万俊人译,南京:译林出版社,第347页;罗尔斯:《作为公平的正义:正义新论》,上海:上海三联书店,第248页。

第一种是产权民主体制。罗尔斯把产权民主①体制作为"取代资本主义的一种选择"②。他在《正义论》的修订版序言中指出，产权民主与福利国家资本主义存在根本区别，它保留有效的市场经济，分散财富和资本的所有权；并且，这种所有权的分散不是"通过在每个时期结束时再分配收入给那些所得较少的人"，而是在一开始就"确保生产资料与人力资本（受过教育与训练的能力与技艺）的广泛所有权"，以达到"防止社会的一小部分人控制整个经济，并从而间接地控制政治生活"的目的，使人们在自由平等的基础上成为"完全的社会合作成员"。罗尔斯设想政府分为四个部门，这是部门的功能性划分，不代表是现实中政府机构的安排：配置部门，维持价格体系的竞争性，并防止形成畸形市场权力。通过适当的税收和补贴、更改所有权更正低效率情况。稳定部门，实现合理充分的就业，支持自由选择职业。转让部门确定最低受惠值；这个部门考虑公民的需要的权利，并比较其他人的需求情况，以确保福利水平。分配部门，通过税收和财产权的必要性调整维持分配份额的正义。征收遗产税和馈赠税，维持公平和机会的公平平等，鼓励财产广泛分散；通过税收体系使政府掌握社会资源，可以为公共利益提供必要的资金供给。罗尔斯认为一种按比例的支出税可能是最佳征税方案的一部分。"在实践中，我们经常必须在几种不正义的或不是最好的安排中进行选择；因此，我们就运用非理想理论去寻找最少或不正义的方案。有时，这个方案包括一个完

---

① 罗尔斯认为，产权民主与密尔提出的工人管理企业的相关观念完全兼容。
② 罗尔斯：《作为公平的正义：正义新论》，上海：上海三联书店，第 225 页。

全的正义制度会反对的措施和政策。可行的最佳安排可能包括对一些不完善部分的平衡，和对具有补偿作用的不正义的调整，在此意义上，两个错误加起来是一个正确。"①

以上各个部门的功能性划分目的在于建立一种民主政体，人们可以以非集中的形式拥有财产和土地。从理论上看，一个自由的社会主义政权也能满足两个正义原则，这是第二种，即自由的社会主义体制。罗尔斯对这个社会体制着墨不多。② 我们只需假设生产资料公共所有，在宪法指导下，民主地做出关于集体决策是这种经济体系的基础，虽然背景制度会采取不同运行方式，但正义论并不偏爱两种制度中某一个体系。

这两种方案主要是基于罗尔斯对马克思主义者批判的回应，他在《政治哲学史讲义》中表明了这点。③ 在罗尔斯看来，马克思对资本主义社会的批评应用于产权民主和自由社会主义社会体制的批判"不太友好"。他认为，这两种体制可以有效地避免市民社会成员的利己主义，以及一种仅仅是形式的政治权利和自由。所以，这两种社会体制都建立了基本的立宪民主，能够保证公平的机会平等、基本自由及其公平价值的实现，并能合理地调节社会和经

---

① 罗尔斯：《正义论》，何怀宏等译，北京：中国社会科学出版社，第 220 页。
② 罗尔斯在《政治哲学史讲义》的"马克思讲座"中认为，自由社会主义具有以下四个特征：一是宪政的民主体制，保证政治自由的公平价值；二是利伯维尔场，并用法律作为必要调节；三是"一套工人所有制的商业模式，或者（部分地）是通过持有股份而实现的公共所有制模式，并且，它通过选举或企业指定的管理者加以管理"。四是生产资料和自然资源所有权是"普遍的甚或是平均分配的"。参见罗尔斯：《政治哲学史讲义》，北京：中国社会科学出版社，第 335 页。
③ 详见罗尔斯：《政治哲学史讲义》，北京：中国社会科学出版社，第 333 页。

济上的不平等。

（三）"产权民主"体制批判

"产权民主"体制存在理论困难。根据罗尔斯的文本来看，"拥有个人财产的权利"是一项基本自由，但他认为"拥有某些财产（如生产资料）的权利"并不是基本的自由。罗尔斯承认个人财产是一种基本自由权，但是这些基本的财产权并不包括生产资料的所有权。也就是说，他把有关生产资料的所有权问题排除在基本自由权利之外，而做了简单化的处理，即生产资料的所有权问题与一个国家的"历史条件和社会条件"有关。罗尔斯承认私人在某些方面的财产拥有权，但他搁置了生产资料的所有制问题，并把生产资料的所有制情况看作国家的历史条件、民族环境、政治思想和政治实践传统，并避免对这个问题抱有任何"先入之见"。[①]

由此可知，罗尔斯"回避"了作为马克思主义经典作家判断社会体制依据的"生产资料的所有制问题"[②]。那么，罗尔斯为何把生产资料的所有权问题排除在基本自由权之外，之后又"搁置"了生产资料所有制问题，而仅仅把它作为一个国家的历史条件和政治传统呢？难道是罗尔斯没有认识到这一问题在马克思主义经典作家那里的重大作用吗？

---

① 参见罗尔斯：《作为公平的正义：正义新论》，上海：上海三联书店，第186、231页；罗尔斯：《正义论》，何怀宏等译，北京：中国社会科学出版社，第221页。

② 《马克思恩格斯全集》，第37卷，第443页。恩格斯在1890年8月21日致奥托·伯尼克的信中指出，社会主义社会制度"同现存制度的具有决定意义的差别当然在于，在实行全部生产资料公有制（先是单个国家实行）的基础上组织生产"。

　　并非如此。从罗尔斯的"马克思讲座"可以看出，罗尔斯深知这一问题在马克思思想中的重要地位。因为在《政治哲学史讲义》中，他提到研读了马克思的《论犹太人问题》、《德意志意识形态》、《资本论》（一、二、三卷）、《1844 年经济学哲学手稿》、《1857—1858年经济学手稿》和《哥达纲领批判》等著作，还提到资本主义社会制度是以生产资料的私人所有权为基础的看法；并且，在谈到市场体系中价格的配置功能和分配功能时，他把"私有制"这样的表述与"社会主义制度"放在了同等的地位进行研究。比如罗尔斯的如下表述："市场制度对私有制和社会主义制度这两者是相同的"、"在社会主义条件下生产资料和自然资源是公有的"等。这些地方足以表明罗尔斯知道生产资料所有制在马克思思想中的重要地位及其具有的"根本意义"①。

　　然而，罗尔斯并未直接探讨这一问题，更未做出正面响应。罗尔斯的"回避"有多种原因：第一、他认为马克思的这个观点并不重要；第二、他认为马克思的这个观点是错误的；第三、他承认马克思的这个观点给他提出了"难以克服的难题"②。

　　如果是第一种情况，罗尔斯需要给出不重要的理由（因为罗尔斯知道马克思的这个观点在其理论中的重要性），否则，就不能避免马克思的理论责难，或者可以说，罗尔斯并没有成功地响应马克思及其理论研究者的批判；如果是第二种情况，他也需要明确给出

---

① 马克思主义基本原理概论课题组：《马克思主义基本原理概论》，北京：高等教育出版社，第 155 页。

② 罗尔斯认为："马克思的思想规模庞大，并且，它给我们提出了许多难以克服的难题。"（罗尔斯：《政治哲学史讲义》，北京：中国社会科学出版社，第 332 页。）

错误理由,并论证自己理论的合理性和正确性;但罗尔斯没能提供理由,也没有正面响应。因此,笔者倾向于第三种可能,即马克思确实给罗尔斯的理论带来了"难以克服"的难题。这个难题的症结就是生产力与生产关系的关系问题,也是生产方式的性质问题。

那么,产权民主是如何达到的呢? 罗尔斯认为,它是(1)在"每个时期的开始"①确保生产资料与人力资本所有权的广泛分散;(2)在国家或社会的调控下,通过教育和训练提高人们的能力和技艺以获得诸如此类的人力资本。条件(2)只是达到产权民主社会体制的充分条件,只能保证人们具有实质性的公平平等机会;而达到产权民主的核心要素是确保生产资料的所有权广泛分散于人们身上,罗尔斯提供的途径是"每个时期的开始";那么,在当代资本社会条件下,以及在生产资料的所有权是集中而远非分散的情况下,罗尔斯是如何开创这个新"时期"的呢? 只有一种可能,那就是社会的激烈变革(reform),因为教育与训练难以达到生产资料所有权的分散。并且,罗尔斯在别处也谈到了"变革","自由放任的资本主义制度有着一些致命缺陷(笔者注:grave drawbacks);这些缺陷应当得到承认并通过一些根本性的途径加以改革(笔者注:reformed)"。②

由此可知,若要达到产权民主,无论以和平的方式还是以暴力的方式,罗尔斯就必须进行更深程度的社会变革。否则,产权民主就只能是一种幻象。另外,即便产权民主的社会体制形成,罗尔斯

① 罗尔斯:《正义论》,何怀宏等译,北京:中国社会科学出版社,修订版序言第 4 页。
② 罗尔斯:《政治哲学史讲义》,北京:中国社会科学出版社,第 336 页。

还面临一个困难,那就是上面提到的生产方式的性质问题。马克思在《哥达纲领批判》中谈到分配问题时指出,撇开生产方式及其固有的性质来探讨平等权和公平分配难以抓住分配的本质:

> 消费资料的任何一种分配,都不过是生产条件本身分配的结果。而生产条件的分配,则表现生产方式本身的性质。例如,资本主义生产方式的基础就在于:物质的生产条件以资本和地产的形式掌握在非劳动者的手中,而人民大众则只有人身的生产条件,即劳动力。既然生产的要素是这样分配的,那么自然而然地就要产生消费资料的现在这样的分配。如果物质的生产条件是劳动者自己的集体财产,那么同样要产生一种和现在不同的消费资料的分配。庸俗的社会主义仿效资产阶级经济学家(一部分民主派又仿效庸俗社会主义)把分配看成并解释成一种不依赖于生产方式的东西,从而把社会主义描写为主要是在分配问题上兜圈子。①

尽管罗尔斯提到了生产方式和生产资料的所有权,但他无视生产力的决定性作用,无视生产力与生产关系的适应问题。罗尔斯是在回避这个问题的前提下来考察"产权民主"体制的。在这种体制下,尽管国家能够有力有效地调控市场,但产权民主仍然是生产资料的私有制;因此,市场如何能够维持生产资料所有权的广泛分散就很成问题。因为,从长远来看,利伯维尔场(尽管国家调控)

---

① 《马克思恩格斯全集》(第二版、第19卷),第23页。

与产权民主是矛盾的：利伯维尔场的发展趋势必定是打破产权民主，破坏产权民主的社会体制；产权民主只是资本主义社会的一种变种形式，其生产资料私有制的实质没有改变。并且，当生产力发展到一定阶段以后，这种私有制的生产关系必然阻碍生产力。

由此可知，尽管产权民主希望达到正义的安排，并期望满足正义原则所倡导的公平以维持社会稳定，但利伯维尔场的趋势与产权民主并不契合。产权民主体制难以超越其自身蕴含的这个悖论。

至于自由的社会主义体制，罗尔斯没有过多探讨。在他看来，自由社会主义能引导人们以"最佳方式"①实现正义安排，但他在论述自由社会主义的特征时，一方面回避生产资料的所有制问题，一方面在牵涉到生产资料的所有权问题上表述得含糊不清。比如，在自由社会主义体制的第三个特征上，他一方面说"工人所有制"和"公共所有制"；而在第四个特征上，却采用了"生产资料和自然资源的普遍的财产权制度，甚或生产资料和自然资源平均分配的财产权制度"这样的表述。② 总之，它有两种情况：第一，这一社会体制不承认生产资料的公有制，那么，它与产权民主面临相同的困难；第二，承认生产资料的公有制。笔者认为，罗尔斯也更倾向于这一情况，因为他也有过如下说法，即"一个自由的社会主义政

---

① 罗尔斯：《政治哲学史讲义》，北京：中国社会科学出版社，第 336 页。

② 原文如下：(c)A scheme of worker-owned business，or，in part，also public-owned through stock shares，and managed by elected or firm-chosen managers. （d）A property system establishing a widespread and a more or less even distribution of the means of production and natural resources. （John Rawls, *Lectures on the History of Political Philosophy*, Harvard University Press, p. 323. ）

权也能满足两个正义原则。我们只需假设生产资料是公共所有，并且由比方说工人委员会或者工人委员会指派的代表管理公司"。① 那么，如此的话，自由社会主义体制就不具有产权民主蕴含的悖论。但是在这种体制下，其政治制度如何体现正义原则并实现正义安排，如何确保社会的合作与稳定将是一个不断试错的过程，其前景与产权民主相比可能比较乐观，但具体情形仍不明朗。

（四）明辨罗尔斯的思想价值

罗尔斯在建构适合公平正义原则的政治制度时，在面对马克思主义者的理论批评时，其内心是矛盾的：一方面，他希望借助马克思的理论实现真正的公平正义和公平价值，减轻资本主义社会的弊病和不正义，以达到维持社会秩序与稳定的目的；另一方面，他也清楚其理论存在"无法克服的难题"，难以正面回应马克思的理论责难，而只能对资本主义社会进行表面的"修修补补"，坐视资本主义社会顽症的恶化而束手无策。

当"产权民主"因自身蕴含的悖论无法在生产资料私有的产权民主体制中找到突破口的时候，作为资产阶级"卫道士"的罗尔斯在一定程度上却成了资本主义名副其实的"掘墓人"。

正义原则规定了社会基本结构如何满足人们的正当权益，并如何通过基本的政治经济体系来实现正义的安排的。如果把社会的基本政治制度给公民带来的利益和权利作为稳定政治秩序思想

---

① 罗尔斯：《正义论》，何怀宏等译，北京：中国社会科学出版社，第 220—221 页。

的一方面的话；那么，制度对社会成员义务和责任的要求则是另一重要方面。它在"稳定社会合作方面"发挥重要作用，同时，它也是正当正义观念的"主要部分"，"确定了我们与制度联系和人际之间相互负有责任的方式"①。这两个方面的要求是一致的，也是对等的；以权利和义务为中心的人们关系的合理状态不仅反映了公平，表明了公平正义观念的完整性，也表明了政治制度的完整性；只有二者的相互配合才构成真正的良序社会。按照公平正义思想提出的适合个人正义原则的要求，政治制度也相应地规定了人们的义务以及公职人员的职责。在宪政民主制度下，人们的义务、职责及其行为应符合宪法。他们不仅有按照正义制度的要求行为的职责和义务，还须忠诚于这一社会制度。在罗尔斯看来，这不仅是正义制度和社会合作的要求，也是理性平等的公民应该做到的：

　　理性的个人不是由普遍善本身所驱动的，而是由一种社会世界本身的欲望所驱动的，在这一社会世界里他们作为自由而平等的"公民"，可以与别人在所有能够接受的项目上进行合作。他们坚持认为，在这一世界内应该主张相互性，以使每一个人都能与别人一道得利。与之相对，当人们打算介入合作图式却又不愿意尊重、甚至不愿意提出任何具体规定公平合作项目的普遍原则或标准（一种必要的公共托词除外）时，他们在同一方面就是不理性的。在环境允许时，他们就会

──────────

① 罗尔斯：《正义论》，何怀宏等译，北京：中国社会科学出版社，第261页。

侵犯这些适合于他们利益的项目条款。①

符合正义观念的制度不仅成为国家安定的基石，体现国家的秩序、法治和政治权力，还规定了公民具体的政治行为方式。按照罗尔斯的理解，当人们"相信制度或社会实际是正义的或公平的（如同这些观念所具体规定的那样）时"，当"其他人有明确的意图去努力履行他们在正义的或公平的安排中所负的责任"时，那么，在人们之间就会很容易地产生信任和信心；并且，随着这种体系的长久维持，不仅人们之间的信任和信心，还有公民对政府以及其他公职人员的信任就会随之更加完善、更加稳固；"合作性安排的成功保持得愈长久，这种信任或信心便变得愈强烈愈完善"。②

罗尔斯的思想尽管连贯一致，但过于理想化，它只能是"非理想理论的必要补充"。森认为，罗尔斯的这一做法具有启迪意义，并在多种方式上给人们极大的鼓舞（inspiring），并认为这也是一项具有建设意义的工作。但是，对于如何把他的思想体系及其政治模式转化为能够指导我们生活世界的正义判断这点，罗尔斯并没有提供令人信服且具有现实可行性的理由和操作方式，"作为公平的正义"能发挥作用的地方还是他所设想的那个世界。"如果我们试图与所生活现实世界的非正义以及制度缺陷和行为的不充分角力的话，那么，我们也不得不思考应该在此时此地如何设计制

---

① 罗尔斯：《政治自由主义》，万俊人译，南京：译林出版社，第52页。
② 罗尔斯：《政治自由主义》，万俊人译，南京：译林出版社，第91页。

度——通过提高并加强现实人们的自由和福利——以推进正
义。"①在正义观念中,对人们的行为规范和规则的现实主义方式
的解读也是非常重要的;罗尔斯的意图是在正义社会中人们理性
行为的帮助下,达到一个完美的正义的社会安排,这确实有一定的
积极意义。"然而,不可否认的是,在'超越性'正义思想与现实正
义判断之间有一段相当长的距离,这段距离是罗尔斯思想方法的
最大问题,也是其理论的困难所在。"②

(五) 罗尔斯的良序社会观

良序社会是能发展其成员的善并由为大家所知的正义观调节
的社会,其主要规范体系满足正义原则的要求,并且成员也接受这
些原则。若他们有按照正义原则的要求来行动的强烈愿望,并且
社会也能长期维持下去的话,那么这个正义观就是稳定的。正义
观的稳定性指:"当制度(按照这个观念的规定)是正义的时,那对
参与着这些社会安排的人们就获得一种相应的正义感和尽到他们
自己的努力来维护这种制度的欲望。一个正义观念,假如它倾向于
产生的正义感较之另一个正义观念更强烈,更能制服破坏性倾向,
并且它所容许的制度产生更弱的做不正义的事的冲动和诱惑,它就
比后者具有更大的稳定性。一个观念的稳定性依赖于各种动机之
间的平衡:它培育的正义感和它鼓励的目标必须在正常情况下能胜

① Amartya Sen, *The Idea of Justice*, The Belknap Press of Harvard University, 2009, pp. 80 – 81.
② Amartya Sen, *The Idea of Justice*, The Belknap Press of Harvard University, 2009, p. 83.

过不正义的倾向。要估价一种正义观念（及它所规定的那个良序社会）的稳定性，人们就必须考察这些相反的倾向的相对力量。"①

毫无疑问，在罗尔斯看来，良序社会肯定是一个由让人认可的正义观念指导下的有序社会，也就是说，判断良序社会的重要标志就是这一正义观念的存在和事实上指导着它的基本结构。罗尔斯认为，应从社会基本结构和个人的道德行为方面规定来维持体系的平衡和稳定。稳定性意味着无论社会制度怎样变迁，它仍然能保持正义或接近正义状态。一个良序社会自身就是社会联合的一种形式。社会联合有两个特征：最终目的是能采用一个正义的制度，并把制度作为善看待；第二个特征是：一旦社会联合观念运用于社会基本结构，其主要制度，即正义的宪法和主要的法律安排也是善的。因为制度就是为了所有人的善而进行的安排，一旦所有人都按照正义原则行为，他们的个人的善和公共善也都随之实现。

良序社会反映了当代世界的某些普遍问题。政治哲学不仅是对历史事实的抽象，还有对当下进行深入思考的一面；它不仅具有超越所在社会的一面，更根植于所在的社会；它不是毫无根基的玄想，而是社会及其成员在历史进程中结下的果实。政治哲学是人类的政治哲学，也是时代的政治哲学，它与时代问题的相关程度表

---

① 罗尔斯：《正义论》，何怀宏等译，北京：中国社会科学出版社，第 359 页。罗尔斯以直觉的方式（直觉方式就是没有明确的结构性标准和优先性排序规则，只对对象的特性进行描述和总结）阐述了平衡与稳定性概念的含义：它们适用于体系，所以规定平衡状态，须明确体系的界限并表明体系的主要特征，有三点：区分体系内外部力量、确定体系的结构以及使其结构联系起来的运行法则。一种平衡是稳定的，意思就是由外力导致体系内产生出能恢复体系保持运转的力量，判断一种体系能在多大程度上保持稳定，取决于体系所遭受的外部力量与其内部因素产生的恢复力量的博弈。

明了其所蕴含的价值。每个时代都有需要解决的问题,它在某种意义上就成为了时代主题。它是各个领域的共同要求,是人民惶恐、迷惑和不安的来源;是"公开的、无畏的、左右一切个人的时代声音,问题就是时代的口号,它是表现自己状态的最实际的呼声"①;它还是"各国、各民族的普遍共识和人类的普遍追求,不仅在于它具有现实根据,……还在于它是一种未完成的过程"②。总之,时代问题既是整个世界的问题,也是某个国家的问题。罗尔斯用公平正义理论反映了当前许多国家存在的共同问题,这也是他引起广泛重视的原因之一。他看到了社会发展过程中因贫富差距过大而造成的一系列不正义现象,因此,罗尔斯提出公平正义原则,并以此为基础探讨以公平为核心理念的良序社会。

良序社会是罗尔斯对不正义现实与正义理想之间寻找出的"平衡点",因此,他把良序社会称为"现实的乌托邦"(realistic utopia)③。在罗尔斯看来,良序社会是现实的特殊性及其抽象的普遍性的最佳结合点;公平正义的政治哲学不仅考虑现实的可行性,同时,它还是对现实的抽象以及更高层次的提升,并以此为基础而进行的理想的理论建构。

但是,良序社会是一个西方化的社会,它致力于完善西方政治秩序。罗尔斯把政治哲学看作对"现实的乌托邦"的追寻,也就是

---

① 《马克思恩格斯全集》(第40卷),第289页。
② 田丰:《文化进步论:对全球化进程中的文化的哲学思考》,广州:广东高等教育出版社,第35页。
③ 《作为公平的正义:正义新论》和《政治哲学史讲义》把这一术语翻译为"现实主义的乌托邦",本文遵循《万民法》的译法。

对现实可行政治秩序和理想政治秩序之间界限的探索。"一旦政治哲学扩展到人们一般认为是实际政治可能性之限度的时候，它便是现实的乌托邦。"①它追问"在完全有利但又具有历史可能性的条件下，而这些条件为社会的法律和趋势所容许，一种正义的民主社会是什么样子？在民主文化中的正义环境正如我们所知道的那种情况下，这样一种社会试图实现的理想和原则是什么？"②它不仅考虑现实社会条件对政治秩序的约束和限制，还需基于这些条件设想理想的社会及其实现的原则，是这些现实条件和理想原则的结合。"这种方案是现实的——它能够存在，并且将会存在。我也说他是非常吸引人的乌托邦，因为它将合理性与正义，同能使公民意识到其根本利益的条件结合在一起。"③现实的乌托邦是一个充满希望和拥有未来的社会，它使人"相信社会世界的性质将准许合理正义的宪政民主社会作为人民社会的成员而存在。在这样的社会世界，自由人民与合宜人民间无论在国内或国外，都能够成就和平与正义"。现实的乌托邦书写了一个"可成就的社会世界"。④

从实质上说，良序社会是以典型的西方宪政民主社会的"特殊性"为背景的社会，它不具有普遍的社会特征。罗尔斯的思想深深地植根于西方社会，它反映的是西方问题，并采用西方的价值观念

① 罗尔斯：《万民法》，长春：吉林人民出版社，第 6 页。
② 罗尔斯：《作为公平的正义：正义新论》，上海：上海三联书店，第 8 页。
③ 罗尔斯：《万民法》，长春：吉林人民出版社，第 8 页。
④ 罗尔斯：《万民法》，长春：吉林人民出版社，第 6 页。正如刘莘教授说的，现实的乌托邦"不是妄图否定现代性的复古主义者在自己的想象中所追忆的乌托邦，也不是妄图颠覆现代性的后现代主义者在碎片式体验中所幻想的乌托邦"。刘莘：《现代性政治哲学的问题意识与中国语境》（上），《马克思主义与现实》，2010 年第 3 期。

进行理论论证。

罗尔斯以西方的价值观念为最高价值观念,忽视并排斥与其不相同的价值体系。他们不仅推行西方价值,把西方的政治模式说成是先进的需要模仿的模式,还"把西方文化神圣化、绝对化,否定边缘价值"①。并且,与西方中心论所具有的特殊性密切相关的

---

① 田丰:《文化进步论:对全球化进程中的文化的哲学思考》,广州:广东高等教育出版社,第 36 页。实际上,哈耶克的自发秩序和扩展秩序也具有这一明显特征。哈耶克坚信个人主义和市场秩序原则,对社会主义予以无情的批判。他将"秩序"区分为人造秩序和自发秩序,人造秩序是由某个人把每个要素放在一个确定位置并指挥其活动形成的秩序,自发秩序是各自行动的人在遵循某些自然规则时自发形成的秩序。在人造秩序中命令是主导,在自发秩序中规则是主导。20 世纪 80 年代,哈耶克又提出了扩展秩序。扩展秩序实际上就是由自由市场产生的、并且以自由市场为核心的自发秩序,这种秩序非人为设计,不仅能自发地进货,而且能不断地自发扩散。自发秩序是每个人在追求各自目的的过程中自动形成的,所以它是不同的个人实现其各自目的的一般条件,而这个条件本身是没有特定目的的。他认为,尽管社会中存在着诸如农场、工厂、公司、各种团体以及政府等人为的组织(秩序),但整个社会的秩序则不能是人为的。他认为,计划经济和所有人为设计秩序的企图,都是过分相信和崇拜理性从而滥用理性的结果。这种理性主义建构的秩序不仅必然是低效率的,而且必然会破坏个人的自由,毁灭人类的文明。他认为,要想真正明智地运用理性,就必须认识到理性的限度,"必须维护那个不受控制的、理性不及的领域"。在他看来,只有在这种每个人自由追求自身目的的自发秩序中,分散在每个人头脑中的知识才能够充分有效地利用起来,并从而促进人类知识和福利的增长。哈耶克对自发秩序的辩护,目的就是要捍卫个人自由。在他看来,人们之所以崇拜人造秩序,其主要目的之一就是要实现社会正义,而这是当今时代对个人自由的最严重威胁。哈耶克反对把自由和传统对立起来,相反,他把西方自由主义传统秩序视为社会存在的一个条件。他说:"一个自由社会之所以能够发挥其有助益的作用,在很大程度上也取决于自由发展起来的种种制度的存在。如果对于业已发展起来的各种制度没有真正的尊重,对于习惯、习俗以及'所有那些产生于悠久传统和习惯做法的保障自由的措施'缺乏真正的尊重,那么就很可能永远不会存在什么真正的对自由的信奉,也肯定不会有建设一自由社会的成功努力在……一个成功的自由社会,在很大程度上将永远是一个与传统紧密相连并受传统制约的社会。"

是,它还表现为一种机械的历史发展观,认为历史是"线性发展"[①]的过程,"把历史发展形式绝对化";其突出表现就是先进的西方国家,利用其综合优势,把它们的政治制度作为落后国家效仿的模式而加以推广;它"把东方的现代化引向'西方化',他们认为东方的发展道路,不仅要采取西方国家的现代化模式,而且还要全盘接受西方资产阶级的价值观和精神文化"。[②] 西方学者特别是美国学者就曾指出,"在全世界坚决有效地实现美国的价值——走美国式的生活道路"。

罗尔斯作为西方学者,其公平正义理论蕴含了深刻的具有特殊性的西方价值,并表现出强烈的西方中心色彩。基于当代世界拥有主导话语权的西方政治文化及其价值体系的考虑,包括罗尔斯在内的西方学者为何还要掩盖自己的特殊性和西方中心论的本质,而采用普遍主义的形式呢? 马克思主义经典作家揭示了一个事实,他的回答深刻并切中肯綮:

> 占统治地位的将是愈来愈抽象的思想,即愈来愈具有普遍性形式的思想。事情是这样的,每一个企图代替旧统治阶级的地位的新阶级,就是为了达到自己的目的而不得不把自

---

① 汤因比:《历史研究》(上册),上海:上海人民出版社,第46—50页。尽管作为"沉稳而深厚"的历史学家汤因比在政治领域方面表现出罕见的"草率和急躁",但他在论证不同的社会文明可以比较的过程中,涉及了对普世文明这一错误观念的看法,他认为,这个观念的无知和错误基于这些学者的三个错觉,即自我中心的错觉,东方停滞的错觉和历史的"进步是沿着一根直线发展的错觉"。

② 田丰:《文化进步论:对全球化进程中的文化的哲学思考》,广州:广东高等教育出版社,第54页。

己的利益说成是社会全体成员的共同利益,抽象地讲,就是赋予自己的思想以普遍性的形式,把它们描绘成唯一合理的、有普遍意义的思想。[1]

在《政治自由主义》中,罗尔斯否定了完备性正义观念,而论述了一种具有政治特征的正义观念。由于《正义论》的普遍主义形式难以跨越理性多元论事实,罗尔斯试图从西方社会生活和政治文化传统中发现能够容纳多种生活方式的政治制度和政治条件。他从西方的自由民主社会中抽绎出了相关的社会理念和公民理念,罗尔斯把它称为"政治社会学";在此基础上,他希望以公平正义原则为指导通过交叠共识、公共理性等理念来构建基本的制度框架。罗尔斯认为,他所提供的基本制度超越了资本主义社会和社会主义社会的界限,具有普遍的适应性。他指出,产权民主体制和自由的社会主义体制作为对资本主义社会和社会主义社会的对应,二者能够体现公平正义原则,也与他提供的制度框架一致。[2] 同样,交叠共识理念聚焦于政治的正义观念,它能够容纳不同的理性完备性学说,因此,它也与不同价值体系所支撑的各种生活方式相容。因为政治正义观念在人们目的上的中立避免了对不同生活方式和价值体系的指导和判断,在罗尔斯看来,它是人们在私人领域里的事情,并不是政治正义观念该管的事情;而政治正义观念只关

---

[1] 《马克思恩格斯全集》(第三卷),第 53—54 页。
[2] 本文在前面也探讨了这一问题,认为他提供的产权民主体制的需要付出罗尔斯不希望付出的代价,即资本主义社会的改弦更张;同时,自由的社会主义的前景也不甚明朗;总体上说,罗尔斯的制度框架及其提供的两种社会体制并不具有普遍的适应性。

心公民在公共领域的言行,当他们发生冲突时,可以通过体现公平正义原则的政治制度、法律和公共政策来调节。由此可知,政治正义观念缺少了《正义论》所具有的那种普遍主义形式;不过,政治正义观念的普遍主义形式集中在了政治领域内,罗尔斯希望在政治、法律等公共领域里造就一种具有普遍主义形式的观念和共识,从而给人们的目的、道德、伦理、宗教等领域留下足够的空间。他在范围上的限制并不代表公平正义理论普遍主义形式的不存在。

四、一个问题:罗尔斯的正义思想是发展还是倒退?

社会正义与稳定是政治哲学所要讨论与解决的重要价值问题的一部分,《政治自由主义》正是借助公平的社会合作体系观念来说明一种政治正义观念。"可以认为,《政治自由主义》是《正义论》的深入和发展。如果说《正义论》主要研究的是在公平的正义基础上如何建构了一个秩序良好的社会的话,那么,《政治自由主义》则是对于这个良好秩序社会的建构。"①不管从最基础的致思逻辑的方式上,还是在"从伦理的正义到政治正义观念的转变"的分析和论证中,本部分试图证明罗尔斯发展到《政治自由主义》所阐发的实用的政治正义观念,其在"范围的限定"上恰恰体现出这一转换是一种进步形式。

---

① 李小科、李蜀人:《正义女神的新传人——约翰·罗尔斯》,保定:河北大学出版社,2005 年,第 92 页。

（一）罗尔斯正义观的致思逻辑

哲学的基本方法就是反思的方法。黑格尔说："哲学可以定义为对于事物的思维着的考察。"[①]所谓"思维着的考察"有两个前提：逻辑思维能力和志趣于揭示研究对象之本质和规律，其意在阐明某一价值的性质、特性，并就提出的理论或原则做出论证的过程。在黑格尔看来，一个事物就是一个思想，或思想的表现形式；所以，反思就是"以思想本身为内容"，[②]而其所得的结果则是思想自觉表现为思想的形式，这样就把握住了事物，也形成了概念和思想；黑格尔的这种思想，暴露出他的唯心主义性质；若单从哲学方法论上的考虑来看，黑格尔对哲学基本方法的理解非常深刻，且富有创造性。

反思的平衡与罗尔斯在《政治自由主义》中提出的"良序社会理念"和"自由平等的公民理念"不同，反思的平衡之为罗尔斯阐述理论并以此论证的致思逻辑，就如黑格尔所论述的：它不但为构建理论与提出原则努力，同时还是内化于"他"大脑中的一种思维状态，这使得它具备了可以普遍应用的特征。"反思平衡"是罗尔斯在《正义论》和《政治自由主义》中，论证其正义理论的基本方法："说它是一种平衡，是因为我们的原则与判断终于一致起来了；说它是反思的，是因为我们知道我们的判断与哪些原则一致，知道这些原则所由产生的前提。这时，一切都是井井有条。"[③]库卡塔

---

① 罗予超：《政治哲学——对政治世界的反思》，长沙：湖南人民出版社，2003 年，第 23 页。

② 罗予超：《政治哲学——对政治世界的反思》，长沙：湖南人民出版社，2003 年，第 23 页。

③ 约翰·罗尔斯：《正义论》，谢延光译，上海：上海译文出版社，1991 年，第 22 页。

斯和佩德特认为："罗尔斯的基本方法是反思的平衡，而契约论和原初状态的设计仅仅是为提出原则而用作启发性的手段。"①笔者认为，这种观点比较切合罗尔斯的理论逻辑。

罗尔斯的"反思平衡"经过《正义论》发展到《政治自由主义》，已经从反思的程度与方式上分为两个层次：一、当个体进行思考判断时，不管从直觉上，还是诉诸道德作为支撑的情况，他总是倾向于将自己思考的各种层次的判断达成一致。如果原则与我们所认可的判断不一致，或者认为我们的判断是不合适的，那么就要修正我们的判断，或改变我们所要采取的原则。这种修正的明显特征，就是个人根据其慎思之判断的前提下做出的修正过程，它作为一个过程，个体受他人或他人的观念影响不大。罗尔斯把它称之为狭窄的反思平衡（narrow reflective equilibrium），罗尔斯指出，因个人往往有偏见，则这个过程的结果而获得的一致是不够的，也难以令他人信服。二、广泛的反思平衡（wide reflective equilibrium），所谓广泛，既表现出思考活动主体的多重广泛性，也表现出了他们所持各种观念，尤其是罗尔斯认为的完备性观念的"可交迭共识性"。它的特征是把自己所认同的正义判断与源自其他正义观念（这主要是从社会的哲学传统中寻找）的正义判断比较、权衡各种观念的力量与理由，以做最大限度的修改保持着一种正义判断的内在连贯性，而达至最终的慎思平衡。"在罗尔斯看来，哲学是苏格拉底式的，即通过反复询问，在不同原则与判断之

---

① 李风华：《政治共识是如何可能的：罗尔斯方法论述评》，《哲学门》，2004 年第 5 期。

间的反思来进行的。"①

由上可知,罗尔斯在《政治自由主义》中所极力推崇,并在其理论的致思逻辑上实践了的反思平衡,就是广泛的反思平衡;它是在政治建构意义上使用的,政治正义观念的产生,就是这种反思平衡的结果;在慎思判断中,使各方关系相互补充,并达到思维的严密,是黑格尔"思维着的考察"的进一步发展;它在《政治自由主义》中具有如下三个特点:

第一,反思平衡从判断原初状态与正义原则的反思平衡(狭窄的反思平衡),转换到了良序社会下的原则判断与自由平等公民提出的正义原则之间的反思平衡。它试图提供一种为大多数人所能接受的正义观念,而不是某种从特定的完备性学说所导引而出的正义观念。第二,从概念的反映来看,它极力做到在关于一般联系的研究和关于具体细节的研究之间保持一种互动关系,从而建构一个统一的实质性的理论体系。这种方法既不是一种纯粹的形式推理,也不是一种完全的直觉主义的表达,它试图追求理论的形式统一与对现实的广泛解释力的结合。第三,广泛的反思平衡带给了罗尔斯理论一个现实性问题,而这正是他理论视角转换的成功之处,也即从伦理的正义观转向政治正义观的成功所在,广泛的反思平衡须对应现实社会下的多元文化、价值及完备学说。

(二) 从伦理的正义到政治正义观念的转变

罗尔斯在《政治自由主义》中的致思逻辑——其研究方法的总

---

① 龚群:《罗尔斯政治哲学》,北京:商务印书馆,2006 年,第 78 页。

的哲学原则——就是这种"广泛的反思平衡",决定了他必定在基本视角上全方位地进行政治正义观念的理论研究。笔者认为,若要准确把握罗尔斯从伦理的正义到政治正义观念的转变,应从以下三个方面把握:

1. 转变的时代背景。1921 年 2 月 21 日,罗尔斯生于美国马里兰州的巴尔的摩市。他的父亲是一个宪法专家兼税务律师,母亲是活跃的女性主义者,但"据说母亲对罗尔斯的影响要远比父亲为大,例如在关注平等的问题上"。① 罗尔斯弟兄五个,他排行老二。大约在罗尔斯七八岁时,两个弟弟先后病逝,这件事对罗尔斯影响至深。因此,何怀宏教授推测,罗尔斯对弱者和先天不利者的同情与此不无联系,"他后来在《正义论》中所表达的对先天和后天不幸的弱者的关怀,可能也多少与此有关"。②

罗尔斯大学毕业后,正值第二次世界大战爆发。他自己也加入军队,并参与了太平洋对日战争,目睹了当时战事的惨烈;那个时代纳粹、日本的大屠杀以及原子弹在广岛、长崎的爆炸给他留下了极为深刻的烙印;后来大约是 1995 年,他发表了《广岛五十年》,对美国此种伤及无辜的行为进行了抨击,并真切悼念当时大量死亡的日本平民。托马斯·内格尔指出:"人类能够不断地被引向导致残忍和毁灭的巨大浩劫的事业,却仍然为它辩护这一事实——这一点可以从对纳粹种族大屠杀的审判中看出——是罗尔斯对人

---

① 何怀宏:《公平的正义:解读罗尔斯〈正义论〉》,济南:山东人民出版社,2002 年,第1 页。

② 何怀宏:《公平的正义:解读罗尔斯〈正义论〉》,济南:山东人民出版社,2002 年,第2 页。

类文明的处境进行思考的背景。"①

到了 20 世纪 50 年代，美国对朝鲜发动了战争，并且在国内掀起了"麦卡锡主义"等；60 年代美苏对峙情况愈演愈烈，在涉外方面有古巴导弹危机，并且又发动了对越南的战争；在国内黑人抗暴斗争和校园学生运动此起彼伏，贫富差距正逐步扩大的现象也成为令人瞩目的问题。

其中越南战争的爆发和美国的参战对于罗尔斯的影响尤其重要。他一开始就反对越南战争（但不主张罢课，他仍然坚持讲课，反对把政治引入课堂），并反复公开为自己的这一观点辩护。"1969 年春季，他开设了'战争问题'一课，参照越南战争讨论有关战争的各种各样传统与现实的观点。这场不义战争提出了许多问题：一方面由于财富的分配不均，金钱容易转化为对政治产生影响的趋向，这使得公平问题显得非常突出；另一方面，由战争而引发了良心拒绝，非暴力反抗。"②这一系列事件，使罗尔斯将政治哲学传统的自由、平等等问题放在了他研究的中心。

但是，促使罗尔斯正义理论从伦理的正义到政治正义观念转变的，不单是一系列历史事件所组成的复杂现实，以及他所处时代的启示，而且发生在 15 世纪后期的那场思想运动——宗教改革，在思想层面上来看，也是促使他转变的主要原因之一。

2. 转变的思想前提。一般意义上的自由主义（包括政治自由

---

① 李凤华：《政治共识是如何可能的：罗尔斯方法论述评》，《哲学门》，2004 年第 5 期。

② 托马斯·波吉：《作为公平的正义：正义新论》，上海：上海三联书店，2002 年，第491—494 页；李凤华：《政治共识是如何可能的：罗尔斯方法论述评》，《哲学门》，2004 年第 5 期。

主义)的历史起源是宗教改革,其间伴随着 16、17 世纪围绕着宗教宽容所展开的一系列的漫长争论(对良心自由和思想自由的现代理解正始于那个时期)。"宗教改革产生了巨大的后果,当一种像中世纪基督教这样的权威主义的、救赎主义的和扩张主义的宗教产生分裂时,就不可避免地意味着,在同一社会内部出现了与之颉颃的又一种权威性的和救赎主义的宗教。"①它使自公元 5 世纪到 15 世纪的宗教统一分崩离析,中世纪的那种宗教教义的权威性局面一去不复返了。并且它的分崩离析,对西方随后的几个世纪的宗教学说和政治思想都产生了深刻影响。它发展到现在,展现在我们面前的现代民主社会,"不仅具有一种完备性宗教学说、哲学学说和道德学说之多元化特征,而且具有一种互不兼容然而却又合乎理性的诸完备性学说之多元化特征"。②

罗尔斯在《政治自由主义》中正视了此种事实,他认为,理性多元论作为一种各种完备学说的多元论事实,既包括诸种宗教学说,也包括非宗教学说。"我们不把这种多元论视为灾难,而是视为持久的自由制度下人类理性活动的自然结果。"③关于政治自由主义与近代道德哲学的关系,如果说道德哲学深受这一时期宗教境况的影响,那么,它在宗教改革后这段时期的宗教境况内的发展,则是由 18 世纪的那些先进著作家们所推动的。由路德和加尔文引导的宗教改革,对于西方政治学说的多元文化特征乃是一个开始。这种在 16 世纪西方的人们的思维方式,经布丹、斯宾诺莎、霍布

---

① 约翰·罗尔斯:《政治自由主义》,万俊人译,南京:译林出版社,2000 年,第 11 页。
② 约翰·罗尔斯:《政治自由主义》,万俊人译,南京:译林出版社,2000 年,第 11 页。
③ 约翰·罗尔斯:《政治自由主义》,万俊人译,南京:译林出版社,2000 年,第 12 页。

斯、洛克、卢梭，直到边沁、密尔，已经成为历史文化的沉淀而固定下来。这些作家们"希望确立一个独立于教会之外的、适应于日常有理性和良心之个人的道德知识基础。这一基础确立后，他们便想开出整套概念和原则，并按照这些概念和原则去描绘道德生活的种种要求"。①

罗尔斯按照这些作家们的思维路径，希望建立一个独立于教会之外并为社会中个人的道德提供基础知识的哲学学说，他探讨的《正义论》正是这一思维方式的结晶。

3.《正义论》与社会多元事实的不协调。《正义论》的主要目的之一，在于冲破当时占主导地位的功利主义传统所建立的"最大多数人的最大幸福"原则的垄断地位，指出其哲学思考基础的不合时宜；在"破旧"的同时，提供了一个极有建设性的比人们所熟悉的主导性传统观念更令人满意的有关政治正义和社会正义的解释。为达到正义理论的上述意旨，该书仅限于一系列经典性问题：对正义观念的追述、讨论直觉主义、功利主义对权利、善和财产问题的表达。"但是，《正义论》却在很大程度上对公司、工厂的民主要求问题、以及国家（或按我更喜欢的说法，是民族）之间的正义问题弃而未谈；它仅仅是涉及了赏罚正义和环境保护或野生动物保护。"②此种"良序"社会是一个稳定的、在道德信念上同质的、对什么是"善生活"有广泛共识的社会。

但民主社会的政治文化包含着多种合乎理性的完备性宗教学

---

① 约翰·罗尔斯：《政治自由主义》，万俊人译，南京：译林出版社，2000年，第14页。
② 约翰·罗尔斯：《政治自由主义》，万俊人译，南京：译林出版社，2000年，第16—17页。

说、哲学学说和道德学说,这种蕴含于民主社会公共文化的多元事实仍将长期存在。"现代民主社会实际上是一个合理的价值多元的社会,有相当多的不可调和的宗教、哲学理论共存于民主制度的结构之中,自由民主制度本身也鼓励这种多元化,因而现在人们就面临了这样一种情况:必须把多元看作一种正常状态和持久条件,而不是例外和反常。"①罗尔斯在《正义论》中的理论前提就是一个道德上同质,人们对"善生活"达成广泛共识的良序社会。然而,我们看到"良序社会"与现实并不符合,正是罗尔斯对西方工业文明所带来问题的深刻反思,基于对《正义论》的发展,写出其生命中的第二部专著——《政治自由主义》。罗尔斯在此书中要解决的一个问题,即"在自由平等的公民(由对立但又合理的完备学说而造成深刻分化的自由而平等的公民——笔者注)之间,具体规定其社会合作之公平项目的最适当的正义观念是什么?"②围绕着这个问题,罗尔斯详细阐述了政治正义观念(political conception of justice)。

(三) 政治正义观念

政治的正义观念,也即政治自由主义的主要构成要素,是理性、自由平等的公民——在面对各种合乎理性的完备性哲学学说、道德学说以及宗教学说的事实下——抽绎出来的正义观念。

1. 罗尔斯实用的正义观念。在《政治自由主义》中,罗尔斯集

① 何怀宏:《公平的正义:解读罗尔斯〈正义论〉》,济南:山东人民出版社,2002 年,第236 页。
② 徐大同:《现代西方政治思想》,北京:人民出版社,2003 年,第161 页。

中于一个具有实用（practical）价值特征的政治正义观念进行阐述。[1] 对于持相互冲突并且矛盾着的宗教、哲学和道德观点的理性公民来说，确定一个宽容而民主的政治正义观念何以可能？因为理论的实用性，尽管现代民主社会具有多元分歧的特征，但罗尔斯认为政治正义观念可以为民主公共体系提供达成共识的基础。罗尔斯的理论从一个确定的政治传统出发，根据在民主社会中蕴含的政治文化中已经存在明显的基础理念来寻求其理论的实质。如果此种尝试颇有成效的话，所产生的这种正义理论（政治正义观念）主要有几个特征：它的理念以可广泛分享为基础，在宏观上具有在文化中可争论的特性，并脱胎于多元政治文化中所深含的理念。罗尔斯使用此种方法，为我们展示了两个新的理论方案，并且就这些理论方案，在学术界都引起了一些争论：

首先，这种方式要求对在《正义论》中关于政治的推理做出一些重大修正。在这里，政治推理应该以"临时确定点"的所考虑之判断为基础，并且通过自我检测与修正的过程作用于"所虑之判断"而达到最终更广泛的反思平衡；关于个体的公平平等和"所虑之判断"，它们以一种公平选择程序——原初状态理念——为基础；政治的正义原则就是——并且它在一种广泛的反思平衡中适合于我们所虑之判断——在原初状态中的目标选择。如果这些原则可以作为实用的正义观念，以及所形成体系可为我们接受的话，

---

[1] "In Political Liberalism, Rawls emphasizes the practical character and aims of his conception of justice." Alexander Kaufman, *Rawls's Practical Conception of Justice*, *Journal of Moral Philosophy*, 2006,3(1),第 23—43 页。

那么它们很自然地就会被认为是道德事实。

然而，在《政治自由主义》中，罗尔斯的政治正义观念并不承认这种普遍的道德事实，因此，这表面上看起来使罗尔斯从《正义论》的伦理正义的政治推理方法到政治正义观念的退却。事实上有很多评论者认为，罗尔斯的政治自由主义仅仅通过诉诸现实公民实时的观点来保证政治稳定，为保证这些公民接受交迭共识，因此他的理论只能做出必要让步；关于这一点正确与否，本文将在后面做出回答。

其次，罗尔斯主张从蕴含于民主社会中的政治文化而抽绎出的基本理念，它们如何区分？用什么构成对三大基本理念满意的论证？用这组理念来充分体现政治文化特征的方式合适吗？对以上问题合理回答，则首先必定按照罗尔斯对这三大基本理念特征的描述探讨；实际上，若我们仅仅满足于此，则可能因未准确把握这三个理念而做出错误判断；因为，这三个基本理念不仅是描述性的，它们还具有充当"标准"的特性，也就是说如果每个成员集中于他（她）的政治确信慎思时，他（她）应该可以在反思的平衡中对这组基本理念恰当判断。下面对罗尔斯基本理念的考察可以澄清两点：①一是罗尔斯的这组基本理念的基本特性；二是罗尔斯对于在《正义论》中的政治推理，政治正义观念保留和摒弃的程度。罗尔斯的这种对于政治慎思的阐述为表现民主政治文化的基本理念提供了一个合适的方法。

---

① Andrew Lister, "Public Reason and Moral Compromise", *Canadian Journal of Philosophy*, 2007(37).

1. 两个基本理念和一个核心组织化理念。万俊人先生认为：政治的正义观念是现代自由民主社会的理想表达，并认为它与"理想公民的理念"和"秩序良好的社会理念"一起构成了政治自由主义的"基本理念"系统。[①] 这样来看，万先生把政治的正义观念、理想公民的理念以及秩序良好的社会理念共称为政治自由主义的三大基本理念系统；但是笔者认为罗尔斯为了从公共政治文化中抽绎出正义观念，而组成的三大基本理念深含于民主文化之中：作为公平合作系统的社会理念、作为自由平等个人的公民理念和良序社会理念；也就是说，政治的正义观念作为他在"现代民主且具有多元分歧特征的社会"中建构起的实用的正义观念的总概括，并不包含在三大基本理念之中："政治的正义观念之第三个特征是，它的内容是借某些基本理念得到表达的，这些基本理念被看作是包含在民主社会的公共政治文化之中的。……公平合作系统的社会理念看作是它的基本理念。……一个与之相伴的基本理念是作为自由平等个人的公民理念，另一个是由政治的正义观念有效规导的秩序良好的社会理念。"[②] 由此可知，替而代之的则是作为公平合作系统的社会理念，也即"核心的组织化理念"。

作为罗尔斯发展到《政治自由主义》阶段的总概括，可知在这些观念之中，政治正义观是首要的观念，其次才是三个基本理念。为清楚了解政治正义观念，以及罗尔斯赋予这组基本理念以何种

[①] 约翰·罗尔斯等：《政治自由主义：批评与辩护》，姚大志编译，广州：广东人民出版社，2003年，第8页。

[②] 约翰·罗尔斯：《政治自由主义》，万俊人译，南京：译林出版社，2000年，第14—15页。

特性,有必要对三个基本理念做一番考察:

作为公平合作系统的社会理念世代相传、并隐含于自由民主社会的公共文化之中:社会合作有三个要素,第一公共所认可的程序和规则引导,第二它是公平的状况之下进行的合作,以及第三它要求参与者必须合理得利或善;在自由平等个人的公民理念中:第一,一个人因具备两种道德人格能力,即正义感和善观念能力而成为自由平等的个人;第二,在此之下,公民相互认为他们具备这种道德能力方面是自由的和有资格提出发展他们善观念的要求,并对目的负责的上述三种自由;在秩序良好的社会理念下,公民具有正义感,每个人接受相同的正义原则,并且它规定的社会基本结构须满足这些原则。

"作为公平的正义通过一组基本理念形成的共识和政治文化价值提供了一个详尽、广泛的政治协议基础。批评者认为,这种政治的正义观念只能诉诸现实公民所持的实时观念保证公共体系的稳定。"①罗尔斯的这组基本理念"将被许多形成此种政治文化要素的个人和团体排斥","为美国设计宪法的人"不可能赞同此组理念。此外,多元社会的人们不会简单地分享这些政治确信,把一些特定的价值前提置于优先地位将掩饰传统中存在的"一些重要事实的合法分歧"。如果他们汇集并接受此组基本的政治理念,则他们也不会充分分享罗尔斯的这些特定理念。最后,他们认为,罗尔斯的政治建构主义并不是构建一个稳定政治正义理论的最好方

---

① Andrew Lister,"Public Reason and Moral Compromise",*Canadian Journal of Philosophy*,2007(37).

式;适合于此任务的方式并不支持罗尔斯关于基本理念的讨论。这些重要的评论假定罗尔斯的基本理念为：首先,它仅仅是在通过要求一个现实民主政治文化下的公民观点的情况下而设计的;另外它也仅仅是从现存的政治传统中抽象的。如果这些假定正确的话,那么他们关于罗尔斯在公共政治文化和多元的公共观念下形成的一组基本理念的不认同就是正当合理的。针对批评者的观点,罗尔斯认为：作为公平的正义(政治正义观念)之为一种正义观念是处于现代民主社会文化的公民在"广泛的反思平衡"中选择的结果,而非实时环境所虑之结果。他们的说法,谁更具有说服力呢？笔者认为,要准确把握罗尔斯的意图,则应该按照罗尔斯的文本和语境客观、详实地分析;再结合批评者对此观点的论证进行判断,然后得出结论。

2. 基本理念和理性。罗尔斯反对那种认为政治理论一定要从社会成员的实时观念中构建的观点,仅仅寄希望于已存社会中的各种完备学说而形成的政治观念是一种"政治的错误方式"。事实上,他提供了确定不同理论能够为人们所接受的"标准"理由："若政治正义观念能被人们接受,则必须与我们在反思的平衡中的考虑之确信一致。所以问题不是我们的观念是否符合当下的观点,而是它们是否完全清晰地在慎思后道出我们'所考虑的判断'。在这种反思的过程中,我们根据可选择的正义观念以及对这些观念讨论中检查所考虑的判断,进而修正、调整我们的确信。"[1]

---

① Andrew Lister, "Public Reason and Moral Compromise", *Canadian Journal of Philosophy*, 2007(37).

但是我们如何确定这些确信需要修正呢？罗尔斯指定了一个标准，即由理性支撑的判断在正当的反思条件下充分说服所有理性人，并且道德判断可以证明理性人同其他人一样遵守公平合作系统的社会。他针对这些政治确信制定的客观标准必须符合这种情况，即它们必须由理性支配并能充分说服和唤起理性人在他们实践理性力量时的责任。因此，这些讨论支持的观念不应该是处于某种具体境况的人所声称的，而是由相关并无立场的人之评论。由此可知，批评者认为的罗尔斯所述的政治正义观念——若能指导社会基本结构的话——只能以诉诸现实公民所持的实时观念的方式来确保公共体系的稳定。这种说法假定：它仅仅是在通过要求一个现实民主政治文化下的公民观点的情况下而设计的；另外它也仅仅是从现存的政治传统中抽象的。显然他们忽视了罗尔斯以上所做的讨论。特别是，政治慎思并不局限在诉诸公共观念和政治传统，而是这些考虑牵涉到关于在道德讨论中的"广泛的反思平衡"。

3. 对决策程序①的修改。在对罗尔斯理论的诸多批评中，还有一种批评称《政治自由主义》修改了罗尔斯在原初状态中反思的理由，根据这个观点，罗尔斯现在的讨论就要求原初状态的考虑者必须在新的发展阶段对决定是否作为"交迭共识"的基础重新评价。如果在原初状态中选出的正义原则不能支撑此种共识，它就必须调节至更恰当地契合于公民的实时观点。如果这个观点是正

---

① 决策程序(decision procedure)是罗尔斯逻辑分析的理性推理范式，区别于一般政治政策过程程序。

确的,那么政治理论需要诉诸公民的当下观点以摆脱第二阶段的慎思;否则就要考虑用两个阶段补充一个阶段的不足。哈贝马斯就是这种观点的支持者之一,他认为罗尔斯需要做出两个阶段的考虑。如果正义观不能作为交迭共识的基础,那么为保证稳定就必须要对这些原则进行修正。哈贝马斯认为,为了保证这种程序可以顺利实现,罗尔斯似乎需要在多元社会的条件下诉诸另一个阶段的考虑,因为罗尔斯暗示有此阶段。他认为,罗尔斯默认了"交迭共识"理论的可接受性检验与他的良序社会自我稳定一致;"罗尔斯在构建其理论(交迭共识)时假定,这样一种可接受性检验同他以往所确定的与秩序良好之社会自我稳定化的潜能有关的一致性检验相同。"[1]笔者认为,如果理性人在反思的平衡中选择的正义原则为交迭共识提供了必要基础,那么我们就可以接受它,反之则不接受,在此种情形之下,就需修改或替代这些原则。但这并不意味着罗尔斯的这个让步要考虑两个阶段,而对政治的正义原则修改。

事实上,罗尔斯也明确反对哈贝马斯的这种看法。罗尔斯认为,正是处于无知之幕后人们的完备性观念使得我们需求一种政治正义观念聚焦于交迭共识,而基本理念支持着各种完备性学说和正义原则之间的联系,正是这种联系保证了人们对政治正义观念的需求;因而在原初状态选择正义原则过程中,把人们的完备性学说是如何与政治的正义观念内容联系起来的,暂且搁置一边。

---

[1] 约翰·罗尔斯:《政治自由主义》,万俊人译,南京:译林出版社,2000年,第30页。

在《答哈贝马斯》①一文中,罗尔斯重申了所谓两个阶段的想法是一种误解,并对《政治自由主义》中预期的交迭共识和日常生活中政治达成的共识理念做了区分。对于后者,它是政治家在联合或制订政策中获得充足数字或数量的策略;而政治自由主义的交迭共识不期望也不需要契合于社会中的完备性学说。罗尔斯的政治正义观念服务于共识,不是因为适合于社会成员的完备性观点,而是避免所有这些完备的理性学说之冲突而带来的障碍;也就是说,通过在政治观念和肯定理性学说能够从整体上保护人们的观点的联系中,从而让每一个理性学说的持有者支持这种政治正义观念。

因此,罗尔斯进一步发展了他在《正义论》中的证明方法。在早期作品中,他认为为正义所讨论的理由从弱情形下的分享到契合我们在反思平衡中所虑之判断的结论都起作用;而《政治自由主义》是为以理性多元事实为基本特征的民主社会的设计,它的论证必须考虑此种多元事实。通过基本理念,政治正义观念可以被理性的人们在正当反思的条件下认可。强调罗尔斯的正当反思提供的协商论坛非常重要,而哈贝马斯忽视了罗尔斯的这一设计,因此,罗尔斯的政治慎思对一般事实谈论和协调信息的此种方式并不需要在原初状态中寻求两个阶段。

然而,罗尔斯的确在《政治自由主义》中区分了两个发展进程,因此一些批评者断定罗尔斯在原初状态中暗含了两个阶段。但是,罗尔斯所做的区分,是为了着重《政治自由主义》对第一部分和

---

① 约翰·罗尔斯等:《政治自由主义:批评与辩护》,姚大志编译,广州:广东人民出版社,2003年,第61—73页。

第二部分分工谋篇的需要。在第一部分,即他所呈现出的第一阶段,是为详细说明正义原则为道德学说、哲学学说和宗教学说而相互冲突的公民间进行稳定合作提供了基础。他认为,从三大基本理念中确定一组正义原则来规导社会基本结构,对于"分化的"公民来说,用此种方式确定是可能的;并且聚焦于各种完备学说的"交迭共识"发展了正义原则,这些原则能够为社会基本结构服务,这一点对第一阶段和第二阶段都很重要。

在第二部分,也就是罗尔斯区分的第二阶段,他详细阐述了具有源自第一部分所描述的良序社会特征的政治正义观念。罗尔斯认为理论的目标就是为详尽而广泛的一致提供依据,罗尔斯主张他的理论只能在此意义上——政治自由主义能得到调节着一个民主社会的理性的宗教学说、哲学学说和道德学说所产生的交迭共识支持——有效。罗尔斯的《政治自由主义》正是通过多元民主社会公民的正当反思,使政治正义观念与理性完备学说一致,从而来完成此重任。为捍卫这个主张,他考察了在一特殊情况下交迭共识实现的可能性:认为,在良序社会中具有各种理性完备观念的公民可以确认找出适合于他们观点的政治观念。罗尔斯是在有限范围内讨论的,而这点也非常重要。他认为非理想社会下的公民不是完全自主的,因此,当罗尔斯建构一个作为非理想社会交迭共识源泉的政治正义观念时,他并没有讨论此观念非得获得非理想社会中公民的支持;而只集中讨论了良序社会下具有充分自主性的公民,也即自律公民的交迭共识。因而,政治正义观念仅与多元民主社会公民的观点一致。

罗尔斯基于西方民主社会抽绎出的基本理念,为构建更具实用价值的政治正义观念奠定了道德和组织基础；同时，针对批评者关于这组基本理念以及交迭共识能否确保公共体系稳定的说法，本文认为罗尔斯做了成功回应的同时，也为我们展示了一个更具实用特征的政治正义观念。然而，政治正义观念对政治的理解是怎样的呢，以及它在何种程度上摆脱了道德的限制？

（四）政治正义观念的道德基础和政治理解

与《正义论》相比，罗尔斯《政治自由主义》的政治正义观念有一个重大转变，他对政治的理解与一些在政治领域内的说明契合；但政治正义观念并未摆脱作为基础地位的道德性限制。

1. 罗尔斯政治自由主义的主要目标就是达成一种政治正义观念，政治正义观念独立于完备性道德学说、哲学学说和宗教学说，但是它以这些完备学说的直觉理念为基础，并与民主社会的政治文化关联。罗尔斯不否定这些直觉理念，在于它源自更高层次上的哲学、道德和普遍事实。虽然如此，他仍然认为政治正义观念经过历史的长期演化，完全独立于这些"完备性根基"，[①]它们深刻地内化于一个民主社会的政治文化之中，以至于赋以理性人民在达成政治正义协议的要求中而公认为其理论的逻辑起点。

所以，政治正义观念并不是形而上或哲学地追寻人脑中固有的对真理（truth）之反映，而是通过他的一种"免除了立场的方式"的论证，在人类现实社会的关系中达成可行协议。政治正义的目

---

① Roberto Alejandro, "What is Political about Rawls's Political Liberalism?", *The Journal of Politics*, 1996(58).

的就是为避免一种更深层次的形而上学问题,此问题就是由现代社会之多元化带来的相互冲突的善观念(理性完备学说)引起的。罗尔斯的政治正义观念的初衷就是对现当代社会之多元特征且不可调和特性提供解决之道,但它并非人理性思考的结果(也即人之理性不支持政治正义观念),它是一种道德观念,是理性的宗教、道德以及哲学学说"交迭共识"的结果。政治正义观念通过作为社会成员的充分合作——其成员并认为这种社会永久存在——试图达成稳定的协议。政治正义观念在与一系列同正义兼容的人类善观念的比较中,保持政治上的中立,但笔者认为,它在道德意义上并不完全中立(将在本部分的 3 展开论述),因为它基于两种(基本)道德理念:作为合作系统的社会理念和作为自由平等个人的公民理念。

2. 在《政治自由主义》中,罗尔斯旨在阐明和探讨一种被称为解释并探究性的工作方案。他不主张无缘故(from nowhere 又译:无立场)的"发现"原则,而是从已经存在于民主社会中的政治文化,以及由社会中的人们所承认的一组理念的支持,此乃一种理论探究工作。正如他说的那样:"我们指望于社会中的公共体系和对此体系的传统性解释而形成的公共政治文化本身,并把它作为得到人们所认肯的基本理念和原则分享的基础。如果它提供塑造与此相关观点的合理方式,那么政治正义观念就足以完成这个目标。"[1]

---

[1] Roberto Alejandro, "What is Political about Rawls's Political Liberalism?", *The Journal of Politics*, 1996(58).

其中，对传统社会中人们所持价值观念进行整合的努力，正是罗尔斯的政治正义观念寻求解决问题的方法之一，这种努力可能导致在诉诸历史和文化时，而出现与他的期望相反的后果，也就是说，出现临时的、不稳定协议（政治正义观念）。罗尔斯也意识到了这种危险，但他的正义观在"反思的平衡"中避免了出现上述结果。所以，原初状态排除了人们使用天赋能力和以功过判断是非等自然因素。

作为政治的正义观念一被论述，它在走向公共领域的同时将被接受为理性道德学说、宗教学说和哲学学说之间"交迭共识"的结果。这里要注意的是，关于"交迭共识"，罗尔斯做了修正：在交迭共识中，他认为完备学说必须从公共讨论中废除；并且在"杜威演讲"时期，他又提出完备学说可以支配作为公民的个人，因而对公共领域和私人领域人们的身份特性做了区分。在公共领域，就罗尔斯对政治的理解来说，公民只能期望利用与完备学说毫不相干的政治价值观念，此种对于其理论的进展有所裨益，下面所作的分析，证明了罗尔斯的此种做法牺牲了其政治正义观念的现实可行性，因人的身份在理论上是多重的，但现实中并不易区分清楚。

3. 在《政治自由主义》中，我们可以根据罗尔斯的语境分出两种情形，来讨论他所阐述的道德特性：一种是现代民主社会的多元事实；另一种是社会团结、一致以及社会稳定。这两种情势因存在内在张力而相互牵制，但笔者认为罗尔斯更钟情于社会一致情况下对道德特性的理解。罗尔斯的政治思想致力于对社会和谐的建构，并且其理论动力之一就是弱化乃至消除现代社会的多元分化特征。

罗尔斯哲学中描述的这两种情势,若站在各自的角度来看待对方,则他们在私人领域和公共领域里将是彼此冲突的。[1] 在他的理论中,两种能力组成个体的道德特性,这也是公共领域与私人领域分野的基础:正义感的能力和形成、修正和合理追求善观念的道德能力。[2] 本文认为正义感能力意味着达成、产生关于正义的公共协议,而寻求善观念的能力则规定私人个体,体现着私人身份的特性。作为遵循善观念的私人方面,它基于理性完备学说之多元事实的那个领域,因而表现出高度的分化和不稳定;而公共领域是与人们或公民们的共识阶段联系着的,它是社会稳定、平衡和达成协议的必要基础。这两种领域的张力可以解释为什么罗尔斯用私人领域中的"多元事实(理性完备学说的多元事实——笔者注)"排斥公共领域内的完备学说。在他看来,完备学说不论是否充分或部分完备,都应归属于支配权威的私人性主观领域;而公共领域最重要的莫过于对"交迭共识"的寻求。

接着,罗尔斯区分了作为个体的"公共身份"特性和在私人领域的主观意识,也即纯粹的个人事务。他认为,他们的公共身份要求公民本身是自由的人民,且赋有认识到他们独立并不与某种具体的系统结果相区分的权利;而在私人方面,公民则可能认为他们的结果和期望"不同"。不同意味着原以为不能分离的义务可能分离,也就是说,在私人领域,公民不必认为他们独立于其最终结果,

---

[1] Roberto Alejandro, "What is Political about Rawls's Political Liberalism?", *The Journal of Politics*, 1996(58).

[2] 约翰·罗尔斯:《政治自由主义》,万俊人译,南京:译林出版社,2000 年:第 30 页。

而这些在公共领域则相反。因此,他导致私人领域内的义务、期望与公共领域内的法则自我分离,从而对完备学说的排斥意味着双重独立:个体从其最终结果中独立,以及个体从完备性学说内独立,但此种"独立"与他在公共领域内所做论述冲突。内含于民主社会中的多元理性完备学说可能会破坏罗尔斯的寻求达成共识的基础,即罗尔斯所说的私人与公共的区别:作为公共的自我独立于最终结果并且不负担各种完备性宗教学说、哲学学说和道德学说的义务;而作为私人领域的自我则相反,他们通过深植于内心的信仰(包括上述的完备学说)而认识自己。

罗尔斯从政治正义观念的慎思中排斥完备学说:在《正义论》之后的文章中,罗尔斯从原初状态到民主社会的公共领域都有重大转变。现在原初状态的各方被寻求"交选共识"的公民取代,但是在罗尔斯的政治概念中原初状态的影子更加明显,在这两种情形中,有一条线索详细说明了他的方案:对偶然特征的剔除保护着他追求的体系,这是他构造和谐社会努力的基础。在罗尔斯的观点中,善观念也是暂时性的,我们是此类善观念而非其它,与道德立场无关。在获取此种观念的过程中,我们因此被引向对原初状态中各方的性别和社会阶层状况的剔除。这解释了各方在对正义的慎思中以及当在公共领域中公民寻求政治正义观念的交选共识时为何排斥上述观念,这暗示罗尔斯给"政治的"一个尽可能大的自由空间。在他的政治理解中,罗尔斯的政治自我拥有独立的不在政治领域内使用的哲学和道德信条,它只在私人领域内起作用。因而,原初状态下的追求交选共识的公民们模仿处于无知之幕后的各方,减弱了"多元事实"的分歧;它从而呈现一个只在私人的个体领域内的"安全事实",这和原初状态下把各方的史实特性排除的方法一样。

罗尔斯的政治哲学方法经常通过这种慎思领域的作用,从而排除社会中的状态,其最终结果背离了罗尔斯的多元主义观念,使得公民或原初状态中的各方显示出同构型。各方实为一人,公民持同一观点谋求交迭共识。每个人的直觉理念一致,公民也是这些理念和确信的一致化身,在此种意义上他们的公民身份特性并非多元。

这在逻辑上的分析具有双重性质,罗尔斯的具有直觉性的公共身份结构契合于他所提供的理论范畴;并且他所做的讨论暗示着社会合作要求个体身份必须在私人和公共领域明显分野,对于此,人们是如何实现的,以及个体在什么情况下运用私人身份还是公共身份,对此如何判断? 罗尔斯只能在政治正义观念中用公民在公共领域的政治和私人领域的道德正义感做出区分,至于更深层的他并没有分析清楚。

他还经常引用宗教冲突证明他的主张的正当性,以及公平的正义在设法构建正义观念中把社会中最基本的不可消解之分歧作为人类生活的背景条件。但是,他此种方法的"不可消解的分歧"却在确定正义共识这一基本行为中被忽视了。在《政治自由主义》①中,罗尔斯认为完备学说仅仅在证明"宪法本质"时被摒弃了,罗尔斯提出政治自由主义的范式带有自我证明的性质。他的

---

① Roberto Alejandro, "What is Political about Rawls's Political Liberalism?", *The Journal of Politics*, 1996(58).

正义之保证社会团结和一致,是相对于一个前提而言的:即政治正义观念通过引证公民间已经公认的充分的正义观念来说明什么是正义体系,并且认为公民可以评价此种体系。由此可以看出,摆在我们面前的是一个圆圈,这个循环的推理过程是由公民的观念提供的,他们总是可以达成持久的共识,并因此保证了稳定和最终平衡。

　　4. 由上面的分析可知,罗尔斯理解的公共领域否认差异性,但我们仍然看到了政治自由主义是如何与完备学说的主张区分开的。罗尔斯区分了他主张的政治自由主义与自由主义式的完备学说:作为一种完备学说的自由主义将把善观念强加于公民,而政治正义观念不会。他通过举例讨论在自由共同体内生活的宗教教派(这些教派毋庸置疑会反对自由的某些价值)的责任区分了自由主义完备学说和政治自由主义的一个至关重要的差别。罗尔斯认为,国家不应把善观念强加于那些宗教团体的成员,而他们的孩子们则应该受到教育,教育他们成为能够充分合作的社会成员。也就是说,宗教成员虽然反对罗尔斯式的社会价值,但是他们仍然可以被期望接受正义原则成为充分合作的一员。

　　罗尔斯把康德和密尔的自由主义主张认定为完备性学说,并认为这些学说用来对评判他的政治自由主义并不适宜。他认为,完备学说是一般的且是完备的道德学说,在于它们诉诸更广泛的主题,以及包含了对整个人类生活价值观念的探讨和具有从整体上对人类道德价值特征探究的思想特性。"若一道德观念适用于一广泛的主题范围、并普遍地面向所有主题,则该道德观念便是普遍的;而当它包括各种有关人生价值、个人品格理想,以及友谊、家庭和联合体关系的理想,乃至包括其他更多的能指导我们行为并限制我们人生的理想时,则它就是完备的。"①既然上述特征就是罗尔斯区分完备性学说的标准,但问题是他如何把政治自由主义同这些标准区分开来的,或者,他以何种方式在构建他的政治正义观念中摒弃了上述标准? 笔者认为,他并没有给出令人信服的答案。罗尔斯的政治自由主义明显是另外一种完备学说,是在加上"政治的"标准之后而进行论证的,它依然包括了什么是人类生活价值的观念,以及从整体上引导和建构人们思想的道德特征。什么是人类生活之价值观念,对此罗尔斯的作为个体身份特性的人身上有明显答案:也就是对更高层次利益的正义性探寻,并构造一个理性化方案,以及对此修正的可能,最后就是对最终结果的多元性的占有意味着对善理解的能力。

这些特征就是一个完备道德学说的明显特征,从最弱方面考虑,也是罗尔斯对康德和密尔的自由主义学说所认为的那种意义上的完备性学说标准。同样不可怀疑的是,罗尔斯规导社会基本结构的正义原则同样暗含着从整体上引导个体美德的理想。

"一般来说,我们不能仅仅通过一种正义观在分配方面的作用来把握它,不管这种作用可能对辨识正义的概念是多么有用。我们必须考虑它的更为宽广的联系,因为,即使正义有某种优先性,是制度的最重要价值,下面这种说法也还是正确的:在其他条件相同的情况下,一种正义观比另一种正义观更可取是因为它更广

---

① 约翰·罗尔斯:《政治自由主义》,万俊人译,南京:译林出版社,2000年,第13页。

泛的结果更可取。"①

他认为遵循正义原则以及由此指导的社会基本结构体系下的人们，都有能力更好地展示他们的自然特性和实现他们的伟大抱负。这样的结果，把罗尔斯所划定的区分完备学说的标准更加模糊。事实上，政治正义观念本身也是道德观念，它基于道德来表达政治价值，包括社会观念和公民观念，以及正义原则和在人类特征和公共生活中表现着的那些原则。"说一观念（政治正义观念）是道德的，我的意思之一，是指该观念的内容是由某些理想、原则和标准所给定的，而这些规范明确表达了某些价值，在这一情形中，这些规范所表达的是政治价值。"②

从对完备性哲学学说的解说来看，他通过提出相反例子描摹他的作为公平的正义，然后通过一系列论证，把这些完备学说的要素再引进其政治思想之中。罗尔斯的政治正义观念本身包括了：社会和人民的理念、合作美德的观念，还有具体表现着人类特征和适用于社会基本结构的正义原则。因此，他的政治观念也包含了同样的因素，即在康德和密尔的哲学完备学说中固有的那些标准，它也诉诸对整个人类生活价值观念的探讨和具有从整体上对人类道德价值特征探究的思想特征。

的确，罗尔斯在对公共领域以及私人领域个体的道德个性的论述并不成功；还有罗尔斯极力区分的政治正义观念，并没有与完备性学说完全分离；尽管如此，罗尔斯的政治自由主义与康德和密

---

① 约翰·罗尔斯：《正义论》，谢延光译，上海：上海译文出版社，1991年，第4页。
② 约翰·罗尔斯：《政治自由主义》，万俊人译，南京：译林出版社，2000年，第11页。

尔的自由主义的差别还是很明显的。在罗尔斯树立的政治正义观的理解上,他不可能完全摆脱道德伦理因素,就这一点来说,罗尔斯本人也没有任何摆脱此类道德基础的意图;而是,在建基于道德基础的同时,为我们阐述了一个适合于多元民主社会下的具有深刻政治含义的正义观念。所以,罗尔斯的政治自由主义及提出的一系列基本理念和主要理念,不可避免地要接受是否完全摆脱道德的束缚,或摆脱程度的质疑。况且对于政治的正义观念本身是否一种完备学说,抑或独立的完备学说还没有定论。

(五)《政治自由主义》与《正义论》的连贯性

从正义论伦理学到正义论政治哲学的"转变",意味着罗尔斯本人对正义论伦理的"非现实主义"理论理想的自觉,并通过观念的转换落脚于一种现实的民主社会之具有独特韵味的政治思想层面。

罗尔斯认为,政治正义观念为社会基本结构提供了更好的证明理由,并且对自己的这种理论方案所做的贡献非常谦虚:如果我们能刻画出一个受过教育的人的正义感特征,就会有好的开始,完全不需要提供一个普遍化了的理论。[①] 罗尔斯承认他的理论结论没有体现出普遍性特征;并且他的理论致力于对人类道德能力的探测,如果最后证明人的正义观念是有所不同的,那么这么做的方式依然是头等重要的。因此,罗尔斯的工作仅仅是我们道德感

[①] Andrew Lister,"Public Reason and Moral Compromise",*Canadian Journal of Philosophy*,2007(37).

知的引导框架。如他作品阐述的一样，在《政治自由主义》中，罗尔斯把达成理性协议的目标置于优先地位：如果这种安排能从整体上澄清和规序我们的思想，并可以减少分歧，从而使那些不同的确信更加有序的话，那么这就是他的所有理论目标。而他的理论之所以没有停滞不前，一部分原因是由于通过对公民道德正义感的不断探求推动的。

随着罗尔斯对其理论主题理解的发展，他也突出选择了实践理性的不同方面，尽管如此，他理论上的期望还是始终如一的，集中于：对道德（基础地位）和政治的讨论；在政治推理中提供客观捍卫的理由；为达成理性协议确定基础。总之，"《正义论》和《政治自由主义》力求勾画出适合民主政体的较合乎理性的正义观念，并为最合乎理性的正义观念提出一种预选观念"。① 他在从"人们所虑之判断"中推进实用的慎思推论的同时，在《政治自由主义》中阐明了那些发自于政治传统和文化的判断并非决定性的；我们有能力，并且也是义务用慎思判断去修正或者摒弃任何不合适的文化观念。因此，对于理性多元事实的认可并没有把罗尔斯引向这种观点，即把政治正义观念设计成为达成共识而吸引公民的实时观点，而是这种正义观必须与人们在反思的平衡中所思之判断相称。

当罗尔斯在其理论的政治构建中为客观现实提供了带有捍卫式说明的时候，笔者的主要目的：显示罗尔斯正义理论的连贯性；理论视角的转换，并不意味着其正义理论退却。从本文来看，论证的过程大致可分为两个层次：

---

① 约翰·罗尔斯：《政治自由主义》，万俊人译，南京：译林出版社，2000年，第51页。

第一个层次，其理论的始终如一：始终把社会基本结构作为理论的核心主题；对所阐述正义二原则理论价值的一以贯之；作为新自由主义者，罗尔斯政治正义观念在实用性和更加注重公共领域正义的同时，始终没有摆脱其理论基础的道德性，甚至还成为其正义理论的主要推动之源。

第二个层次，罗尔斯的致思逻辑——反思的平衡，这种内化于"他"大脑中的一种思维状态，使它可以普遍应用于罗尔斯理论阐述的整个发展过程。并且，反思的平衡在罗尔斯的正义理论中始终处于基础且中心的地位：从广泛的反思平衡上讲，"最优"社会基本结构形式是这种论证方式的体现；从伦理的正义到政治的正义原则的发展，并不是简单的理论视角上的"突然"转换，反思的平衡给它以逻辑上的缓冲和合理性。

至此，本文大致勾勒出其理论发展的连贯和一致；虽然表面上看来，他的正义理论在论证范围上有所退缩，但这种从伦理的正义到政治正义观念的转变并不是罗尔斯的理论退却。就像"有"这个词表达的：它第一层揭示一种某人或者某物的属性，如"人有可思考的大脑"；第二层，物与人（或其它）的所属关系，如"张三家里有一辆车"。它仅表示这种属性和关系的存在形态。单就第二层所表达的含义来看，"只有"在这种关系的基础上限定了范围，它在理论上并不表现为逻辑的退却，而只是视角在"有"这种属性或关系基础上的进一步发展，"张三家里有一辆车，且只有一辆车"；范围的限定表达了所存在之关系的"紧缩"，罗尔斯从《正义论》到《政治自由主义》的转换正是这种发展形式的体现，因此可以说，罗尔斯的政治正义观念通过在政治理性中注重现实理由的阐述，捍卫并扩展了他的正义观之方案,而非倒退。"他自始至终所追求的理论目标,都是探讨如何为现代民主社会建立一种最基本最适宜的正义观念,……所以,从正义论伦理学中进一步开出正义论的自由主义政治哲学理论体系,恰好反映出罗尔斯理论探究不断扩展和系统的进步态势。"①

西方的正义观念发展到近代,尤其经过罗尔斯的因循,他接续了西方正义概念这一主导的发展路向,如何怀宏先生总结的那样,"可以说,构成近一百多年来西方社会正义论主题的,正是这一对矛盾——自由与平等的矛盾,即:是不惜牺牲人的个人自由权利以达到较大的社会经济平等,还是宁可让某种不平等现象存在也要全面捍卫每个人的自由权利"。② 罗尔斯作为新自由主义者,他的正义理论,不管是正义论还是在此基础上发展的政治正义理论,所强调的核心就是在社会基本结构的前提之下——在此种社会基本结构中的价值意义——对正义二原则的表述:自由内的平等。"作为现代自由主义左翼的代表人物,罗尔斯正义理论的差别原则要求社会与经济的不平等之安排应首先特别适合最弱势者对其最大利益的合理期待。"③

罗尔斯设想的这种理想社会中的公民都具有正义感的能力和对善观念判断的能力,"整个社会制度是由正义原则来安排并且以道德情感为其支柱的,物质生产方式在其中的作用是微乎其微。

---

① 约翰·罗尔斯:《政治自由主义》,万俊人译,南京:译林出版社,2000年,第623—627页。
② 陈德顺:《西方宪政民主的内在价值冲突》,《政治学研究》,2008(3)。
③ 陈德顺:《西方宪政民主的内在价值冲突》,《政治学研究》,2008(3)。

改变私人利益和集体利益相分离状态只须求助于人们的正义感就行了,没有必要也不可能进行革命性的制度变革"。[①] 作为西方自由主义的继承者,此种对社会正义的唯心表达,显然与马克思主义者的根本立场不同。然罗尔斯作为伦理学家和政治哲学家,他所表达的政治正义观念正视了西方社会现实,其理论逻辑和分析路径落脚于人道之上,所设想的理想正义社会是由道德情感联结的社会,是一个符合人道的社会。

自由主义从它一出现起,特别是罗尔斯《正义论》的发表,明显地表现为以价值性规范代替规范的价值,但是它的普遍主义面目并未改变。所以,伯林及其为代表的价值多元主义(伯林作为自由主义者表现为"竞争的自由主义")在空间上,以基础的、价值的层面上与自由主义遥相对应。约翰·格雷在《自由主义的两张面孔》中为自由主义贴了两个标签:理性共识自由主义和和平共处自由主义,进而把罗尔斯归为前者,伯林为后者,笔者认为此种做法过于轻率,其实二者的目的一致:都是寻求不同生活方式之融洽。也就是说,罗尔斯的理性共识自由主义最终指向和平共处自由主义。但二者表现出的差别,格雷以西方学者惯有的思维方式——合于其理论目的而衍生的主观色彩——并未分析清楚,其实质是对政治思想逻辑研究的偏好,而忽视了进行史(现实)的考察。

就社会基本结构理论来看,马克思主义者对此的看法也明显地较罗尔斯的看法更深刻、更全面。从蕴含内化于社会中的基础以及推动其不断发展的生产力和生产关系、经济基础出发,规定并

---

① 姚大志:《罗尔斯:来自马克思主义的批评》,《马克思主义与现实》,2009(3)。

反映了社会基本结构的性质和面貌：社会基本结构包括经济结构、政治结构和观念结构。[①] 经济结构居重要根本地位，主要指包括生产力和生产关系的生产方式，及反映经济关系的经济制度本身；政治结构属上层建筑，建立于经济结构之上，主要包括政治法律制度和政治组织；而观念结构，这显然与罗尔斯所描述社会基本结构相对接近，但也有明显不同：观念结构主要指以经济结构为基础，并反映一定社会经济和政治的社会意识形态，也即有关观念的上层建筑。这使得经济、政治和人们的观念都扎根于社会现实之中，从而避免了罗尔斯关于社会基本结构政治理论的形而上的理论局限。当然，罗尔斯的理论是针对政治行为主义因偏重于经验研究而轻视政治价值而批判和反思的结果。他唤起了政治学界对正义问题的思考，提醒人们正确认识政治价值的重要性。罗尔斯的理论视角完成了从自由深入到平等的逻辑转换，其理论在权利优先于善的理念下追求平等，从而关心"最不利者的利益"。作为西方有理想、有良知的政治哲学家，他的理论功绩不可磨灭。

---

① 本书编写组：《马克思主义基本原理概论》，北京：高等教育出版社，2007 年，第 100 页。

第七章　基于身份与认同的民族国家秩序

在涉及国家和民族的问题上,多民族国家政治秩序的维护常常通过公民身份和国家认同来实现;而多民族国家要在这种统一中维持国家安定与有序则需要对民族身份和民族认同认真对待。如果说民族身份与公民身份在概念上的分离是认识民族认同独特性的必要,那么民族身份和公民身份在事实上的同一为加强国家认同提供了可能。随着经济发展和区域交往的深化,基于公民身份认同的民族—国家秩序问题越来越受到关注。在涉及这个问题时,多民族国家维护和追求统一常常通过公民身份和国家认同来实现;而多民族国家要在这种统一中维持国家安定与社会和谐则需要认真对待民族身份和民族认同。

一、民族冲突与国家秩序: 民族与国家的内涵

作为历史范畴,民族(族群)的概念早于国家概念,因此,民族之间的冲突并不一定必然伴随着国家的秩序和统一问题。国家产生之前,此类冲突就已经存在了。古人的"非我族类,其心

必异"①就是在现代意义上的民族国家缺位状况下形成的有关民族(族群)冲突的认识。

没有国家的观念,只有族群跟族群的观念。自《马关条约》签订日本占领台湾后,开始对台湾的原住民奴化教育,同时,也对反抗日本的原住民残酷镇压。当时日本采取"以蕃制蕃"的政策,让已经归顺日本的原住民团体去消灭其他原住民团体,并让一些原住民加入日本的警察部队,帮助维持治安。同时,掠夺台湾地区的山林、渔业等资源,强迫原住民从事劳动,这严重挤占了他们的生活空间,双方矛盾激化。日本为了消除台湾原住民的抗日情绪,鼓励在当地的日本警察与台湾原住民通婚,这就是日本所谓的"和蕃"政策。但是日本人极不尊重台湾原住民,视他们为未经开化的"野蛮人",种种行为加剧了原住民对日本人的仇恨。因此,他们进行了抵抗和起义活动,其中发生了骇人听闻的"雾社事件"②。事件后,原住民说:"我们不是抗日。"这对于许多从出生之日就被灌输了"国家"观念的人来说,确实很难理解。他们明明在抗击日本,为何不自称"抗日"呢? 其实,"国家"只是人们头脑中构建出来的的想象的"共同体",这一认识在台湾原住民那里很晚才形成。对

---

① 《左传·成公四年》

② 1930 年 10 月 7 日,莫那·鲁道的儿子达拉奥举行婚礼,恰好一个日本警察经过这里,于是热情好客的达拉奥给这个日本警察倒了一碗酒。没想到日本警察居然傲慢地将酒打翻在地,愤怒的达拉奥将这个日本警察打倒在地,狠狠地揍了一顿。后来日本警察把达拉奥抓走了,莫那·鲁道连忙去给那个日本警察道歉,生怕会有无辜的人受到牵连,但是日本人说要将他们严办。莫那·鲁道觉得已经走投无路,回去后的他召集族人,决定举行武装起义,这就是"雾社事件"。2011 年,在台湾地区上映的电影《赛德克·巴莱》正是为了纪念此次事件。

于他们说,没有"日本",只有压迫他们的外来者,"日本人"跟其他人一样都是异族,"谁侵犯我们,我们就反抗"。就像电影《赛德克·巴莱》里说的,我们清楚知道自己族群的领地在哪里,你要是跨到我领域来的话,我们一定要锄草。日本殖民时代是对原住民伤害最强烈的,他们用暴力,用所谓的法律限制原住民的生活,剥夺我们的土地。"①由此可知,在国家产生之前的传统社会中,民族的冲突虽然早已存在,但并没有对发生冲突时的政治秩序构成威胁和破坏,现代民族国家面临的认同的分裂危机并不存在。因为,"传统社会相信,在族群之上,还存在着某种更高的、神圣的秩序,从政治的层面来说,帝国(或其他准帝国的政体形式)就是这种神圣秩序的具体化身。作为一个具有'差序格局'的大一统政治秩序,帝国本身容纳了许多异质性的亚层次或低层次认同,诸如血缘、宗族、地域、阶层、人种和族群等"。②

现代意义上的"国家"观念来自于16、17世纪的欧洲,其时正值欧洲神权秩序瓦解后新秩序将形成的动荡时期,也就是世俗权力与宗教权力不断争斗时期。正是基于构建新政治秩序的努力,以及为了填补宗教权力衰落后政治权力的真空,在政治思想领域,以马基雅维利、霍布斯、斯宾诺莎、洛克、布丹等为代表的思想家构建了"国家"。这些头脑中构建出来的观念,是为了在现实中运用,而英国的资产阶级革命、法国大革命为这些观念付诸政治实践提供了最早的可能性。总而言之,国家是人造的、世俗的,是人的权

---

① 《我们的观念里只有族群》,《南方周末》,2012-01-12。
② 吴增定:《现代民族国家的内在矛盾与族群认同》,《文化纵横》,2009年第6期。

利的体现,是人们订立契约协议的结果;国家是世俗的,而非神创的,更不是宗教势力所能驾驭的。当然,国家不但塑造了人,也容纳了宗教:人是理性的人,是具有一系列权利的公民,这是大写的人;人是王者,具有上高的地位,类似于神权统治时期的"上帝",而宗教则成为了私人领域有关个人信仰的、个人拯救的精神层面的事情了,毫无疑问,人有信仰不同宗教的自由,禁止任何形式的宗教歧视是"国家"赋予的新内涵。①

国家产生之后,就与民族概念发生了联系。民族极大地塑造了国家,"民族国家"(nation-state)成为了一个新概念,与国家联系起来的民族的内涵也变得复杂起来。如果说国家产生之前,民族(族群)还只是一个文化实体的话,那么,国家产生之后,民族的这一特性就搀杂了政治的因素了。那么,民族到底是一个什么实体呢?

从文化层面来看,这也是民族的最初含义,即民族是说着相同的语言,居住在同一片土地,因长时期聚居在一起拥有共同的生活方式、生活习惯,乃至于分享着共同的宗教、习俗的人群。② 这群

---

① "不过,这并不等于宗教冲突就完全消失了,而是仅仅意味着,旧的宗教冲突改头换面,以各种新的、世俗形式的社会冲突出现,譬如阶层、行业、地域、人种和族群等。在这其中,族群冲突的问题最具有代表性。"吴增定:《现代民族国家的内在矛盾与族群认同》,《文化纵横》,2009 年第 6 期。

② 这种思想的源头可追溯到 19 世纪晚期的德国,以及赫尔德(Herder)和费希特(Fichte,1762—1814)等人的著作。约翰·哥特弗雷德·赫尔德(Johann Gottfried Herder,1744—1803),德国诗人、评论家和哲学家。常被说成文化民族主义之"父"。赫尔德是一名教师和路德宗牧师,曾周游欧洲各地,1776 年定居魏玛,成为该大公国的牧师首领。尽管早年受到康德、卢梭和孟德斯鸠等思想家的影响,但日后他却成为知识界中启蒙运动的主要反对者,对德国浪漫主义运动的成长有着重要影响。赫尔德强调民族是以特有语言、文化和"精神"为特征的有机团体。这种观点推动了文化史学的形成,并由此产生了一种强调民族文化内在价值的特殊的民族主义。

人的这些共同因素,使他们能够凝聚在一起,也使他们与其他人群产生隔阂。

从政治层面来看,民族是基于上述共同因素生活在一起拥有共同的政治资格,享有共同权利的人群,这群人具有共同的公民身份,他们的这一身份是由国家确定的。政治层面上的民族是国家塑造下的民族,是具有政治属性的民族。它不强调共同的生活方式、生活习惯、宗教信仰和习俗因素,认为这是非本质的,它强调的是一群人共同的、平等的政治资格和公民身份。如本尼迪克特·安德森(Benedict Anderson,1983)将民族说成是人造之物,是"想象的共同体"(imagined community)。安德森指出,民族更多的是作为精神想象而非真实的共同体存在,后者需要一定层次面对面的互动以维系共有认同的观念。在民族内部,个人所曾谋面的人数,只占他所认定拥有同一民族认同人口的微不足道的一部分。若民族果真存在,它也是经教育、大众传媒以及政治社会化过程而给我们建构出来的想象之创造物。由此可知,国家赋予"民族"以新的政治属性,也赋予人以公民身份。

二、现实中的民族认同与国家认同

在现代社会里,我们面对的民族国家是一个由民族这一核心构成的文化和政治的复合共同体。民族国家是西方政治思想者为解决冲突(如宗教冲突、宗教权和世俗权冲突)构建出的观念,但它并没有消除这些冲突。尤其是西方的民族国家走向资本主义社会道路而向其他地区扩张的过程中,民族冲突、文化冲突反而愈加强烈。一方面,为了应对民族国家的侵略和挑战,包括中国在内的几乎所有传统文明都被迫接受了民族国家观念。"在这个转型的过程中,绝大多数的传统帝国都遭受了分裂和解体的命运,变成许多大大小小的'民族国家'。而这些所谓的'民族国家'本身又会重演传统帝国的命运,再次陷入无休止的族群冲突和战争,进而分裂成为更多的'民族国家'。"①另一方面,具有共同语言、宗教信仰、地域、生活习惯和生活方式的文明开始寻找他们彼此间的认同和凝聚力。"文化相似的民族和国家走到一起,文化不同的民族和国家则分道扬镳。似意识形态和超级大国关系确定的结盟让位于以文化和文明确定的结盟,重新划分的政治界线越来越与种族、宗教、文明等文化的界线趋于一致,文化共同体正在取代冷战阵营,文明间的断层线正在成为全球政治冲突的中心界线。"②

20 世纪 90 年代以前,在对待民族问题上南非实行民族隔离制度,不可否认,它作为一种民族歧视行为导致了族际间的剧烈冲突,并且它还造成了片面的、非常态的民族认同;而作为更高层次的对整个南非国家的认同感,在由这种制度而引起动乱的一系列情势下,几乎无从谈起,也就是说,这种非常态的民族认同阻碍了国家认同的形成。南非的民族隔离制度在 20 世纪 90 年代后废除,他们的领导人以及政府的政策一直试图塑造常态的民族认同和国家认同。越来越多的南非人也认为,不管来自哪个民族,南非是他们的共同家园。在世界杯主体育场"足球城",记者问项目负

---

① 吴增定:《现代民族国家的内在矛盾与族群认同》,《文化纵横》,2009 年第 6 期。
② 亨廷顿:《文明的冲突与世界秩序的重建》,周琪等译,北京:新华出版社,2010 年,第六章。

责人席德:"在建设球场的过程中有没有当地华人参与?"席德答道:"我无法回答你的问题,世界杯是南非人民的世界杯,各民族、各种肤色的南非人都参与了足球城的建设,他们都是南非人。"事实上,他们在这方面取得了一些成就,席德的一番话即是体现。由此可以看出,民族隔离制度的废除确实正在塑造对南非的国家认同。

　　但这是否意味着南非各民族非常态的民族认同感已经消失了呢? 最近发生的"革命歌曲"事件表明了答案是否定的。已经实现了民族平等的南非仍时不时喧嚣着民族的不和谐音。2010 年 4 月 3 日,南非右翼党派"布尔人抵抗运动"领袖特雷·布兰奇(布尔人)在家中遇害;特雷·布兰奇是农场主,也是"布尔人抵抗运动"领导人。20 世纪 90 年代初,他因组织一支白人武装企图阻止前总统德克勒克结束种族隔离制度被捕,但在特赦后未改变极端的种族主义立场。布兰奇遇害后,经警方调查,两名凶手是布兰奇的黑人雇员。"布尔人抵抗运动"总书记菲萨奇认为是非国大青年联盟领导人马莱马最近多次公开演唱"杀死那个布尔人"[①]煽动了黑人对布尔人的仇视并导致凶案发生。绝大多数南非人认为,马莱马至今仍在演唱这首歌曲很不适宜。民族对立就像一个火药桶,往往引起全国甚至跨国的连锁反应,一旦引燃,就像连环炸弹引起一系列的反应,不仅导致国家失序和动荡,最终演变成战争,导致现存国家走向崩解和毁灭。

---

① "杀死那个布尔人"是 20 世纪南非黑人在争取民族解放和种族平等运动中一首颇为流行的歌曲。南非种族隔离制度已经结束,而这首歌仍在流传,它早已失去了当初的进步意义。

与南非相比,加拿大所面对的民族认同与国家认同处境并不相同。虽然加拿大也面临对民族认同问题,但这个国家本来就有一定程度的国家认同基础。在处理民族对国家的利益不一致问题上,加拿大在其公民对国家认同的框架内,采取多元文化政策。在20世纪70年代和80年代,加拿大通过了《加拿大多元文化法案》和《双语框架内的多元文化政策实施宣言》,以多元文化政策为指导,联邦政府对魁北克的独特文化加以尊重和保护,使魁北克人希望保留独特社会地位的要求得以满足。同时,多元文化政策提高了其族群成员的平等意识和自尊心,从而培养了族群成员对其所在族群的认同感,在一定程度上消除了魁北克独立势力的群众基础,在另一方面也强化了他们对加拿大的认同感。

由此看出,与南非民族身份成员的国家认同相比,加拿大的多元文化策略在加强民族身份成员对其民族认同的同时,反而缓和了与国家认同的紧张关系。由此看来,民族认同和国家认同成为分析民族国家政治秩序、社会稳定的重要变量,不管是中国,还是其他西方世界,这些问题都是复杂的政治和社会问题。正如吴增定先生指出的:"现代社会的民族冲突和对立,在根本上体现了现代民族国家的'悖谬性':现代民族国家原本是为了消除现代社会包括族群冲突在内的所有社会冲突,但其结果却非但没有解决、反而大大地加剧了这些冲突,并且最终使它们变得无法解决。"①

因此,需要进一步探寻民族身份、民族认同与国家认同的关系。为什么有的国家能够较为成功地解决这些问题,而有的国家

---

① 吴增定:《现代民族国家的内在矛盾与族群认同》,《文化纵横》,2009年第6期。

造成越来越恶化的局面？如何看待它们的这种关系？它们之间究竟存在什么逻辑？在对此问题研究之前，应该首先着眼于更基本的问题：民族身份、民族认同与国家认同的概念是什么。

三、对应与联系：两组概念的特性辨析

"身份"在英文中与名词 identity 对应，"认同"的英文词是用动词词组 identify with 表达的；在国家认同和民族认同的概念里，应把"认同"作为名词看待，这样一来，身份和认同与 identity 在英文中有极为相近的表达，它暗含了自我与他人或群体的关系。实际上，认同和身份在中文意思里各有其侧重点，所谓"认同"是指一种归属感，它是人对文化、价值、他人或群体的承认，是自我与他人或其他对象联结为一体的心理层面的过程；而"身份"展示了人在对群体或共同体的归属中，自我在这个共同体或群体内表现出的区别于其它群体成员的不同属性。美国学者亨廷顿用"identity"表示身份的意思时，认为"身份"是"一个人或一个群体的自我认识，它是自我意识的产物（笔者注：同时又是自我与他人交往的产物）：我或我们有什么特别的素质而使得我不同于你，或我们不同于他们。"[1]由此可知，民族身份主要是针对具有某一民族成分的主体在归属于它时具有的独特的族群意识而形成的文化属性，如气质、思想方式、生活习惯、宗教信仰等，并且这与其它民族成员所

---

[1] 亨廷顿：《我们是谁？——美国国家特性面临的挑战》，北京：新华出版社，2005 年，第 20 页。

表现出的这种文化属性（如果不是完全不同的话）从总体上看有明显不同。就此可知，民族认同就是其成员对这个民族的承认，是归属这个民族的情感，这涉及归属感的状态、性质和表达方式等。公民身份则是在归属于"他的国"中表现出的国家意识，它主要表示"人的政治归属"[1]，而国家认同是公民对他属于国家的认可和承认。

　　一般来说，民族具有文化性和政治特性，但民族的政治特性应该放在更具明显政治共同体中研究。人类学学者把族群和民族做了严格的区分，作为政治学探讨，不需过多纠缠在二者的区分上。只需考察在语言、习俗、传统文化上有某种程度的相似和低程度的政治建构，就可以认为群体就是民族了。由此可知，这里所探讨的民族是构成国家多种民族成分的单元，而非西方的部分学者所说的国族（民族—国家）；可以这样理解民族，它首先必须具有自己文化、语言与习俗的相似性，这构成民族的必要条件，它与一定程度的政治建构或统治形式一道构成了民族的充要条件。民族的文化性是其首要特征，而民族的政治建构应该放到一个更广泛程度的政治共同体——如国家中理解。当然，在事实上对民族这两种看待方式的区分并不明显，但可以在理论探讨中区分二者，以降低理论探讨的模糊和复杂，并探讨居于民族内部这两种要素的张力。

　　对民族的文化性和政治性的分析可以归结到两个更基本概

---

① 常士訚：《超越多元文化主义——对加拿大多元文化主义政治思想的反思》，《世界民族》，2008年第4期。

念上：民族身份与公民身份。虽然民族身份与公民身份并不等于民族的文化性和政治性，但是通过对民族身份和公民身份的分析，勾连民族认同与国家认同，可以直接联结民族的文化性和政治性。也就是说，根据民族蕴含的政治性和文化特性，以民族身份和公民身份为基础，来探讨民族认同与国家认同的关系和它们的逻辑。

但是，近代西方国家的理论家大多把民族的文化性和政治特性看作同质的，进行理论探讨，并且在实践上伴随着对少数民族的压迫和排斥。在法国，国家和民族是作为法国革命的产物出现的，这种国族意识是文化一体化的现代特有的表现形式，并且国族成了国家主权的来源，每个国族都应得到政治自主权利。在此种情况下，其成员的国族认同更多地在于类似于公民民主地参与政治和交往的权利实践，与民族的血源、共同语言传统概念分离开来。这种分析方式在概念上与本文所做交待区别很大，但其结论与上面的分析非常相似，造成这个结果的原因是西方研究者在概念上的模糊或不连续引起的。事实上，哈贝马斯也看到这点，他认为这种认识是心理上的，而非概念上的相互联系：这种民族自由并不是公民真正的政治自由，国族只是暂时造成了民族身份和公民身份的联系，从概念上看，公民身份应一直独立于与民族认同关联的民族身份。[1]

国家认同和民族认同、公民身份与民族身份这两组概念在理

---

① 参见哈贝马斯：《在事实与规范之间》，北京：生活·读书·新知三联书店，2003 年 8 月，第 654—659 页。

论探讨中具有对应关系。国家与民族走到一起割裂了"人",使人扮演了不同的身份角色,也就是公民与人所带有的属性的分离,这一身份的裂变极大影响了他对国家及其所生活的区域的认识。一方面,在政治领域,人人都是"彻底同构型的原子式个体",拥有平等的政治身份和政治权利;另一方面,分属于不同民族的人的时刻关注自己与他族"其心必异"。① 在如何看待这两种关系上,作为个体的人在其国家内的同时,也是民族一分子,他既有公民身份,也带有民族身份属性;其公民身份是超越民族身份的共同身份;国家认同与民族认同相比,是更高层次的认同。格罗斯指出,民主国家"需要一种超越种族的忠诚,⋯⋯一个得到所有居民或绝大多数居民认同和热爱的整体。换句话说,就是一种超越了族属认同的认同。这种共同的认同就是公民身份,甚至是有希望获得公民身份、变成一个公民的意向"。② "现代国家不是民族与国家的简单重合,多数国家都是由多民族构成的。当不同民族、不同群体相遇到一起时,为了协调他们之间的关系,就需要有国家。"③在一个多民族的国家,为了保持民族团结和国家统一,必须把国家认同放在首位,至少不能让族群(民族)认同强于国家认同。所以说,一国公民对其国家认同相对于民族认同来说应居于首要地位,因为是国家把民族社会从政治上统一起来,并形成为民族存在于其内的特

---

① 在国家认同与民族认同之间,后者显然对人更为重要,也更具有亲和力。因为对一个现实存在的个人来说,国家认同仅仅是外在和抽象的,而民族认同才是真实和具体的。

② 格罗斯:《公民与国家》,王建娥等译,北京:新华出版社,2003 年,第 180 页。

③ 常士间:《国家的统一:多民族国家所坚持的基本原则》,《理论与现代化》,2006 年第 2 期。

殊联合体结构。

四、公民与国家：民族身份成员认同逻辑的归宿

民族的政治特性和文化性是分析国家认同与民族认同的根据，它的文化特性决定了民族认同主要是一种文化认同。在分析民族认同与国家认同的关系时，民族内含了两个基本要素：政治性和文化性，它们在理论分析和探讨中不可分离，因为"无论什么民族，只要生活在特定的国家政治生活的框架内，其族群的文化就必然与这种政治框架相适应，因此其文化认同就浸染了国家认同的成分"。[①] 民族的文化性是其基本特性，这也是本文把民族认同作为民族的文化认同、民族成员的民族身份归结为文化属性的重要原因。西方大多数多元文化主义者在谈到民族认同时，都强调对其文化的承认和归属感。弗尼瓦尔认为："人群的混合——他们混合而不是联合在一起。每个群体坚守自己的宗教、自己的文化和语言、自己的理念和习惯。"[②]民族认同是民族身份成员对其独特性承认，涉及对本民族成员的价值观念、态度一致性的认同，这是与其它民族文化和民族成员身份区别

---

① 韩震：《论国家认同、民族认同及文化认同——一种基于历史哲学的分析和思考》，《北京师范大学学报》(社会科学版)，2010 年第 1 期。
② 转引自沃特森：《多元文化主义》，长春：吉林人民出版社，2005 年 1 月，第 3 页。"在处理认同危机时，对人们来说，重要的是血缘、信仰、忠诚和家庭。人们与那些拥有相似的祖先、宗教、语言、价值观、体制的人聚集在一起，而疏远在这些方面的不同者。"亨廷顿：《文明的冲突与世界秩序的重建》，周琪等译，北京：新华出版社，2010年，第六章。

开的基本点。一个民族的发展只能凭借这种对文化上的认同，强调自身的独特性，才可以坚守他们自己的宗教、文化、语言和生活方式。

但需要把握的是，民族认同的文化特性并不是对民族的"去政治化"。马戎先生认为，"政治化"将使多民族国家趋于分离与解体，因此只能强调民族的文化性，以"文化化"的政策作为导向。①如果有意淡化民族的政治属性，片面强调其民族内部的文化认同，同样也会导致民族之间、民族与国家之间的冲突和分离趋向。南非的例子即是明证：该国家的民族隔离制度，导致非常态的民族认同，其民族成员过分强调内部的文化和生活方式，绝少由民族的政治特性与国家联结的意识。他们只片面强化文化方面的民族认同，而在民族的政治性上没有提供有效的认同形式，或缺乏正确的认同形式。虽然他们在 20 世纪末取消民族隔离制度，让人看到了解决这个问题的希望，但这是个尚待探索的过程，还将不可避免地产生民族冲突与纷争，因为民族是个具有延续特征、强凝聚力和敏感的共同体。

民族蕴含了政治要素，民族身份也具有政治属性。我们认为，应该把对民族政治性的分析放在更大的政治共同体——县、市、省或者地区、甚至是国家内，即通过这些政治性明显且相对比较强的共同体联结民族的政治要素。这没有否认民族的政治性和民族成员的政治身份特性，而是采取国家认同和公民身份的形式进行分

---

① 参见马戎：《当前中国民族问题研究的选题与思路》，《中央民族大学学报》，2007 年第 3 期。

析的。"一般地说,在国家政治制度里实行的国家政治对把公民和民族连接起来的共同的纽带有重大的意义。多数公民强烈地认同他们的国家在历史上确立下来的惯例与习俗。"①

根据民族的政治特性、以民族成员的政治身份特性为基础,只是联结了国家认同和公民身份的部分内容。公民身份作为国家认同的基础性分析向度,作为一种共同身份,它在对国家认同的这种对应中超越了民族身份,但这并不"超越"民族成员身份上的文化属性。② 国家认同与民族认同相比,是更高层次的认同,同样地,这种"高层次"只是在民族的低程度政治建构意义上谈的,它并不取消民族的政治特性。总而言之,民族本身包括文化性和政治性,在分析国家认同时,它指政治性认同,民族本身包含的政治特性应在国家认同中探讨和理解,它以国家成员的公民身份为探讨向度;在分析民族认同时,默认为对民族文化上的认同,它以其成员的民族身份为基础。

(一)公民身份:民族身份与国家认同的联结纽带

在对民族身份与公民身份的分析上,自由主义者认识到了公

---

① 贝尔:《社群主义及其批判者》,北京:生活·读书·新知三联书店,2002 年 11 月,第 136 页。

② 有学者认为,现代民族国家想要通过政治认同来消除由民族认同所导致的冲突与对立,但其结果却恰恰使民族问题变成一个无法解开的死结。根本原因在于,只要现代民族国家被理解为一种人为、理性和世俗的建构,那么它就不可能拥有一个超越族群之上的更高目标、一种神圣的秩序。但若是没有这一目标或秩序,那么现代民族国家就不可能真正超越族群的差异性,不可能形成一种真正的统一性,即黑格尔所说的"差异中的同一性"。

民身份①作为共同身份在国家认同中的重要地位。他们主张自由主义形式的公民观念,并把对个人权利的重视作为国家政治权力的起点,政治权力的目的是保护个人权利,或者说这种不加区分的同构型的公民权利即是其身份特性的最重要构成要素,一个合理而又可行的国家认同观点应当以尊重个人自主性的自由主义为基础,然后在上面添加一些民族情感与文化归属;而不是先以民族文化的集体认同为基础,再去移植自由民主体制的原则,这意味着"国家应对个人的权利不加任何区别地给予平等的保护"。②

公民身份在国家认同中的重要地位不能漠视民族身份成员的独特性。加拿大的自由多元文化主义者威尔·金里卡认为,他们对公民自我观的理解是空洞的,它只重视人本身的政治权利和无区别的公民身份,而忽视了公民与社群的交互性影响。并且,他们

---

① 公民身份往往与人们的公民意识有关。西方政治发展理论者认为,即便是在一个国家内,不同地区的公民意识差别很大,这也相应影响了人们对政治体制信服和国家认同。帕特南在《使民主运转起来》中考察了意大利不同地区的公民意识状况。公民性弱的地区的国民则觉得自己是受剥削的、无能为力的,即使是受良好教育的精英也一样感到无能为力。他们的领导人更多地认为他们的政治是腐败的。这些差异触及了公民性强的与公民性弱的社区差异的核心。公民性强的地区集体生活轻松,因人们可以期望别人遵守规则,而公民性弱的人们都认为别人会破坏规则,结果每个人缺乏自律,只得依靠暴力、警察。通过调查得到的证据表明,公民性强的地区的公共事务更容易办理,其国民对生活的满意度高,也更快乐。许多理论家认为,公民共同体是小型的、亲缘关系的传统产物,但帕特南的研究恰与此相反。意大利公民性最弱的地方是南方传统的农村,那里生活是典型的等级性和剥削性的,而非平等互利的。相反,公民性强的艾米利亚—罗马涅区是当今世界最现代、最繁忙、最富有、技术上最先进的社会之一。这里的居民公共生活高度发达,集体行为因公民参与的规范和网络而得到发展。

② 庞金友:《族群身份与国家认同:多元文化主义与自由主义的当代论争》,《浙江社会科学》,2007 年第 4 期。

也过于简单地看待社群,应该对两种不同性质或是不同方面的社群做出明确的区分:"一类是政治社群,个人在该社群中行使着自由主义的正义所规定的权利,……居住在同一社群里的人就是公民同胞。另一类是文化社群,……处于相同文化社群中的人们彼此拥有共同的文化、语言和历史,正是这些东西规定了他们的文化成员身份。"①

金里卡看到了民族的政治性和文化性,但是他并没有认真对待民族的这两个特性同一于一个民族或社群中的情况。金里卡把这两个特性置于不同社群中考察,并提出应重视具有族群(民族)身份特性成员的权利:1. 通过国家向民族性少数族群授予自治权;2. 民族文化习俗权利;3. 特殊代表权,保证民族社群在国家机构中的代表席位的权利。② 这带来了一个争论,即某些学者担心民族身份会冲击传统意义上的公民身份,"因为'公民身份'强调不同种族、性别、阶级和生活方式的所有人,拥有一致的国家认同和政治信念,承担平等的政治责任和社会义务,显然具有一种整合的力量,而'族群(民族)身份'强调族群差异,关注族群特权,督促族群有意识强化其内在的文化特征,自然会冲击公民身份所内含的公共精神,甚至危及社会团结"。③ 因此,金里卡提出用"差异公

---

① 金里卡:《自由主义、社群与文化》,上海:上海译文出版社,2005 年 5 月,第 129 页。

② 金里卡:《多元文化公民权》,上海:上海译文出版社,2009 年 1 月,第 47 页。

③ 庞金友:《族群身份与国家认同:多元文化主义与自由主义的当代论争》,《浙江社会科学》,2007 年第 4 期。应该引起我们注意的是:具有不同民族身份成员之间的这种特性对同一国家的认同感是怎样的? 随着民族身份成员对其民族认同感程度的加强,他对其它民族的认可和承认是怎样的? 关于第二个问题,心理学上 (转下页)

民"缓和民族身份与公民身份的紧张关系,既承认公民身份的公共特性,也不取消民族身份的具体文化差异。

民族身份与公民身份作为民族认同和国家认同的两个分析向度,不应有所混淆。民族身份的重视表明了理论界对民族认同的文化特性的建构和理解,它在国家认同中发挥着积极的作用。但认为对族群身份过分重视,可能造成对公民身份的冲击,是没有正确地在概念上澄清它们的作用域造成的。并且,对差异公民的强调,阻碍了对民族成员作为公民身份政治特性的正确认识,它把民族认同的文化性置于尴尬的境地,这个概念的引入使民族身份与公民身份的理论分析界限更加模糊。民族认同本身不能完全反映本民族的各种表达,它虽然充分地反映了现代国家对民族身份和民族群体的重视,但它的作用领域决定了必须通过其公民身份进入公共领域。

公民身份作为一种共同身份,它是连接民族身份、民族认同与国家认同的纽带,它们是相互补充的。就如贝尔借安之口所认为的那样:"一个人不可能既是爱国者又是个认为他本民族历史中没有任何价值的东西而否定一切的批评者。否定一切的批评者会被同胞看作'反民族'分子,并因此被排斥在关于民族利益的全国性

(接上页)有个研究认为它们呈反相关。也就是说,个体对自己的民族群体越认同就会对不同种族群体表现出越少的友好态度。Sidanius 等人(2004)对美国加利福尼亚大学洛杉矶分校(UCLA)民族倾向的学生群体的追踪研究发现,民族群体成员身份提高了种族认同感,从而增加了民族间偏见以及对民族群体间矛盾的知觉。据 Sidanius J, Laar C V, Levin S, Sinclair S, "Ethnic Enclaves and the Dynamics of Social Identity on the College Campus: The Good, the Bad, and the Ugly," *Journal of Personality Social Psychology*, 2004,87(1): 96 - 110.

对话之外。简而言之,爱国意味着要承认民族历史里至少有某种宝贵的东西。"①这样,民族认同的文化特性通过民族成员的公民身份,必定带来对国家认同的加强。

(二)国家认同:民族成员多种认同形式的统一

公民身份是民族身份和国家认同的联结纽带,而公民身份与国家认同对应,这意味着民族身份与民族认同最终走向国家认同,它代表更高层次的认同。但我们不能简单地据此认为民族认同就是实现国家认同的手段,更不能片面重视国家认同而忽略民族认同的重要性。在多民族国家,民族认同不可取消;虽然民族认同与国家认同各有所指,但它们以民族成员的公民身份为联系纽带而间接地联系着。

民族或社群的认同与自我身份的获得统一在认同的过程中,它是成员与群体的双向交流过程。群体成员对该群体的认同"所指涉的是成员们可以在其中表达一个语气深重的'我们'的那些情境;它不是一个放大的主题,而是对个体自我认同(笔者注:自我身份)的补充。我们与生俱来的传统和生活形式,我们将如何通过有选择地发展它们而使它们成为我们自己的东西,将决定我们在这种文化传统中对自己的重新认识——作为公民我们是谁,我们

---

① 贝尔:《社群主义及其批判者》,北京:生活·读书·新知三联书店,2002 年 11 月,第 131 页。多元文化主义者艾丽斯·杨也认为,民族认同与国家认同并非对立和排斥的,两者是相容的。Iris Marion Young, *Polity and Difference*:*A Critique of the Ideal of Universal Citizenship*, CITIZENSHIP Critical Concepts, London and New York, 1994, pp. 386 - 408.

想要成为谁"。① 认同是双向交流的过程,成员在共同体或民族内通过身份属性的确认,表达了对该群体的承认;同时,群体的文化传统要求也不可避免地对其成员承担了义务和责任,这是塑造成员身份的背景条件,哈贝马斯称之为"特殊义务"。一个政治实体决定了一种政治生活形式,这对于其中的公民身份的形成具有构成性意义。公民身份是在公共领域内对于"我是谁?"和"我应当做什么?"的回答,特殊义务是特定政治共同体或民族对其成员的义务,成员归属于它是特殊义务的根据,而其成员的认同过程就是在这种义务下发生的。

国家认同并不仅仅依赖渗透于社会政治文化传统中的宪法原则,它还包含了民族身份成员作为公民时的国家认同成分。宪法原则渗透于由公民构成的民族历史情境和社会实践中,自由的政治文化只是培育宪法爱国主义的"公分母",哈贝马斯认为宪法的原则不必依靠所有公民共有的种族、语言和文化的共同来源。"一个政治共同体的认同主要依靠政治文化所培育的宪政原则,而不是所谓整体的伦理文化生活",因此,哈贝马斯认为正确的处理原则是欢迎各种族裔的移民和民族成员认同于各自文化传统,只要他们"重迭于一个共同的政治文化",他们的族群文化可以平行发展。因此欧洲各国应该采取更自由开放的民族政策,使不同民族文化相互交流,目的是对共通而普及的宪政原则加以创意的诠

---

① 哈贝马斯:《在事实与规范之间》,北京:生活·读书·新知三联书店,2003 年 8 月,第 196 页。

释。① 只有表现在公共交往形式的公民身份而非民族身份，才能成为对国家认同的前提条件，公民可以直接在宪法原则内实现多民族国家的认同。但哈贝马斯的此种看法过于武断，他没有看到民族身份与公民身份在概念上的分离而引起的多元而复杂的民族认同，也没有意识到民族认同在国家认同中所发挥的必要作用。

国家认同不但包容民族的文化性和政治特性，它还是不同民族身份成员多种认同形式的统一。在对国家认同与民族认同关系的分析上，泰勒比哈贝马斯更深刻、更具有洞见性。他在《自我的根源——现代认同的形成》中试图阐述认同及其各个侧面，他富有创造性地描述了近代以来西方在主体身份，即"我是谁？"问题上的历史追寻。他的描述紧紧围绕自启蒙运动以来所形成的对人的各种权利上，从某种程度上说，他是对近代以来作为政治和其他社会生活主题——人身份之确定。他默认了自我身份（或认同）观念的首要性，并试图以此作为构成其他认同的基础，包括哲学、政治、文化、家庭、民族和国家等等，泰勒隐含着人的不同身份对其它群体或共同体认同中发挥了不同的基础性作用。他在对启蒙运动以来

① 参见哈贝马斯：《在事实与规范之间》，北京：生活·读书·新知三联书店，2003 年 8 月，第 664—680 页。他认为，这个观点具有普遍意义。当欧洲从经济共同体向政治共同体迈进中，出现了不同国籍成员间的接触，还有东欧和不发达国家的移民，从而将加剧社会文化的多元性特征时，这不可避免地有可能从各个不同的民族文化中分化出一个共同的政治文化。这可能出现两种分化：一方面是一个欧洲范围的政治文化，另一方面是从近代早期以来分叉开来的艺术、文学、历史、哲学的各民族传统等。欧洲的宪法爱国主义必须从对同一个普遍主义法律原则受不同民族史影响的理解中共同成长出来。重要的是这形成了一种新的政治身份意识，它是一种欧洲在新的时期，与欧洲在世界上作用相符的政治自我身份意识。参见哈贝马斯：《在事实与规范之间》，北京：生活·读书·新知三联书店，2003 年 8 月，第 671—672 页。

西方国家考察的基础上,认为以法的形式构成的公民角色必须根植于自由的政治文化情景中,他们在其生活形式中形成确定的身份,并认同于自己的政治文化共同体传统。

不同民族身份作为认同的基础,使意识到国家认同的不同方式成为可能。泰勒提出民族的"深度多样性"①(deep diversity)理论,民族的多样性显而易见,但深度的多样性认识到公民身份具体到民族身份时所包含的多样性和独特性,它决定了对国家认同方式的多种可能。从这可以看出,泰勒指出了认识民族认同与国家认同逻辑联系的正确方向,但他只分析了民族文化性的一面而没有认识到民族的政治特性,他所说的民族认同与国家认同联系存在逻辑上的不连贯。因而,泰勒不可能意识到民族认同与国家认同的不同性质,也不能正确认识不同民族成员的认同方式如何统一在国家认同之中。

金里卡试图进一步发挥泰勒的"深度的多样性"理论,把文化性和政治性放在不同社群中考察。而这并不符合事实,因为民族本身常常内含了这两种特性,即使社群是低于民族的纯粹性文化社群,但社群成员的民族身份和公民身份不可取消。他没有认识到民族身份与公民身份在事实上的同一性,因而也没有准确把握国家认同与民族认同的相互作用。但是,金里卡弥补了哈贝马斯和泰勒的理论缺陷,明确提出了社群或民族的文化性和政治特性,也认识到了泰勒指出的认识民族认同与国家认同的正确方向。在

---

① 转引自 Ronald Watts and D. Brown, *Options for a New Canada*, University of Toronto Press; Taylor: *Shared and Divergent Values*。

探讨多民族国家实现社会团结中,他首先否认了罗尔斯、哈贝马斯和泰勒主张共有的政治价值作为多民族国家认同的基础,同时认为国家的历史不但是国家成就的根源,也潜藏了民族之间、民族和现存国家之间的怨恨和分裂倾向。多民族国家存在着泰勒所说的"深度多样性",但在具体内容和价值上寻求国家认同统一性的基础可能是徒劳的。

由此可以看出,面对多元民族身份和民族文化性的复杂,国家认同统一性只能放在比较开放的民族成员的多种认同形式中考察,国家认同是这些不同认同形式的统一。民族身份与公民身份在概念上的分离,是认识民族认同独特性、多样性的必要条件。民族身份本身是多样的也是独特的,公民身份作为民族身份的另一种表现形式,它对国家认同的形式也应该是多样的,对实现国家认同不同形式的路径也是多样的。"除非人们珍视'深度多样性'本身,并且愿意生活在一个具有各种各样的文化形式和政治成员身份形式的国家中,否则,一个建立在'深度多样性'之上的社会就不可能保持团结。"[1]

民族身份与公民身份在概念上的分离是认识民族认同独特性的必要,民族身份与公民身份在事实上的同一为加强国家认同提供了可能。国家成员具有多重身份,若只考虑民族身份和公民身份,它直接或间接地影响着国家认同与民族认同,这构成了民族认同与国家认同的复杂逻辑。作为公民身份,他服从和认同国家,由此得到国家的保护。同时他又是民族成员,要求他对所处民族的

---

[1] 金里卡:《多元文化公民权》,上海:上海译文出版社,2009 年 1 月,第 243 页。

价值和文化、规范的遵守与认同。国家认同是高于民族认同的,我们应该把国家认同的基础建立在能包容文化差异的公民文化的基础上,公民身份的重要性应该超越民族身份。"一个大的政治社会包括不同的组织和政治单元或多种单元,其中每一个都会提出互相竞争和冲突的主张,声称它是真正的民主单元,也许是真正的民主单元,因此,对于事务做出集体决策就成了一个问题了。"①

因此,我们应该基于国家认同,不仅包容民族的多样性,还必须正确把握这些民族成员作为公民身份认同于国家方式的多样性。我国的民族自治地方是在国家统一领导下,以少数民族聚居区为基础,实行民族区域自治的行政区划,是整个国家行政区域的重要组成部分。

---

① Robert Dahl, *Democracy and its Critics*, New Haven and London: Yale University Press, 1989. p. 288.

第八章　政治发展理论中的西方秩序

政治发展是 20 世纪 40 年代末、50 年代初兴起的一个新的政治学研究领域。政治发展理论有其明确的研究对象和范围,它以政治发展问题,尤其是欠发达国家的政治发展问题为研究主题,围绕发展中国家如何实现民主转型、如何实现社会稳定、如何克服政治腐败、如何化解政治危机、怎样完成政治文化改造等核心问题而展开学术探讨,这些研究统称为"政治发展理论"。政治发展从广义上理解是指社会政治形态从低级向高级的变迁过程;狭义理解是指当代政治的现代化问题,尤其是发展中国家政治发展的现代化问题。它是在社会生产力发展的基础上,社会经济基础的变革和变迁造成的社会政治形态的变化和发展,这种变化和发展具体体现在政治生活的各个层次和方面。

一、政治发展概念的内涵

对于政治发展理论兴起的缘由,美国政治学家亨廷顿认为,这主要是受到两种学术潮流的影响:一是 20 世纪 40 年代末及 50 年代关于发展的区域性研究的扩展，即学术研究的中心从欧美转向第三世界；二是政治学自身的"行为主义革命"。衡量政治发展应该从政治文化、政治参与、政治机构、政治一体化等指标进行。

派伊概括了政治发展的十个特征：政治发展是经济发展的前提条件；政治发展是以工业化国家的政治形态为目标的过程；政治发展是政治现代化的过程；政治发展是民族国家形成和发展的过程；政治发展是一个国家的法制不断得到健全，行政和权力系统不断得到完善的过程；政治发展是政治参与不断得到发展的过程；政治发展是建立西方民主政治的过程；政治发展是在稳定的政治秩序下使社会政治得到变化的过程；政治发展是提高政治领袖和政府对于民众的动员能力和权力效用的过程。徐勇教授把政治现代化作为当今世界政治发展的最终目标。政治发展是社会发展的有机内容，已成为许多国家社会发展所追求的目标。20世纪80年代以来的中国也正在成为现代化浪潮中的一员。现代化就是社会摆脱旧的形态时所发生的具有革命性的变化，这种变化是包含着社会生活各方面的整体进程。它有二层意思：一是现代化明显反映传统社会与现代社会的对比变革，意味着社会由传统旧形态走向现代新形态；二是现代化是一种整体社会变革，这种变革一般发端于经济，同时也反映着政治、文化、社会生活和行为方式等各个相关领域的变革。

政治现代化则是现代化的一个重要方面。政治是经济的集中表现，是对国家和社会事务的管理活动，是人们生活的至关重要的领域。社会的发展和现代化必然包含政治的发展和现代化。政治现代化作为现代化的一个子系统，指在整个社会走向现代化的变革过程中,政治社会由传统走向现代化的变革进程。现代化是近代工业革命和当代科技革命引起的社会进步的产物,体现着近代和当代社会发展的变革过程。与此相应,政治现代化也反映了近代和当代社会变革进程中政治发展的要求、目标、趋势及不同国家政治发展的模式、道路等。

二、政治发展的方式

亨廷顿把政治发展的方式分为革命和改革,他认为这是实现政治发展的两条路径。但是亨廷顿将革命理解为 1789 年法国革命、俄国十月革命这样的社会大变动,认为革命是一种使传统社会现代化的手段。二者相比,亨廷顿更看重的是改革家的谋略与技巧,认为成功的改革是社会政治现代化的最优手段,是社会发展的最佳选择。[①] 对于此种理论,王浦劬教授做了更深入而系统的探讨。他利用马克思主义理论的分析方法,认为政治发展是政治关系的变革和调整,随着社会生产力和经济关系的发展,在特定经济关系和社会关系基础上形成的利益之间的矛盾运动会不断发生和发展。政治发展过程一般采取两种形态,即政治革命和政治改革。改革、改良和革命是人们经常使用且又容易混淆的概念。如果从社会在发展的程度及深度来看,改革、改良和革命属同一系列,但程度不同。改良是在统治阶级保持其统治的条件下,对社会生活的某些部分或环节所做的局部的、点滴的改善,使现存社会制度发

---

① 徐大同:《现代西方政治思想》,北京:人民出版社,2007 年版,第 508 页。

生细小的量的变化。革命则是最深刻最彻底的社会变革,是一个阶级推翻另一个阶级统治的急剧的社会转变,是新旧社会形态的更替和社会发展过程中的质变。而改革则是一种介于改良和革命之间的变革,它比改良更深入、更广泛,更带有变革的性质,但也是以维护社会的根本制度为前提和目标的,是依靠现存的社会制度本身的力量所进行的自我调整和自我完善。同改良相比,它不仅是量的变化,而且包含了部分的质变;但是,与革命相比,它没有革命那样激烈和彻底,不构成社会整体的根本性的质变。政治革命是政治关系的质变过程,政治改革则是政治关系量变即改进完善的过程。相比徐勇教授而言,他把政治发展的目标更具体化了,认为政治民主既是政治发展的内容,又是政治发展的目标,高度的真正民主是人类政治生活走向高度文明的标志。①

三、政治发展理论中的政治秩序

亨廷顿在《变动社会中的政治秩序》中剖析了发展中国家普遍存在的政治失序和政治衰败现象,认为政治体制发展相对滞后于社会动员是其中的主要原因。基于政治发展的考察,该书探讨了革命与改良、政党制度、知识分子、农民等重要问题。亨廷顿指出,在亚洲、非洲和拉丁美洲许多进行现代化的国家里,经济上的不发达常常伴随着政治上的不发达,在政治层面上表现为政治暴力、政治骚乱多发、政府合法性和公信力低、民众对政治普遍不满、有较

---

① 王浦劬:《政治学基础》,北京:北京大学出版社,1995 年版,第 375 页。

强的被剥夺感、政治体制难以实现公众利益等。总而言之,这些国家政局不稳,政治失序,没有统一的政治制度和标准,政府没有权威和合法性低等问题。其主要原因是期望和指望之间的差距造成的,期望是社会动员造成的要求,指望是经济发展所提供的满足要求的可能。处于发展和现代化中的国家,期望和指望之间的差距是造成社会颓丧和不满的根源;其结果在民主政治广为流传的大背景下就会刺激人们越发强烈的政治参与意识,而制度化水平低往往产生无序的政治参与①,再加上社会的流动机会较小,就会造成政治动乱。② 政治秩序是政治发展理论的首要关注点,而建立统一的、有权威的政治制度是根本途径。③

现代化在很大程度上使社会上各种社会力量猛增并多样化,这些社会力量有民族、宗教、地域、经济或社会身份的团体,还有职

---

① 亨廷顿极为重视农民的政治参与问题,认为,应该满足农民的要求,组织好农民的政治参与是维持政治稳定最重要的问题。农民的政治态度如何,农村是否稳定,关系到一个发展中国家整体是否稳定。不过现在看来,要实现一个国家的稳定不仅是要组织好农民的政治参与更要组织好整个社会的政治参与。

② 亨廷顿认为,处于现代化之中的国家面临的另一个重大难题是腐败。他给腐败下的定义是:"公职人员为实现其私利而违反公认规范的行为。"在大多数国家里,这种腐败现象在现代化进程的最激烈阶段,会最广泛地蔓延于整个官场。其主要原因是:第一,现代化引起了社会基本价值观的转变,而这种新的价值观会把某些传统行为视为腐败。第二,现代化开辟了新的财富和权力来源,而这些来源与政治的关系在该社会的传统规范中没有明确的界定,界定这些关系的现代规范也没有被该社会内部具有统治地位的集团所接受,结果就助长了腐败行为。第三,现代化涉及政府权威的扩大和政府活动的增加,这必然导致法律的增多,而一切法律都会使某个集团处于不利地位,这个集团为了自己的私利最终会变成潜在的腐败根源。

③ 亨廷顿指出,一个国家的政治秩序可以秩序性和体制的继承性来衡量。秩序性是指一个国家中没有发生过暴力、压抑或体系的解体。继承性是指一个国家中没有发生政治体系关键要素的改变、政治演进的中断、主要社会影响力的消失以及导致政治体系发生根本变动的政治运动。

业、阶级和技能团体。他们的需求如不能反映在政治体制之中,不能在政治制度中消化,就会造成政治动乱。亨廷顿认为,最重要的是建立政党和政党制度,因为政党和政党制度既是政治参与扩大的手段,又是使这种参与制度化的手段。他把政党视为衡量一个政治共同体是否文明、民主和自由的标志,而政党政治则是文明政治、现代政治的重要体现。① 一个以发展为导向的政治共同体,必须建立强有力的政党,政党的地位不可动摇,亨廷顿对政党的地位和作用给予了高度的重视。认为具有强大政党组织的国家比不具有政党组织或具有软弱政党组织的国家稳定。

亨廷顿的弟子弗朗西斯·福山也对政治秩序问题进行了探讨。先后出版了《政治秩序的起源:从前人类时代到法国大革命》和《政治秩序和政治衰败:从工业革命到民主的全球化》,书中以宏观、发展的视野考察了西方政治秩序的起源、发展,以及在此过程里影响西方政治秩序发展的地理、宗教等因素。他指出,现代化的政治秩序是政府、法律和民主之间的相互支持:政府在法律、规则的指引下运行;民主对政府的运行也很关键,政府的正当性和合法性权威,必须反映民众的利益,为民众服务,这样才能更有效,更稳定。为大部分人的需要服务、公民自愿配合,它才能更有效、更稳定。

福山认为,自人类走上资本主义社会以来,发端于古希腊,中经启蒙运动发展起的欧美自由民主制度是比较稳定的政治秩序。然而,政治秩序的这三个要素之间一直存在着紧张。首先,政府跟

---

① 现代社会特有的制度,其他制度,如官僚制度、议会、选举、法院乃至立宪的思想和实践等,都是传统政治体制在新时代的嫁接或延续。长远来看,两党制和主从政党制比一党制或多党制更能实现长治久安。

民主冲突。有效的现代政府是自主的,而民主要求对政府进行限制和约束,要求民众在决策过程中能够广泛参与并进行监督。其次,政府和法治之间也有博弈。政府的有效运行需要依法律为依据运作,但法律的刚性会成为政府在行政事务中进行自由裁量、自由处理过程中的束缚和障碍,法律规则需要在现实环境条件运用中进行调整。再者,法治和民主之间也不完全协调一致。司法人员在解读法律、执行法律的过程中与民众的理解、情感、价值观和偏好并不一致。最后,民主观念的混乱,人们对民主的理解并不一致,有的人要求民众直接参与,而现实情况并不尽然,代议制常常显示出利益集团、政治精英在作主的面向。

亨廷顿用"政治衰败"这一概念对政治失序进行表述,福山也沿用了这一认识。政治衰败的根源是政治制度不能适应环境变化,不能适应社会中新兴阶层、群体和组织的政治要求。不管是对西方的政治发展,还是对发展中国家的政治发展,他们都持乐观态度认为政治衰败是政治发展的条件,旧的政治秩序被打破,为新的政治秩序让路。这个新的秩序,在他们看来,最有可能性的就是"二战"结束后在美国主导下建立的自由秩序,以自由民主和竞争性市场经济体制为特征。

四、政治发展理论中的"普遍"政治秩序

西方的扩张不仅伴随着经济体制的扩张,还裹挟着政治制度和政治观念的扩张,这刺激了非西方社会政治体制发生转变,促使非西方社会政治秩序西方化。亨廷顿指出,人类在文化上正在趋

同,全世界各民族正日益接受共同的价值、信仰、方向、实践和体制,而西方文明和西方秩序正是这一趋势的唯一最终体现者。在现代社会中,人们的价值观,政治态度、政治知识和文化与传统社会存在重要差别,西方文明是第一个实现了现代化的文明,它自身蕴含着现代性,也引领世界向前发展。

世界上的其他文明在这个过程中,受到了这一文明的影响,当其他社会也具有了与西方社会相似的教育体制、工作机会、价值观、财富来源与分配、阶级阶层分化、组织类型的时候,可以说,西方文化将成为"世界的普遍文化","19 世纪,在中国和印度,来自西方的文化变得流行起来,它们似乎反映了西方的实力。通俗文化和消费品在世界上的流行,代表了西方文明的胜利"。① 苏联解体和东欧国家纷纷脱离社会主义道路,更加使得西方学者认识到西方自由民主思想观念和体制的优势和胜利。尤其是进入 21 世纪,随着交通的便捷,全球贸易和网络技术的迅猛发展,以及金融跨国流动速度的加强,日益造成了一个约瑟夫·奈和罗伯特·基欧汉等学者所说的"相互依赖"②的世界。相互依赖指的是国家之间或者不同国家中的行为体之间相互影响的情形。在相互依赖关系中,依赖各方因占据不同的优势和资源而在依赖中具有不等的"敏感性和脆弱性"。毫无疑问,这又增加了非西方社会排斥西方

① 亨廷顿:《文明的冲突与世界秩序的重建》,周琪等译,北京:新华出版社,2010 年,第三章。
② 库珀是第一个系统论述相互依赖理论的西方学者,他在其《相互依赖的经济学:大西洋共同体的经济政策》一书中提出,随着交通运输、通讯和技术转让的发展,不仅世界经济本身,而且世界经济体制和制度都已经发生了变化。相互依赖的发展是战后国际政治经济中的一个突出现象,它的出现是自发运行的市场发展的结果。

秩序的成本。

西方政治秩序在对外扩张的过程也不是一帆风顺的。不同文明的国家和联盟集团之间常常是处于冲突之中,"最主要的分裂是在西方和非西方之间"①。亨廷顿在《文明的冲突与世界秩序重建》中,分析了穆斯林、儒家文明与西方文明的冲突:"在以穆斯林和亚洲社会为一方,以西方为另一方之间,存在着最为严重的冲突。未来的危险冲突可能会在西方的傲慢、伊斯兰国家的不宽容和中国的武断的相互作用下发生。"②很多发展中国家在二战后引入西方政体,为这些国家的转型和发展配备了所需要的制度、思想、经济等要素,然而,这一切止于字面,流于资本主义国家的利益。很多国家的政党体制也引入了西方的竞争性政党制度,但他们在政治舞台上,上上下下,起起伏伏,对国家政治经济建设和政治秩序毫无助益,多了制度之外的潜规则和腐败行为,以及民主中的无尽喧嚷,贫穷仍然是很多国家的"主题词"。③

---

① 参见亨廷顿:《文明的冲突与世界秩序的重建》,周琪等译,北京:新华出版社,2010年,第三章。

② 亨廷顿:《文明的冲突与世界秩序的重建》,周琪等译,北京:新华出版社,2010年,第八章。"为了逃避社会的反常状态,穆斯林只有一个选择,因为现代化要求西方化……伊斯兰教没有提供可供选择的实现现代化的方法……世俗主义不可避免。现代科技要求吸收伴随着它们的思想进程;政治体制也要求如此。由于对内容的模仿必须不亚于形式,所以必须承认西方文明的主导地位以便能够学习它。欧洲语言和西方教育体制是不可避免的,即使后者鼓励自由地思考和随意地生活。只有当穆斯林明确接受西方模式时,他们才可能实现技术化,尔后才可能发展。"

③ 东欧地区的政治秩序也出现了很多问题。在东欧剧变后,尽管人们获得了所谓西方式的"自由",但社会经济不仅没有得到实质性发展,在一些国家反而出现倒退。在西方"帮助"下,这些国家进行了政权更迭,但人们很快发现,西方只关注自身的地缘政治利益,而极其漠视这些国家民众真正所渴望的社会经济发展。郑永年:《中国的政治秩序给世界提供了全新选择》,《人民日报》,2018-08-28。

　　王惠岩先生归纳了西方政治发展理论中存在的共性特征：首先，西方学者把政治发展限定于第三世界，也就是王沪宁教授认为的以西方为中心，以此作为第三世界政治发展的目标。当代西方政治学的政治发展理论，就主要内容而言，只是关于第三世界国家政治发展问题的探讨。西方学者之所以格外关注第三世界国家的政治发展问题，根本就是为了给西方发达国家的全球战略提供对策，以便按照资本主义的价值观念和政治模式引导或左右第三世界国家的发展方向。其次，把西方政治制度奉为理想模式，王沪宁教授称之为"美国模型"。按照西方政治学家的看法，研究第三世界国家的发展趋向，必须确立一个模型。他们认为西方发达国家的民主政治堪当此任，从理论上讲，又必须追根溯源，探索它们的成长历史或发展道路。这通常被看作是一条从传统走向现代的道路。一些西方政治学者简单地认为，当今第三世界国家的发展过程，不过是早先西方国家经历过的从传统向现代转型的限定逻辑的再模仿。所以，必须参照西方发达国家业已具备的一些先进特征。最后推崇价值中立。①

　　然而，近三十年来的政治发展并没有印证这些学者的普遍化设想。西方政治观念和政治体制不仅在向外扩张的时候遇到阻碍和挫折，其自身的发展也遇到诸多瓶颈。推动这一秩序发展的开放性和自由竞争性使西方国家并不能适应新兴国家的不断壮大。

---

① 王惠岩：《政治学原理》，北京：高等教育出版社，第 250—254 页

附　录
赵汀阳的天下秩序观[①]

赵汀阳的"天下"思想不仅是一种政治哲学,更是一种试图构建世界秩序的道德哲学。与当今西方主导的具有向外扩张倾向的世界政治体制比较,其独特的以中国传统文化中的"天下"观念为核心的思想,在中国学者看来显得更具亲和性和生命力。"天下"观念更像是一种政治理想与规划,其政治理念发源于先秦时期的治国理念,并且在日后的中央集权王朝统治下不断发展并形成了东亚独特的天下秩序。

赵汀阳的天下体系和秩序思想与中国传统意义上政治家、思想者的天下观念有较强的继承性,但也批判性吸收了西方政治哲学和道德哲学中的不少因素。中国传统意义上的天下体系为巩固封建王朝的政治秩序和政治统治提供了一个基本的具有地理意义的方位概念,即一个没有明确的固定界限的"普天之下"。自周代以来,中央王朝在文化输出和疆域扩张时将一个个国家、王朝、城邦(例如西域各国)纳入这个封建性政治体系和政治秩序之中,逐

---

① 马天放对本部分内容作了资料梳理和文字整理工作,并对该部分进行了有益思考。

渐形成了一种朴素的天下观,或言一种原初的、具有一定跨区域性辐射力("政治清明,八方来朝")的政治制度规划。这与发源于海洋商业文明,并经过资本主义思想观念塑造的西方具有扩张性的政治秩序显然不同。古代中国的世界观不是敌对的、征服式的,而是通过修己和自我治理,从而具有影响力的内敛式的"天下秩序",即钱穆先生所言"中国历史上没有帝国主义"。[①] 因此,中国的天下体系就是当代世界主义的天然雏形,而赵汀阳先生将这一传统政治思想予以改良,形成了独特的"天下体系"的政治哲学。用现在的眼光来看,这是一种具有全球视野的、更能让各民族都认可的道德哲学,是将中国传统政治理念运用于构建世界政治经济秩序的更具可行性的努力。

赵汀阳的"天下体系"思想形成于其长期对东西方政治学、道德哲学的思考和交流。赵汀阳立足于中国传统文化典籍中的政治理念、道德哲学,通过比较的方法,吸收运用西方柏拉图、霍布斯、笛卡尔、休谟、康德和维特根斯坦等人的思想观念和概念,形成了具有中国风格、中国传统和中国根基的独特的东方政治哲学思想。在西方政治思想和观念占据主导地位的今天,这一思想因运用西方概念进行解释,使得他具有跨国性的影响力。《天下体系:世界制度哲学导论》不仅仅涉及政治哲学、世界制度与道德哲学,而且衍生至国际政治范畴。此书被翻译成多篇英文论文出版,赵汀阳先生也成为了中国知识界具有影响力的思想者,他的天下体系思想也被越来越多的中国学者解读,正逐步形成东方式的全球理

---

① 钱穆:《中国历代政治得失》,九州岛出版社,2012年,序言。

论——"以天下观天下"。

一、中国的"天下体系"思想辨析

天下体系是古代中国思想者和政治家建构出来的一种有关政治秩序的思想和政治实践。它以"天下观"为思想基础，以朝贡制度为核心内容。① 从政治实践的层面来看，天下体系是资本主义体系成为世界性政治体系之前的持续时间最长、影响力最为广泛的（主要在东亚地区）一种区域性政治秩序。

（一）天下体系的内涵

自先秦时代的古代中国开始，古代思想家们开始用自己对世界的思考和认识试图塑造、构建一个合理的政治秩序。中国古代思想家们首先建构出了中国式的、具有一元等级世界秩序的天下观：以地理空间为基础，以华夷之辨为依托，以王道天下为指引。这一观念不仅成为中国历代封建性质的中央集权与大一统理论的基础，还在同更外围世界的"国家"交往中发挥着重要作用，成为中国式世界秩序——天下体系的思想基础。这种一元式天下观逐步发展成为了一种兼容并包的文化体系，即中央文化具有强烈吸引力的同时并不排斥、抗拒外部的文化体系，形成了一种独特的"各美其美、美人之美、美美与共、天下大同"式的东方文化圈。各个文

① 王小红，何新华：《天下体系：一种建构世界秩序的中国经验》，北京：光明日报出版社，2014 年，序言。

化相互交流但并不妨碍个体的独立发展。①

这点与西方的情况非常不同。早期的西方世界文化为多元性的，以西方的多神制为突出，而在以色列文明的基督教发展之后（尤其在君士坦丁大帝的《米兰赦令》发布后）西方文化走向一元化，即文化帝国主义性质，这种文化帝国主义体现在一种新型文化出现后会利用国家机器等方式向外征服、拓展（这一点伊斯兰教更为明显）。因此，无论基督教文化还是后世的自由民主等现代民主的政治文化，一旦占据一定的地位和文化高度，就具有向外迅速扩张、渗透的趋势和倾向。这与天下体系如此不同，以至于在 18 世纪之后，中国传统的具有内敛性的天下秩序，在这一扩张面前显得力不从心，被挤出了外围。实际上，当今世界是西方文化主导的世界，世界政治经济秩序也是在西方文化和发达资本主义国家主导下构建出来的，占据主导地位的世界性政治话语权也控制在西方主要国家手中。改革开放以来，中国为了寻求自身的发展和富强，主动加入到资本主义主导的世界政治经济秩序之中，自愿接受西方规则。在这一过程中，中国逐步发展起来，并慢慢地走向世界政治经济舞台的中央，与此同时，他试图改变规则，改善不尽如人意的国际政治秩序，试图拥有中国在世界上的话语地位和权利。

"天下体系"是一个突破，也是一个具有重要理论价值的突破口。天下体系是一种以古代中国人天下观为核心建构的世界体系，这种体系并非帝国体系，更像是一种文化、制度体系。他既是

---

① 关于这点，可以从韩国、中国、日本的政治传统和文化看出，目前，这三个国家都具有古代中国传统文化体系的内涵，但是发展出了并不相同的东方文化模式。

一种国家治理模式,也是一种对外交往模式。中国古代的世界观没有一种明确的边界感,亦即世界是中国,中国也是世界,中国可以统治世界时就将辐射世界,没有能力时疆界就会回缩,边疆以外的地方与之相处融洽(和儒家的达则兼济天下、穷则独善其身原则很像),所以这种世界观使得其本身与其他国家、王朝没有根本对立的基点,与西方民族主义鲜明对立。这也可以反映在古代中国压根没有边界线(border)而有边界(frontier)上。中国天下体系的本质不是征服,而是四方归顺。

(二) 天下体系的结构

中国自古以来就是一种部落联盟,而非西方式的城邦(polis)国家,所以城邦文化、公民至上在中国古代无法形成。周朝创建的天下体系能保持数千年不变并且在历朝历代中发展完善与其结构的优势密不可分。天下体系的结构雏形形成于周朝,并结合宗法制、分封制形成了独特的政治体制。[①] 之所以在周朝形成这种体系,主要有两点原因: 1. 早在周朝建立之前,这种体制在夏商时期就有基础,例如夏禹分天下为九州岛,集天下部落首领会盟,这种部落联盟不仅是国家体系,也是一种外交体系,因为部落联盟的流动性大,开放型强,可以自由吸纳外部成员加入内部,并形成环状同心圆式的结构,由中央向四方铺开,这也就是日后周朝的"畿服"制度的源头。如《尚书·禹贡》有言:"五百里甸服……五百里侯

[①] 后来无论春秋争霸,还是战国兼并,实质上都是争夺天下,一旦掌握天下中心,即成为文明中心。

服……五百里绥服……五百里要服……五百里荒服；三百里蛮，二百里流。"①这种朴素的天下观体现出周朝的统治范围和政治亲疏。甸服、侯服、绥服是依附于中央政权的范畴，要服与荒服是外交边界，这两者交流少，无需政治强硬服从，既是防御缓冲地带也是文化传播边缘。这种中心—四方的传播模式配合九州岛（华夏大地大部分）制度构成了天下体系的整体结构，诸侯既是组成国，又是外交出使对象，对中央有这一定义务也有自己的相对权力。当然古代天下体系最终无法实现国内治理主要功能转向对外，因为古代有着超前的世界观思想，但是没有实现世界化的能力，当时的生产水平根本不可能实现世界制度。

2. 周朝建立时只是一个西岐小邦，政治状况仍然是酋长部族的松散合作关系，王只不过是各部酋长所自愿或者不自愿承认的强势盟主，并非严格意义上的君主。周朝创造了天下体系，试图把所辖区域看作一种完整的政治实体去治理，而天下体系就是世界制度。② 在三千多年前的商朝部落体系中，周只是西部较为落后的小部族，人口与军事力量都比较弱小。因此，小邦治大国的周朝面对一个挑战性问题：如何以一治众并且以小治大。西岐小邦地理位置偏西，远离经济中心。这意味着在发生冲突和动乱时，坚定的可靠盟友不多，并不合适使用传统的霸权模式。正是基于这些因素的考虑，使得周王朝思考政治秩序的构建问题时就将世界政治意识植入中国人意识形态之中，这种体制的目的在于获得人们

---

① 《尚书·禹贡》

② 赵汀阳：《天下体系的现代启示》，《文化纵横》，2010 年第 3 期。

的普遍同意与支持，以平息各种潜在冲突。

天下体系具有网络化的结构，由处于世界政治中心的天子之国和大量诸侯国组成的政治分治网络。各个分支结构都是中心体系的再造，每个分支又构成一个次中心体系。因此，各分支既可以独立发展，但又继承了中央的政治体制。天子构成中央，分封诸侯于各处，这种行为使得各诸侯如众星拱月般巩固中央，而中央在拥有统治权的同时可以下放很多权力给地方，地方诸侯可以自己收税、征兵、选举等等。诸侯国中除了国君的势力，还有国君的家臣或属下的势力，他们就是大夫，而大夫之下又有士、平民、野人、奴隶等一系列阶层，每种结构同上一级结构相同，形成一种社会等级分层。这种政治秩序具有很大妥协性，故可以长久传承，中央地方可以相互影响但又不会过多干涉对方，在这种情况下法制和法规变得不重要，秩序和传统（逐渐发展成为道德）成为了最重要的事物。因此有名正言顺、长幼有序之说。天下体系网络化结构具有的特性：

1. 各国有极大的自治权。天子和友邦相互协助，一国无法独自处理的问题，天子作为天下的中心，负责管理天下公共事业和公共秩序，保证世界秩序，并拥有世界公共资源的配置权利，即："溥天之下，莫非王上；率土之滨，莫非王臣"。

中央地区不仅有统治中心的意义也有外交中心的象征，中央不会直接管理地方，而更加像是地方的仲裁机构，大部分细则不会上达中央；只有诸侯冲突，对外战争等大型事件中，中央才会出面干涉。中央从一开始就不会将眼光放低至地方层面，而是更加宏大地从全局考虑问题，中央不会陷入地方纠缠中。在政务管理能力和军事能力都不充足强大的周朝,这种中央—地方模式既保障了中央权威(世界法官),又使中央不必事必躬亲、政令下发到特别小的地方。中央统筹天下,以天下观天下。这种模式使天下体系从一开始就具有世界政治的雏形。

从地方层面看,地方具有很大的自主权,地方在承认并有条件性地服从中央时可以自主管理本地方的事务。这种模式也会在地方上模仿,比如地方的国君拥有自己的城池,而大夫也拥有自己的采邑,国君权力也会下放一些给地方。在承认天下与自己的土地属于天子时,地方需要的只是承认中央的合法性。这种模式既可以在不需要付出过多代价时拥有地方统治合法权(诸侯只需要分担中央为维持天下而需负担的部分成本),又可以在与别国纷争或者遭受蛮族侵略时获得中央与其他地方的支持,这种政治组织的"中庸性"与"和合性"使天下体系普遍推行。

2. 每个分支区域都具有成为天下体系新中心的可能,但天下体系不会被淘汰。中心的更替不会导致整个天下体系的变质,这一点春秋的争霸战争最为突出,列国征战主要在于取得话语权和盟主地位。"于是天子与诸侯不得不'勤修德'以维持与增加威信。"①一方面各方都拥有军队并加以训练,另外这种体制使得军队规模各有限制,中央力量不会完全钳制所有地方,地方也不会特别膨胀随意挑战中央。这样一来,如果地方暴乱,中央会兴兵讨伐;中央暴虐无道,诸侯国的联军就可以颠覆中央。例如周幽王被申国、缯国联合犬戎攻破都城,西周灭亡。当然,这也是冲突矛盾

① 赵汀阳:《天下体系的一个简要表述》,《世界经济与政治》,2008 年第 10 期。

激化到不可避免时才会出现的紧急情况,在一般情况下,天下体系都可以创造出世界范围的合作最大化并使冲突最小化。

3. 天下体系具有不稳定性。其最大缺陷在于中央过度仁慈致使地方坐大,再加上没有土地可以分封,在经济与军事上失去了维持世界秩序的能力。一方面中央王朝由于分封土地使得自己本身的土地变少,这导致其赋税和军队无法增加。一般来说,为增加军队与财力主要依靠下层供奉和自主生产,但是在自主生产力不足时,周王朝的天下体系本身又是维持小邦治众,根本无力征收过多赋税,这使得其内部实力萎缩,且逐渐与诸侯国实力平级,甚至低于某些强大富庶的国家;长此以往,周王室越来越难以服众,周边诸侯试图取而代之。

二、赵汀阳的"天下体系"观

赵汀阳的天下体系思想批判性吸收了中国和西方文明中的政治文化要素,天下体系的世界观实质上首先形成于他关于个人、国家、世界三者关系的政治哲学中。

(一) 世界政治与天下观

现代意义上的民族国家概念的出现是政治学领域的一个重要理论问题,它不仅大大拓展了政治学科的研究领域,也为构建政治秩序提供了一个重要的坐标和参考点。国家出现后,个人和国家的关系问题也成为中西方学者非常关注的有一个重要问题。国际政治文明向前迈了一步,但是也人为制造了困扰世界的一种国际状态——无政府状态和国际政治。国际政治中的无政府状态虽然存在有序性，但是这种有序性太过脆弱，以至于国际冲突不断，国际政治没有多少道义可言。因此，天下体系作为一种道德哲学，试图为构建更为稳固的世界政治秩序做出努力。

"天下体系"的核心是中国传统的天下观，这种观念有"天下无外"的特质。不同于西方霍布斯，荀子阐述了一种独特的"自然状态"，他的设想更为真实，荀子相信共存大于个体。人的生存，不能没有脱离群体而存在，"人之生，不能无群，群而无分则争，争则乱，乱则穷矣"。① 因此，一个人无法脱离人群而独居，不互相帮助，必然处境穷困，难以生活下去，"离居不相待则穷，群而无分则争"。② "人们从一开始就必须有合作关系，一开始就是'群'的存在，共存是任一个体存在的条件。于是，人际冲突并非源于独立个人之间的争夺，反而是群体内部关系导致的矛盾。人们通过合作成为群体，在共同合作后分配公共财产时人人开始要求自己利益的最大化，都试图多占有他人的财富，为了多占便宜就会把他人的利益最小化，因而恰恰是合作之后出现的如何分利的问题才导致了冲突。"③冲突并非是天生的，而是源于不公正的合作（不患寡而患不均），所以真正的自然状态不是个人对个人的战争，而是群体与群体的对抗。天下观实际上是将人培养为群而进行合作的意识。

这一观念反映了"天下"并无国家，更多是对有秩序的社会的考量。在国家治理和统治方面，西方人认为通过好的方式和手段

---

① 王森译释：《荀子》，北京：中国书店，1992，第103页。
② 王森译释：《荀子》，北京：中国书店，1992，第102页。
③ 赵汀阳：《天下体系的一个简要表述》，《世界经济与政治》，2008年第10期。

可以达到合宜的结果,因此,相比较与结果的重要性,过程也具有比较重要的地位。而中国更强调治理的结果,以达到大治,从这点来看,中国人在政治上具有强实用性的思维方式。重视天下的"治与乱"不管以什么方式,能够治世就是好的。治世是任何好政治的出发点与基本保证,没有好环境任何程序也是徒劳无功。这种思维方式没有民族国家,也没有使东方王朝在具备西方大航海能力之时做出像西方一样的殖民掠夺行为。民族国家以民族、身份、认同等概念为中心,使国家转为不断征服与排外,在相信自己的模式最好之时不顾客观事实的向外强行倾销自己的模式,于是种族灭绝、帝国扩张、文明战争也是理所当然之事了,但是这种霸权行为往往难以为继。

(二) 天下的政治理念

尽管西方世界致力于向外输出政治体制和政治理念,但其自身却在全球化的冲击中不断遭到挫折,更难言在其他国家不受到坚决抵制了。如,亨廷顿、福山等西方学者关于政治发展和现代化的最新成果,都表明他们开始关注西方政治体制自身的问题了。西方缔造的政治秩序,从哲学上看,是一种明显的无序状态(chaos),而真正的世界制度要求从无序到有序,因此,当今世界仍是个"非世界"(non-world),反而赵汀阳阐述的天下体系具有较为现实的可行性。一种世界制度不可以只是止步于国家,不能认为国家的完美化就是历史的终结(福山),即使不去深究世界制度也要考虑到一种社会制度的逻辑完整性。我们也无法生存在子集有序,总集却是无序的世界,这是我们去研究与深化天下体系的重要原因。

1. 天下体系的世界观念。首先,赵汀阳所说的"天下"的意义是什么呢? 这是必须要回答的问题。天下是这样一种理念:它在地理学中指的是"天底下所有的土地",即人类所生活的整个世界;从人的心理层面来看,它指的是"民心所向",即人们对某一中心(这一中心可以是某个民族国家、区域,也可以是某种政治理念,政治体制等)的服膺和认同;也就是说,这里的"得天下",并不仅仅是地理意义上的土地,还包括人们的内心,这是双向的,即君心贴人心,民心贴君心。另外,天下还具有伦理学/政治学的内核,它指向天下一家的理想或乌托邦,即四海之内皆兄弟。[①] 相比于西方纯粹的科学事业中的世界,"天下"兼容了地理与人文两种概念,它是一个"制度世界"。它构成了中国哲学的基础,如果任何事物必须在它作为解释条件的"情景"中才能被有效地理解与分析,那么必定存在一个最大的情境使所有事物都处于其中被理解和分析,"天下"就是如此。

2. "世界"的分析尺度。既然天下具有制度性,那么天下体系作为一种政治哲学理论自然可以解读世界秩序。作为世界尺度与永恒尺度的天下体系。天下体系的立足点在体系中的最高政治单位和思考问题的分析单位即世界。中国传统政治思想中的"修身齐家治国平天下"的思维走向比西方政治中以民族国家为核心的"国家—社会"二元区分思路更为合乎自然。在天下体系中,国家并非分析事物的最后尺度,而是从属于世界的分支:超出国家范

---

① 赵汀阳:《"天下体系":帝国与世界制度》,《世界哲学》,2003 年第 5 期。

畴职能只可以在天下层面中去分析,并且国家只能在更高阶的天下中得到承认。天下体系之所以称为世界理念,主要原因在于它承认任何其他的可能的世界理念,因为它们具有同样的逻辑结构;而西方的帝国主义不会,所以,后者是一种国家理念。在西方直至今日,除了马克思真正思考并提出世界体系(无产阶级联合)外几乎没人形成真正意义上让大多数人接受的世界体系理论。①

　　3. 天下体系的"无外"原则。天下体系的包容性在于它提出的"无外"原则。天下体系服务于国家时自然地产生了家国一体的王朝国家。虽然中国历代的实践没有达到理想化的天下体系,但这是不断向其靠近的目标。天下无外就是指它囊括了一切外部,对它而言,没有无法被兼容的事物,一切关系都是同心圆式的内外亲疏关系。在这一原则下,与中心不同的外围只是在关系上的"陌生与遥远",外围虽然具有不同的文化,虽然是蛮夷之地,但绝不是异端,不是敌人,不是需要被征服的,这种关系模式一方面确保了世界的完整性与先验性,同时又保证了历史多样性。天下无外和古代的"内外"也有着区别,天下无外强调的是没有任何异端的四海一家意识,而"内外"原则表达的是一种划分远近亲疏的对外交往准则,其实质是一种文化差异,"内外"原则是包含在天下无外体系之内的。故而在异教徒概念在中国并不存在,这也是为何中国古代不但没有鲜明的地理边界也没有实质的文化边界的原因了。任何文化只要是优秀和可以吸收的都会被中国这个漩涡吸进去,

---

① 西方的世界观始终羁绊在民族国家框架内,无法超出世界与空间的束缚,天下体系则迥然不同,它在反映世界利益之时就已经是最大的时空分析单位了。只有认为世界具有先验性时,才可以理解到其本身的内涵。

这解释了为什么西方民主化等程序或内核在其他国家受到不同程度抵制时,但是传到中国时却可以没有阻碍地被融入进我们的文化中,这种新的文明并不会改变我们的本质。

4. 天下体系的分析单位。天下体系与当代的资本主义世界体系明显不同。在这一体系中,不可以因满足一个层面的需要而任意牺牲另层面的利益,它超出世界体系的范畴:规模更大的层面有较低层面没有的公共利益。与基于国家利益的世界体系相比,天下体系是基于某些世界公共利益,不但满足帕累托最优,更能满足"一荣俱荣,一损俱损"的东方集体主义模式。天下体系的重心在"家",它是具有类似西方文明中的"人"那样的地位,是最终的思维指向,具有绝对性,即家庭生活是原子式的、不可分的最小生活方式;个体在家中才具有存在性,这一理念使合作天生大于冲突。家庭的存在提供了这样一种和谐模式:"给定一个共同体或人际制度,其满足于以下条件:1. 共同体完整性是任何成员各自幸福或利益的共同条件。2. 集体利益与个人利益永远一致,任何一个成员都没有反对他者的积极性。当然这种家庭模式保证家单位和谐时,在其周围造就了波纹式的亲疏圈,淡化的感情无法再来维持家庭型模式的互相爱护。"①但是,家庭中心模式不能被完全否

① 徐建新:《天下体系与世界制度——评〈天下体系:世界制度哲学导论〉》,《国际政治科学》,2007 年第 2 期。这对中国传统的乡村政治文化影响深刻。中国封建社会政治结构首要的特征是家国同构,家庭成了国家的缩影,国家成了家庭的放大。而"家""国"意识反映在乡村政治文化中,就是"忠孝治村","忠"和"孝"作为两个重要的价值观,维系了乡村的政治秩序。中国传统政治文化实际上主要是先秦时期形成并在后来发展形成的儒家思想,它以三纲五常、尊君等价值准则构成的这样一套政治意识形态。其间经尧、舜、禹及孔子、孟子等的学说(或者实践)发展而来(转下页)

定,它有待改良。如何改造家庭—天下理论,使得世界和谐才是重要问题。

5. 制度最大化问题与礼不往教原则。赵汀阳的天下体系观还包括制度最大化问题和"礼不往教"原则。对制度化的重视,使天下体系最有可能发展成为更高层面、更具规范意义的政治制度,如果一种社会制度是最好的,那么它必定会发展成为普遍的,进而可以适应任何社会层面的分支。天下体系在世界观上已经是先验性的了,它不关注扩展,而关注社会的治乱与否,如果达到治,必然会将范畴扩展,同时依靠和谐维持世界的稳定性,使共存成为存在的前提。而后者汲取了中国传统的哲学精华,通过"礼不往教"强调"来而不往非礼也",以仁为核心,注重人际关系,进而推理至个人利益最大化,达到个人利益的唯一途径在于同时最大化他者利益。这种原则使我们不会强迫他者服从我们的体系,更多是礼仪教化使其归顺。因此,天下体系的对外扩张性是最低的,并且,它在构建世界制度的过程中也是最有可能的范式。

(接上页)的一套体系的价值象征和理想表征,和谐、仁爱、大同、强调"内省"等道德治理为这一体系建构了理想社会模式,这种"大一统"的思想体系逐渐在中国构成了整个儒家文化。尽管儒家文化在发展历程中也受到了佛家和道家的挑战,但经过儒家宋明理学、心学思想家的努力,吸收了佛、道的思想,融汇成了适合于当时中国,并成为"官学"、"显学"的体系完整的政治思想理论。总体上来说,儒家文化是以"仁"为核心,以"礼"为行为规范的,提倡的是"修身、齐家、治国、平天下"的政治主张。它倡导的积极入世的理性的政治态度,影响了两千年来读书人的政治抱负;它主张的"忠恕""中庸"之道,几乎成了整个社会的待人处事原则;它维护的"孝悌"原则,维护了血缘家族的基本伦理道德。虽然这些儒家文化要素在今天已不再成为主导的意识形态,但他们在现代社会中仍然牢牢地左右个人政治文化心理,影响政治主体对政治合法性的评价标准。

（三）"天下体系"与西方基督教世界思想比较

天下体系并不是唯一的世界制度或者社会制度观，在西方也产生了许多世界政治思想，西方基督教世界思想就很有特色，它的形成时间也十分久远，且基督教世界思想也是作为文化思想影响人时逐步向政治思想发展形成的。首先它与天下体系思想一样，都形成于几千年前，后者出现于先秦古代文明的开端；其次天下体系的政治模式和西方的基督教世界思想都在后来历史中逐渐成为人们的主流思想，是东西方同时期的主导政治思想，东方分支出了诸子百家学派，西方产生了经院派等派别；再次，双方在历史发展过程中演化出了不同的对外模式，东方着重文化内敛，西方则是文化输出乃至侵略；最后，两者在形成环境、理论结构和现实可能性方面都有着比较性，通过与西方基督教世界思想的比较不难得出"天下体系"思想在各方面的优越性。

1. 背景与世界观：小邦治国下的畿服制与分裂世界下的排他性。赵汀阳先生的"天下体系"思想源自于古代周朝的历史实践，这种世界制度从一开始就将世界囊括进去，虽然在东方朴素的世界观下的畿服制度，世界是规则的方形，但是其本身已经把世界看作整体的，即我们虽然无法探索新世界，但是我们承认他们的存在，并且与其和睦共处，互无纷争。

西方基督教思想不同，一开始就有严重的排他性，宗教本身是封闭的，排斥异端的。虽然基督教有"宽恕你的敌人"的教义，但是其实质上就划分了敌我，非我者，异教徒也。这种思想实质上有着强烈的排他性，从一开始就把自己的世界和未知的世界对立起来，对于未知的世界不是去交往，而是去征服。这种立足点就是相互对立的世界观要么会创造出无节制的纷争(最典型的莫过于十字军东侵,当时的社会环境与现代完全相反,欧洲处于基督教原教旨主义中,"异教徒"不是受到异端审判就是遭受火刑,而当时的伊斯兰教世界却是比较开化);要么会产生文化征服,即全球性的基督教世界。

2. 结构模式:网状的社会性结构与混乱的教权、王权统治。从世界性视角来看,当代的天下体系模式实质上与周王室没有多大区别。国际政治不等同于世界政治,国际政治近乎于无序,是无政府社会下的最小社会性,这种社会性下的全球政治处于杂乱状态,既然没有最高领导者,那么各国间的现实主义外交就占据了主流,即使是当今最大的国际组织——联合国也并非完全为全球政治服务,其最大功能在以博弈的方式协调国家间冲突。现代的天下体系并不要求一位绝对的领导者,而是一位基于全球利益与全球政治上的仲裁者,完全统治世界没有可能,即便是强大的美国也只是在各国驻军或拥有军事基地等,不可能替代各国来统治。天下体系对于地方没有过多干涉,宗旨在于维护世界利益与世界和平,这在当今国际体系中是有可能性的,因为天下体系并不要求某一国去付出什么代价,或者要求各国去让渡本国某种权力,天下体系本质上就是为世界政治服务的,只是要求世界各国将世界性政治交由其仲裁决断,维持"和合"状态。

西方的基督教世界思想脱胎于基督教教义,其本身是趋人向善的,但基督教世界观的内核是排斥异己。在历史上,有数不尽的用基督教思想观来统一的例子,远之十字军东侵,近到三皇同盟,无不体现着"假上帝,真征服"的实质,基督教世界思想更多地像是华丽的外衣披在身上,没有一种系统的世界政治的模式,只是大而化之地将世界所有人划归上帝的子民，结果带来了教会与国王的中世纪冲突。这种模式构建的政治秩序极其混乱，在中央地方中，人们不知教皇大还是国王大，在外交中，基督教思想既让人对世界心怀善意，四处传教，又把异教徒归于敌人，如果思想不同，或者没有宗教那就是"有罪"的敌人。

3. 理论性与现实性：求同存异与文化霸权。天下体系思想的内核在于"和"，中国思想中的"和而不同"指的是求同存异，并且利用现实中存在的差异去创造一种最优的互补关系。不论是天下世界观还是和谐的思想都暗示了一种中国式的包容性，且植根于中国式存在论——共存大于存在。

这种天下体系具有很强的现实性，毕竟在当今世界，多样性是人们的共同的认同存在，认同差异与西方民主思想中的说服原则不谋而合，即我承认你的理论，也认同你持有这种理论的自由，但我可以和平而理性地说服你。天下体系可以发展成为系统的世界政治理论，它具有合理的结构和契合当今世界政治体系的内涵。基督教的理论并不是严格的政治理论，而是一种有政治意义的文化理论。它幻想并试图把基督教信仰推广成世界普世文化而且是唯一的普世文化，幻想能够把世界人民全都变成基督教群众，让基督教信念成为每个人的通用信念。这在实质上是试图以宗教一统去实现世界的政治一统。通过宗教去解决政治问题，虽有想象力，但事实上不可能，因为政治问题反映着生活中从物质利益、权力和权利到精神的全部问题，而宗教信仰所表达的内容对于人们需要的生活来说是非常片面的，尤其不能解决物质利益方面的问题。

至于文化一统的工程，在理论上并非不可能，但不可能通过文化霸权去实现。普世文化或者价值只能在各种文化进行平等而充分交流、交融的条件下,各种文化的优势自动综合而导致文化创新时才成为可能。能够兼容各种文化而实现文化一统的必须是一种没有文化敌人的文化。基督教对于异教徒的胜利使其失去了相容文化的内涵,它的文化扩张本质逐步趋同于武力的征服拓土。他剥夺了人间世界的完美取代之天堂,而这是它与天下体系最不同之处。

三、赵汀阳的"天下体系"思想评价

虽然赵汀阳本人的政治设想很美好,而且他选择的政治基础完全符合世界主义标准,天下体系也是最温和、最包容的体系之一,但是这一理论也存在不足。

(一)"天下体系"的不合理性

天下体系是伴随着中国综合国力不断上升,不断崛起的情况下阐述的。他的理论力图在逻辑上证明中国式的政治哲学时至今日仍具有参考价值并且有取代当今现有世界体系的潜力,然而,在理论构建中,天下体系理论仍具有不成熟性。在赵汀阳先生的眼中,与其他政治制度相比,作为世界政治制度的"天下秩序"有优势,至少其在哲学和伦理学上具有独特的优越性。如今的国际政治秩序是无序的,但天下体系却提供了有序的可能性。赵汀阳先生认为,整体失序的政治秩序和以暴力为主导的全球政治体制仍然影响着当今世界的走向。

赵汀阳先生在论证天下体系的合理性与西方政治秩序的无序

性时运用了结果论证的方式,如果认为西方的政治体制无法运用于世界制度中,既然无法调和世界纷争,那么必然会使世界成为乱世,所以西方的世界政治体制不具有合理性。反之,如果天下体系能够调和世界纷争,进入治世的状态中,那么,它就具有合理性。但赵汀阳却没有这么论证,他提出一条新的衡量标准,即普遍性和传递性标准,认为论证一个政治制度的合理性,是通过探究其能不能确保从高到低的各个政治层面都可以普遍的适应这种政治体制为标准。

一般在比较两种理论的优越性和合理性时,应该采取同一种比较方法,但是赵汀阳先生采取结果论证形式,即因为这种体制使得当今国际秩序变得无序,成为乱世,所以它是不合理的。然而在论证天下体系的合理性时,他应该证明天下体系带来的是世界政治的有序性,他却没有采用这种方式,又另外添加了一种论证逻辑——普遍性标准,即认为如果一种理论可以适应世界环境,那么它就具有合理性。这种论证方式有着明显的以己之优,攻敌之劣的不稳定性。因为他运用两种截然不同的逻辑论证模式来比较孰优孰劣,因此,双重标准是无法得出天下体系比现代西方为主导的国际政治体制更具有合理性的这一结果的。

此外,事实上赵汀阳先生对于世界政治制度的合理性的评价标准并非恰当的。我们对于最为合理的世界政治体制进行评判时,会采取多种角度衡量。我们可以从它的效率来判断、可以从制度自身的稳定性来判断,还可以看一看制度能不能实现世界秩序的稳态、还有从道义上进行判断等等。也就是说,标准是多样化的,但以普遍性和传递性作为衡量一种世界秩序的绝对性角度,这动摇了其论证逻辑的合理性。

如果仅站在普遍性和传递性的角度观察天下体系，天下体系也并非最合理的世界政治体制。这种模式显然是不可能实现的，并且这种想法也是不合理的。即便是中国古代的周王室以及后来的历代王朝中也没有实现天下体系的政治模式，不管是内政管理还是对外交往，天下体系的影响力都是有限的。

在内政中，天下体系的模式主要在于治理乡村地区，以家族、氏族为中心，植根于一定区域的土地中，但是上升到郡县、行省之时就被中央王朝的集权制取代了，地方并没有很大的自主权；另外，在国家组织结构上，各个部门的职权分工、军队的控制、法律的设计与通行都是家国一体化的。地方权力受中央权力的严格限制，而自主权只属于偏远的乡村。在对外交往中，天下体系逐步形成了以中原王朝为核心的朝贡宗藩体制，各藩属国承认中央王朝合法性并进行朝贡贸易，但是这种体制需要强大的国力来维持，一旦国家衰弱或者辐射范围下降，文化的作用无法将这一体系的国家连接在一起。

天下体系根本没有理论设想的那么美好，也不是家庭模式的重复放大，以一种模式代言整个区域性政治体系存在困难。并且，我们无法在实际上判断政治体制是否是家文化体制的延伸，当然也没有确切的衡量标准来判断。① 即便最后能够证明在普世价值

---

① 福山认为，目前一种显著的政治衰败形式是"家族制的复辟"（repatrimonialization）。现代国家诞生之前，政府官员的选拔不看能力，而看与统治者的关系亲疏。在福山看来，以官僚系统取代这种家族制的过程标志着政治体制的现代化，但随着政治菁英和利益集团的不断强化，如今这一趋势似有逆转之势。

性和有序传递性上只有天下体系可以同时符合两者,但也只能证明天下体系在这种衡量角度下的合理性。最致命的是,天下体系是按照从"家庭—家族"到"乡村"的逻辑展开论述的,在当下的中国,该理论在乡村层面构建政治秩序也不现实。

任何一种政治制度模式实际上都是不完美的。但问题在于,"任何一个单一的观念都不可能解决人类面临的所有政治问题。我们很容易以一个视角来批评一个观念,再以另一个视角来批评另一个观念。试图用一个单一模式的政治制度来解决所有层次的各不相同的治理问题,这本身是一种虚幻和奢侈的想法,既不现实也没有必要。如果我们承认当前的世界是一个乱世,那么,需要着眼的地方只在于如何使它不再是一个乱世。因此,对于赵汀阳提出的问题来说,最适合的标准还应该是一种以结果来判断的标准。"①

(二)"天下体系"并非完美的理论设计

通过天下体系的历史性可知,这一理论在实践的过程中存在缺陷。通过对周朝的历史考察,我们可以发现,以周朝的畿服制为核心的天下体系雏形并没有达到理想效果。周朝建立的这种小邦治国的政治体制有着极大的不稳定性,因为这种体制对于国家大小没有太大要求,这使任何国家都具有可能性成为新的中心,而宗法制与分封制结合形成的先秦政治体制也很快受到冲击并在东周

---

① 周方银:《天下体系是最好的世界制度吗?——再评〈天下体系:世界制度哲学导论〉》,《国际政治科学》,2008 年第 2 期。

逐步瓦解。周公旦首创的这种制度一开始的主要目的就是在于确认周王室中央统治的合法性。建国之初的周王朝并不平静，一方面，商朝遗民众多，一开始就对新政权敌视，另一方面帝辛虽死，但是其后代和部下仍然举兵而不归顺。为了平息前王朝的不稳定政治局势，变相巩固中央王朝，分封制被发明出来，目的就是维稳，防止各地诸侯不服管制。即使如此，一方面，周王室一开始建国就承认大批旧势力；另一方面，反对周朝的势力退居南方并且一直无法平息，制度一产生就具有分裂的隐患了。进入春秋战国，礼乐崩坏，各国相互征伐、争霸兼并，这种体制也就退出历史了。

天下体系的核心——中央王朝与各个地方势力是一种家长型体制，两者关系本应共存和谐，但是实际上由于理论的理想型与其本身缺陷，中国历史上中央王朝与地方势力一向是你方唱罢我登场，完全是一种有你没我的互斥特性。历代王朝无不将地方诸侯视为洪水猛兽，王朝的开始封侯拜王一方面是为了满足下属的政治要求，所谓"一人得道，鸡犬升天"；另一方面也是为了稳固刚刚建立的中央王朝的政治秩序。一旦国家进入良性发展轨道，中央集权就会再次占据高峰。很明显，这种"实现"普遍与传递的"家—国—天下"性的政治体制不会带来和合共存。当然有着自己的局限性，如果把天下体系的诸侯上升为主权国家，或许可以克服这一缺点。

综上所述，可以看出赵汀阳的天下体系理论仍然具有理想性和局限性。但是我们仍然不可忽视天下体系未来的进步性，这一体系虽然在过去的中国历史中不断地退化乃至于成为朝贡体制的理论支持，但是在当今全球化的世界制度缺失的时代，天下体系不免是一种良方妙药,当今民族国家体制下的政府框架越来越满足不了人们对于世界公共产品和世界公共秩序的需求。天下体系的游戏规则符合大多数人的意愿,虽然规则可能由大国干预,但是只要大多数人愿意,也不失为一种有待改良的好制度。"'天下非一人之天下也,天下之天下也。阴阳之和,不长一类;甘露时雨,不私一物;万民之主,不阿一人';又曰:'天下非一人之天下,乃天下之天下也。同天下之利者则得天下,擅天下之利者则失天下'。"①虽然赵汀阳先生的理论仍然是不成熟的,也带有中国古代政治思想杂糅交汇的不系统性,但是这种东方式的全球政治逻辑为我们提供了未来构建世界政治秩序的努力,中国式天下观具有适用于当今世界政治经济格局的可能性。以天下观天下或许不是一种完美的世界政治视角,但为我们提供了另一种观世界的可能。

---

① 《吕氏春秋·贵公》。

参考文献

著作：

亚里士多德：《政治学》，北京：商务印书馆，1965。

亚里士多德：《尼各马科伦理学》，北京：中国人民大学出版社，2003。

柏拉图：《理想国》，北京：商务印书馆，2002。

孟德斯鸠：《论法的精神》，北京：商务印书馆，1961。

霍布斯：《利维坦》，北京：商务印书馆，1985。

洛克：《政府论》，北京：商务印书馆，1997。

魏特林：《和谐与自由的保证》，北京：商务印书馆，1997。

卢梭：《社会契约论》，北京：商务印书馆，2003。

卢梭：《论人类不平等的起源和基础》，北京：商务印书馆，1962。

汉密尔顿等：《联邦党人文集》，北京：商务印书馆，1980。

密尔：《论自由》，北京：商务印书馆，1959。

密尔：《功利主义》，上海：上海人民出版社，2008。

托克维尔：《旧制度与大革命》，北京：商务印书馆，1997。

哈耶克：《自由秩序原理》（上册、下册），北京：生活·读书·新知三联书店，1997。

施特劳斯：《霍布斯的政治哲学》，南京：译林出版社，2001。

沃格林：《城邦的世界　秩序与历史》，南京：译林出版社，2008。

亨廷顿：《变化社会中的政治秩序》，北京：生活·读书·新知三联书店，1989。

亨廷顿：《文明的冲突与世界秩序的重建》，北京：新华出版社，1998。

亨廷顿、琼·纳尔逊：《难以抉择——发展中国家的政治参与》，北京：华夏出版社，1989。

福山：《政治秩序与政治衰败》，桂林：广西师范大学出版社，2015。

福山：《政治秩序的起源》，桂林：广西师范大学出版社，2014。

福山：《国家构建：21 世纪的国家治理与世界秩序》，桂林：广西师范大学出版社，2017。

哈特、奈格里：《帝国——全球化的政治秩序》，南京：江苏人民出版社，2003.

彼德斯：《官僚政治》，北京：中国人民大学出版社，2006。

阿克顿：《自由的历史》，贵阳：贵州人民出版社，2001。

尼布尔：《道德的人与不道德的社会》，贵阳：贵州人民出版社，1998。

莱恩·多亚尔、伊恩·高夫：《人的需要理论》，北京：商务印书馆，2008。

埃里克·尤斯拉纳：《信任的道德基础》，北京：中国社会科学出版社，2006。

特伦斯·欧文：《古典思想》，沈阳：辽宁出版社，1998。

汤因比：《历史研究》（上中下），上海：上海人民出版社，1966。

凯克斯：《反对自由主义》，南京：江苏人民出版社，2002。

布利特等著：《20 世纪史》，南京：江苏人民出版社，2001。

诺夫乔伊：《存在巨链》，南昌：江西教育出版社，2002。

麦克高希：《世界文明史》，北京：华夏出版社，2003。

马斯洛：《自我实现的人》，北京：生活·读书·新知三联书店，1987。

莫里斯：《开放的自我》，上海：上海人民出版社，1985。

L. 乔纳森·科恩：《理性的对话》，北京：社会科学文献出版社，1997。

艾森斯塔得：《帝国的政治体系》，贵阳：贵州人民出版社，1992。

卡西尔：《卢梭·康德·歌德》,北京：生活·读书·新知三联书店,1992。

诺齐克：《无政府、国家与乌托邦》,北京：中国社会科学出版社,1991。

桑德尔：《自由主义与正义的局限》,南京：译林出版社,2001。

德沃金：《原则问题》,南京：江苏人民出版社,2008。

米勒：《社会正义原则》,南京：江苏人民出版社,2001。

米勒、波格丹诺：《布莱克维尔政治学百科全书》,北京：中国政法大学出版社,1992。

基辛格：《论中国》,北京：中信出版社,2015。

沃尔泽：《正义诸领域》,南京：译林出版社,2002。

萨缪尔·弗莱施哈克尔：《分配正义简史》,南京：译林出版社,2010。

格林斯坦、波斯比：《政治学手册精选》,北京：商务印书馆,1996。

尼柯尔斯：《苏格拉底与政治共同体》,北京：华夏出版社,2007。

亚当·弗格森：《文明社会史论》,沈阳：辽宁教育出版社,1999。

罗尔斯：《政治哲学史讲义》,北京：中国社会科学出版社,2011。

罗尔斯：《正义论》,北京：中国社会科学出版社,2009。

罗尔斯：《政治自由主义》,南京：译林出版社,2000。

米勒：《社会正义原则》,南京：江苏人民出版社,2001。

森：《正义的理念》,王磊等译,北京：中国人民大学出版社,2012。

哈耶克：《自由秩序原理》,北京：生活·读书·新知三联书店,1997。

森：《伦理学与经济学》,北京：商务印书馆,2000。

格林、沙皮罗：《理性选择理论的病变：政治学应用批判》,桂林：广西师范大学出版社,2004。

曼海姆：《意识形态与乌托邦》,上海：上海三联书店,2011。

伯林：《反潮流：观念史论文集》,南京：译林出版社,2002。

伯林：《启蒙的时代：十八世纪哲学家》,南京：译林出版社,2005。

伯林：《浪漫主义的根源》,南京：译林出版社,2008。

布鲁姆：《巨人与侏儒　布鲁姆文集》，北京：华夏出版社，2003。

别尔嘉耶夫：《论人的使命》，上海：上海人民出版社，2001。

林毓生：《政治秩序的观念》，香港：商务印书馆（香港）有限公司，2015。

王铭铭等：《乡土社会秩序、公正与权威》，北京：中国政法大学出版社，1997。

丛日云：《在上帝与凯撒之间》，北京：生活·读书·新知三联书店，2003。

许征帆：《马克思主义与当代》，北京：中国人民大学出版社，1987。

张旭东：《全球化时代的文化认同》，北京：北京大学出版社，2005。

王亚平：《权力之争》，北京：东方出版社，1995。

胡绳：《帝国主义与中国政治》，北京：人民出版社，1996。

朱德米：《自由与秩序：西方保守主义政治思想研究》，天津：天津人民出版社，2004。

徐戬：《古今之争与文明自觉》，上海：华东师范大学出版社，2010。

田丰：《文化进步论：对全球化进程中的文化的哲学思考》，广州：广东高等教育出版社，2002。

刘禾：《帝国的话语政治：从近代中西冲突看现代世界秩序的形成》，北京：生活·读书·新知三联书店，2009。

朱学勤：《道德理想国的覆灭》，上海：上海三联书店，2003。

吴彦，黄涛：《良好的政治秩序》，上海：华东师范大学出版社，2016。

何新：《东方的复兴——中国现代化的命题与前途》，哈尔滨：黑龙江教育出版社，1992。

张枝荣：《政治学》，台北：七友出版传播事业股份有限公司。

顾肃：《罗尔斯：正义与自由的求索》，沈阳：辽海出版社，1999。

顾肃：《自由主义基本理念》，北京：中央编译出版社，2005。

万俊人等编：《正义二十讲》，天津：天津人民出版社，2007。

王彩波：《西方政治思想史》，北京：社会科学出版社，2004。

金观涛：《在历史的表象背后》，成都：四川人民出版社，1983。

金观涛：《兴盛与危机》，香港：中文大学出版社，1992。

金观涛：《探索现代社会的起源》，北京：社会科学文献出版社，2010。

王岩：《政治哲学：理性反思与现实实践》，北京：世界知识出版社，2006。

李小兵：《当代西方政治哲学主流》，北京：中共中央党校出版社，2001。

李小科，李蜀人：《正义女神的新传人》，保定：河北大学出版社，2005。

陈周旺：《正义之善——论乌托邦的政治意义》，天津：天津人民出版社，2003。

王利：《国家与正义：利维坦释义》，上海：上海人民出版社，2007。

徐大同：《现代西方政治思想》，北京：人民出版社，2003。

徐大同，马德普：《西方政治思想史》，天津：天津人民出版社，2005。

顾准：《顾准文集》，贵阳：贵州人民出版社，1994。

赵汀阳等：《学问中国》，南昌：江西教育出版社，1998。

钱穆：《中国历代政治得失》，北京：九州出版社，2012。

慈继伟：《正义的两面》，北京：生活·读书·新知三联书店，2001。

石元康：《当代西方自由主义理论》，上海：上海三联书店，2000。

卡普洛、沙维尔：《公平与福利》，北京：法律出版社，2007。

赵汀阳：《论可能生活》，北京：生活·读书·新知三联书店，1994。

王惠岩：《政治学原理》，北京：高等教育出版社。

林尚立：《当代中国政治形态研究》，天津：天津人民出版社，2000。

林尚立：《政党政治与现代化》，上海：上海人民出版社，1998。

周志忍：《当代国外行政改革比较研究》，北京：国家行政学院出版社，1999。

赵汀阳：《天下体系》，北京：中国人民大学出版社，2011。

王小红、何新华：《天下体系：一种建构世界秩序的中国经验》，北京：光明日报出版社，2014。

阎学通：《中国国家利益分析》，天津：天津人民出版社，1997。

邓晓芒：《中西文化比较十一讲》，长沙：湖南教育出版社，2007。

邓正来：《市民社会理论的研究》，北京：中国政法大学出版社，2002。

论文：

John Rawls, *A Theory of Justice*, The Belknap Press Harvard of University, 1999.

John Rawls, *Lectures on the History of Political Philosophy*, Harvard University Press, 2007.

John Rawls, *Political Liberalism*, Columbia University Press, 1996.

Amartya Sen, *The Idea of Justice*, The Belknap Press of Harvard University, 2009.

Amanda Russell Beattie, *Justice and Morality*, Ashgate, 2010.

Samuel Freeman, *Rawls*, Routledge Taylor and Francis group, 2007.

Samuel Freeman, *The Cambridge Companion to Rawls*, Cambridge University Press, 2003.

Samuel Freeman, *Justice and the Social Contract*, Oxford University Press, 2007.

Pogge, *John Rawls: His Life and Theory of Justice*, Oxford University Press, 2007.

Schaefer, David Lewis. *Illiberal Justice*, University of Missouri Press, 2007.

Brian Barry, *The Liberal Theory of Justice*, Oxford University Press, 1973.

Brian Barry, *Liberal and Justice*, Oxford University Press, 1991.

Shaun Young, *Reflections on Rawls*, Ashgate Publishing Limited, 2009.

赵汀阳：《"天下体系"：帝国与世界制度》，《世界哲学》，2003 年第 5 期。

赵汀阳：《从国家、国际到世界：三种政治的问题变化》，《哲学研究》，2009 年第 1 期。

赵汀阳：《天下体系的现代启示》，《文化纵横》，2010 年第 3 期。

赵汀阳：《天下体系的一个简要表述》，《世界经济与政治》，2008 年第 10 期。

徐建新：《天下体系与世界制度——评〈天下体系：世界制度哲学导论〉》，《国际政治科学》，2007 年第 2 期。

吕勇：《无立场与中国立场——评赵汀阳〈天下体系：世界制度哲学导论〉》，《广西大学学报（哲学社会科学版）》，2007 年 10 月。

柳志广，李永杰，张英华：《西方国家哲学之全球化困境及其补救——读赵汀阳〈天下体系〉》，《理论界》，2012 年第 1 期。

徐勇：《政治现代化》，《世界与中国社会主义研究》，1988 年第 4 期。

张星炜：《试析政治发展理论的缘起》，《中共四川省委党校学报》，2007 年 4 月第 2 期。

凌胜银：《论中国特色政治发展道路的客观逻辑》，《南京政治学院学报》，200 年第 6 期。

http：//www. chinaelections. org/newsinfo. asp？ newsid＝22329.

罗中桓：《政府模式比较与中国的阶段目标选择》，《云南行政学院学报》，2004 年第 1 期。

蔡立辉：《论全球化背景下中国政府行政模式的转换》，《中山大学学报（社科版）》，2002 年第 4 期。

钟明：《论公共服务型政府制度平台的构成要素》，《天津社会科学》，2003 年第 6 期。

姜晓萍，刘汉固：《建设"服务型政府"的思路与对策》，《四川大学学报（哲社版）》，2003 年第 4 期。

刘树信：《服务型政府：我国政府管理的新范式》，《国家行政学院学报》，2005 年第 1 期。

周方银：《天下体系是最好的世界制度吗？——再评〈天下体系：世界制度哲学导论〉》，《国际政治科学》，2008 年第 2 期。

Lawrence E. , "Mitchell, Trust and the Overlapping Consensus", *Columbia*

Law Review, Vol. 94, No. 6(Oct. , 1994), pp. 1918 - 1935.

Roberto Alejandro, "What Is Political about Rawls's Political Liberalism?", *The Journal of Politics.* Vol. 58 (February 1996).

Andrew Lister, "Public Reason and Moral Compromise", *Canadian Journal of Philosophy.* Vol. 37 (March 2007).

Michael Walzer, "Liberalism and the Art of Separation", *Political Theory* 12: 3 (August 1984).

Charles Taylor, "Two Theories of Modernity", *The International Scope.* vol. 3 (Summer 2001).

John Christman, "Distributive Justice and the Complex Structure of Ownership", *Philosophy and Public Affairs*, Vol. 23, (Summer 1994).

Joseph Raz, "About Morality and the Nature of Law", *The American Journal of Jurisprudence*, vol. 48, (2003).

Andrew Lister, "The Missing History of Political Liberalism", *APSA 2009 Toronto Meeting Paper.*

George Crowder, "Berlin and Rawls", *APSA 2009 Toronto Meeting Paper.*

Markus Dirk Dubber, "Making Sense of the Sense of Justice", *Buffalo Law Review*, Vol. 53(2005).

John Mikhail, "Rawls' Concept of Reflective Equilibrium and Its Original Function in A Theory of Justice", *Washington University Jurisprudence Review*, Vol. 3(2010).

Alexander Kaufman, "Rawls's Practical Conception of Justice", *Journal of Moral Philosophy*, Vol 3(2006), pp. 23 - 43.

Alexander Kaufman, "Stability, Fit, and Consensus", *The Journal of Politics*, Vol. 71, No. 2 (April 2009), pp. 533 - 543.

Valere Tiber, "Practical Reason and the Stability", *Papers Presented to the*

Annual Conference of the British Society for Ethical Theory, *Glasgow*, 13 – 15 July 2001(Sep. , 2002), pp. 339 – 354.

John Rudisill, Modus Vivendi, "Overlapping Consensus and Stability", http://200. 21. 104. 25/discufilo/downloads/Discusiones12(17)5. pdf.

George Klosko, "Rawls's Argument from Political Stability", *Columbia Law Review*, Vol. 94, No. 6(Oct. , 1994),pp. 1882 – 1897.

Richard A. "Posner, Equality, Wealth, and Political Stability", *Journal of Law*, *Economics*, & *Organization*, Vol. 13, No. 2(Oct. , 1997), pp. 344 – 365.

Patrick Neal, "(Mis) Understanding Rawls's Practical Turn", *Polity*, Vol. 27, No. 1(Autumn, 1994), pp. 77 – 111.

Brian Barry, "John Rawls and the Search for Stability", *Ethics*, Vol. 105, No. 4(Jul. , 1995), pp. 874 – 915.

后　记

　　本书是我近几年来系统研习西方政治思想的一个成果，也是在主持教育部项目过程中一些思考的总结。本书的出版获得了淮北师范大学"高校思政理论课青年教师能力提升计划"的经费资助，感谢学院领导的支持和指导。

　　在我求学和工作的过程中，有许多老师、同事和同学给予莫大帮助。感谢陈德顺教授，是他引领我进入西方政治思想领域。感谢天津师范大学的著名政治学家徐大同先生，先生的言传身教不仅使我懂得如何学做学问，更懂得了如何做人：先做一个富有正义感的人之后才能够研究"众人的善"。感谢我的博士导师高建教授，以及吴春华教授、马德普教授、常士訚教授、佟德志教授的教诲，还要感谢我的同学和同事，是他们让我发现了自己的诸多不足。

　　最后，感谢我的家人。父母、妻子一直都十分支持我的学业和工作，尤其是在求学阶段，让我心无旁骛地学习，在生活中没有顾忧；一对儿女更是我快乐的源泉……

　　本书参考了前辈学者、众多同行的研究成果，在此一并致谢。本人学识有限,文字、内容还有许多不尽如人意的地方,望指正。

写于中湖湖畔

图书在版编目(CIP)数据

西方政治思想中的政治秩序观探究/宋伟冰著. —上海:上海三联书店,2019.8
ISBN 978-7-5426-6821-9

Ⅰ.①西…　Ⅱ.①宋…　Ⅲ.①政治思想史-研究-西方国家
Ⅳ.①D091

中国版本图书馆 CIP 数据核字(2019)第 224804 号

西方政治思想中的政治秩序观探究

著　　者 / 宋伟冰

责任编辑 / 殷亚平
装帧设计 / 一本好书
监　　制 / 姚　军
责任校对 / 王凌霄

出版发行 / 上海三联书店
　　　　　(200030)中国上海市漕溪北路 331 号 A 座 6 楼
邮购电话 / 021-22895540
印　　刷 / 上海惠敦印务科技有限公司

版　　次 / 2019 年 8 月第 1 版
印　　次 / 2019 年 8 月第 1 次印刷
开　　本 / 890×1240　1/32
字　　数 / 250 千字
印　　张 / 8.5
书　　号 / ISBN 978-7-5426-6821-9/D·433
定　　价 / 58.00 元

敬启读者,如发现本书有印装质量问题,请与印刷厂联系 021-63779028